ZHIYE JIAOYU CHANJIAO DUIJIE PUXI DE YUANLI、FANGFA YU SHIJIAN

职业教育产教对接谱系的原理、方法与实践

——基于常州机电职业技术学院的创新实践

许朝山　陈叶娣 / 等著

苏州大学出版社
Soochow University Press

图书在版编目(CIP)数据

职业教育产教对接谱系的原理、方法与实践：基于常州机电职业技术学院的创新实践/许朝山等著. —苏州：苏州大学出版社，2022.7
ISBN 978-7-5672-4021-6

Ⅰ.①职… Ⅱ.①许… Ⅲ.①高等职业教育-产学合作-研究-常州 Ⅳ.①G718.5

中国版本图书馆 CIP 数据核字(2022)第 132767 号

书　　名：职业教育产教对接谱系的原理、方法与实践
——基于常州机电职业技术学院的创新实践

著　　者：许朝山　陈叶娣　等
责任编辑：曹晓晴
装帧设计：刘　俊

出版发行：苏州大学出版社(Soochow University Press)
出 品 人：盛惠良
社　　址：苏州市十梓街 1 号　邮编：215006
印　　刷：江苏凤凰数码印务有限公司
网　　址：www.sudapress.com　　QQ：64826224
邮购热线：0512-67480030
销售热线：0512-65225020

开　　本：700 mm×1 000 mm　1/16　印张：18.5　字数：352 千
版　　次：2022 年 7 月第 1 版
印　　次：2022 年 7 月第 1 次印刷
书　　号：ISBN 978-7-5672-4021-6
定　　价：60.00 元

若有印装错误，本社负责调换
苏州大学出版社网址　http://www.sudapress.com
苏州大学出版社邮箱　sdcbs@suda.edu.cn

前言

习近平总书记强调，制造业高质量发展是我国经济高质量发展的重中之重。产业链补链强链，创新链是动力，人才链是关键，专业链是基础。2010 年，国务院印发《关于加快培育和发展战略性新兴产业的决定》，提出积极发展以数字化、柔性化及系统集成技术为核心的智能制造装备，由此推动了智能制造技术的快速发展。产业组链发展与专业单一建设，智能制造技术迭代快、人才口径宽与专业调整慢，造成了人才供给与技术变革、产业转型升级需求的结构性矛盾。如何破解？当前，产教融合已经成为我国职业教育的基本途径，其本质是提高职业教育对新技术和产业升级的适应性。如何落地？以“产教融合、校企合作、工学结合、知行合一”为主线，职业院校需要科学工具，把宏观产业需求、中观专业建设、微观培养规格确定与教学情境创设等贯通，真正实现内部提升人才培养质量，外部增强职业教育的社会适应性。

本书以谱系学为理论指导，依据新知识生产模式，聚焦汽车零部件制造领域，建构产业端的技术谱系、项目谱系、岗位谱系与教育端的知识谱系、能力谱系、职业素养谱系相对接的产教对接谱系网。以此为指引，打造产教对接信息化合作平台，动态发布产教两端的供需信息，研制专业群对接岗位群谱系、培养规格对接职业能力谱系、学习项目对接岗位任务谱系、考核标准对接职业标准谱系。基于产教对接谱系，贯通能力素养集，构建全流程项目课程体系，实现岗学教评一致，提高“专业群—产业链”人才供需的契合度。

产教对接谱系指引：综合岗位组群与学科组群逻辑优势，绘制产教对接谱系，指导专业群设置与动态调整，提高专业群与产业链的契合度；群内专业资源共享，实现集约协同发展。

能力素养集贯通：依据产教任务对接谱系，构建知识能力素养集，贯通培养规格、课程体系、学习项目、评价标准等核心要素，实现培养规格与职业能力精准对接。

全流程项目支撑：以培养规格为起点，基于生产流程和认知规律开发学习项目，构建纵向进阶、横向整合的全流程项目课程体系，渗透能力素养集观测点，实现学习项目与岗位任务精准对接。

岗学教评一致：以职业标准为逻辑起点，培养规格对接职业能力、学习项目对接岗位任务、考核标准对接职业标准，形成“能力标准—培养规格—学习项目—评价就业”质量闭环，实现专业群人才供给与产业链需求精准对接。

本书共分为五章：第一章主要介绍职业教育产教融合研究概况、实践中存在的主要问题及本书的研究思路；第二章主要介绍谱系学研究方法及其在产教融合领域的应用价值；第三章主要介绍产业要素谱系建构、教育要素谱系建构、专业组群及产教对接谱系建构；第四章主要介绍基于产教对接谱系的专业群、培养规格、学习项目和考核标准优化；第五章主要介绍谱系学研究方法在产教融合领域的创新成果。

本书的第一章由许朝山撰写，第二章由李艳撰写，第三章第一节由汤雪彬撰写，第三章第二节由吴荣撰写，第三章第三节、第四节及第五章由陈叶娣撰写，第四章由钱子龙撰写。在本书的写作过程中，常州机电职业技术学院张一俊、许爱华、孙艳芬、承善等老师，以及广东职教桥数据科技有限公司、北京星空书院等单位给予了大力支持和帮助，在此一并表示衷心的感谢。

第一章　职业教育产教融合研究概况与本书的研究思路　/　1

第一节　职业教育产教融合研究概况　/　2
第二节　职业教育产教融合实践中存在的主要问题　/　10
第三节　本书的研究思路　/　15

第二章　谱系学研究方法在产教融合领域的应用　/　17

第一节　谱系学研究方法简介　/　17
第二节　谱系学研究方法在产教融合领域的应用价值　/　22

第三章　谱系学理论在产教对接中的应用研究　/　26

第一节　产业分析与产业要素谱系建构　/　26
第二节　专业分析与教育要素谱系建构　/　35
第三节　组群分析　/　77
第四节　产教对接谱系建构　/　80

第四章　谱系学理论在智能制造人才培养中的实践　/　87

第一节　专业群对接岗位群谱系的应用　/　87
第二节　培养规格对接职业能力谱系的应用　/　99
第三节　学习项目对接岗位任务谱系的应用　/　109
第四节　考核标准对接职业标准谱系的应用　/　117

第五章　谱系学理论在智能制造人才培养中的创新成果　/　121

第一节　创新成果 1：形成专业群人才培养方案　/　122
第二节　创新成果 2：形成专业群各专业能力素养集　/　203

第三节 创新成果3：形成专业群项目全流程 / 230
第四节 创新成果4：形成学习项目考核评价机制 / 235

参考文献 / 241

附 录 / 246

附录一 新基建背景下智能制造专业群人才培养路径探索 / 246
附录二 提升产教融合质量“精度”和“力度”——以常州机电职业技术学院模具技术专业为例 / 256
附录三 全人教育理念视域下高职人才培养方案的研究与实践 / 263
附录四 现代国家治理视域下高职专业设置与动态调整机制研究 / 272
附录五 社会交换视域下高职数控专业双主体人才培养探索与实践 / 280

后 记 / 287

第一章

职业教育产教融合研究概况与本书的研究思路

追溯教育的思想本源，可以发现我国古代教育家孔子、古希腊哲学家柏拉图和亚里士多德都强调教育需要与社会相结合。教育逐渐演化出为社会服务与为个体生活做准备两大基本功能，于是，教育的价值一直在价值理性与工具理性之间博弈。以培养技术技能型人才为主要目标的职业教育，同样离不开在培养目标的价值理性与工具理性之间进行平衡和综合。西方近现代教育思想在批判教育工具理性极端走向的背景下，提出了教育价值理性的社会功能。我国教育家黄炎培、陶行知、张謇等在批判地继承中华优秀传统文化与教育思想的基础上，学习西方实用主义教育思想，提出了职业教育社会化办学、生活即教育等教育思想。从职业教育的视角来看，产教融合的目标不仅仅是从宏观层面明确职业教育强化适应行业发展和服务企业需求的功能定位，更重要的是从中观层面定位职业教育专业人才培养目标，构建产教融合、校企合作共建专业（群）的深层次合作体系，以及从微观层面精准开发专业人才培养规格、课程体系、学习项目体系、实训情境、评价标准等。

从初期的“校办厂”，演变为“订单培养”“工学交替”，再发展到“校中厂”“厂中校”“政校企三方联动”等，我国职业教育产教融合的实现形式不断创新，突出了职业教育与经济社会发展的紧密联系，这种变化离不开对现实技术变革和人才需求变化的映射与对接。厘清职业教育产教融合的现状与存在的问题，创新产教融合思路，深化产教融合，提高职业教育的社会适应性与社会贡献度是当前职业教育的重要任务。

本章以梳理职业教育产教融合研究现状为基础，分析当前职业教育产教融合实践中存在的主要问题，并提出职业教育产教融合发展的新思路，即建构产教对接谱系，以期指导职业教育专业群建设与人才培养，提高职业教育产教融合的质量。

第一节 职业教育产教融合研究概况

梳理职业教育产教融合概念产生、内涵演变到政策发展、制度创新的研究历程，有助于深刻理解职业教育产教融合的本质，科学调整政策体系，从主客观诸多方面创造条件，使职业教育供给适应社会发展需求，行业、产业、企业主动参与职业教育，共同服务经济社会协调发展。

一、产教融合的思想溯源、概念演变与基本内涵研究

（一）产教融合的思想溯源

1. 古代教育思想中蕴含着产教融合雏形

无论何种类型的教育，都绕不开“为什么培养人”“培养什么人”“如何培养人”这三个基本问题，教育改革、实践与发展的“导航仪”“方向盘”指引着教育的目标、内容、路径和成效。追溯我国的教育思想史，可以发现产教融合蕴含在深邃的古代教育思想中。产教融合的本质可以从经典教育思想的历史演变中加以理解。早在春秋战国时期，《周易》《老子》《论语》《墨子》《庄子》等经典教育著作都将“学做合一”作为基本的教育理念贯穿其中。例如，孔子主张人的和谐全面发展的教育理念，《大学》中“格物”“致知”“诚意”“正心”的思想鲜明地体现了学习与实践、立德与树人的教育思想。古希腊哲学家柏拉图的教育思想中，“善”的最高理念贯穿始终，以智治邦、以求知欲克服和超越功利主义的思想包含了教育的终极目标与实现路径。古希腊哲学家亚里士多德提出博雅教育思想，认为理性教育、自由教育都离不开将德性完善作为教育的最高目标。博雅教育反对实用主义的教育思想，反对将教育作为培养某种技能的教育，反对教育训练化，主张教育训练与德性教育并举，一方面体现了教育之德育的根本功能，另一方面强调了教育与社会相适应，蕴含了产教融合的基本内涵。

2. 我国近现代教育思想中的产教融合思想

近代基于当时的社会历史背景、社会需求与教育现状之间的供需矛盾，我国涌现了一批志在改革社会的教育家，如陶行知、张謇、黄炎培、陈鹤琴、梁漱溟等。基于我国传统教育“学而优则仕”的导向与当时社会对技术技能型人才的大量需求的内在矛盾，黄炎培提出了举办职业教育的主张，并于 1917 年在《中华职业教育社宣言书》中对职业教育的目的加以明确：“夫职业教育之目的，一方为人计，曰以供青年谋生之所急也；一方又为事计，曰以供社会分业之所需也。”黄炎培既深受中华优秀传统文化的影响，

也考察过欧洲职业教育办学过程，他于1925年在《提出大职业教育主义征求同志意见》中进一步提出了“大职业教育主义”的办学方针：“（一）只从职业学校做工夫，不能发达职业教育；（二）只从教育界做工夫，不能发达职业教育；（三）只从农工商职业界做工夫，不能发达职业教育”“办职业学校的，须同时和一切教育界、职业界努力的沟通和联络；提倡职业教育的，同时须分一部分精神，参加全社会的运动”。黄炎培主张职业教育社会化，反对将职业教育与社会隔离开来，职业教育社会化也是产教融合思想在黄炎培职业教育思想中的渊源。陶行知同样考察和学习了欧美国家职业教育办学模式，受到美国著名教育家约翰·杜威（John Dewey）等实用主义教育思想的影响，他于1918年在《教育与职业》上发表《生利主义之职业教育》，提出“职业学校之课程应以一事之始终为一课。例如种豆则种豆始终一切应行之手续为一课。每课有学理，有实习，二者联络无间，然后完一课，即成一事”。他明确主张职业教育要秉持教学与实际生产活动相结合的思想。陶行知也因此成为我国最早将“产教融合”作为职业教育教学活动特征的教育思想家。

3. 西方近现代教育思想中的产教融合思想

约翰·杜威一直对自己的教育思想被称为“实用主义”教育思想表示遗憾。在其著作《民主主义与教育》中，贯穿始终的是其对建立民主社会的教育理想的追求。依据生物进化论思想与心理科学理论，约翰·杜威极力批判主客观分离的传统哲学，反对只重视书本知识学习，不重视实践教学，反对教育与职业分离，反对把有用教育与闲暇教育对立，主张在教育目标、教育内容和教育实践中都需要将民主的思想贯穿始终，认为教育是建立未来民主社会的必要手段，在民主社会，人们可以获得自由、平等和幸福。随着经济和社会的快速发展，尤其是技术革命带来了社会结构的深刻变化，传统的学徒制已不能适应工业革命和社会变革的需要，机器大生产需要具有专门技能的人才，职业分工变得更为复杂、细化，对自然科学知识的需求也日益突出，相应地对学校教育提出了新挑战。传统的学校教育长期偏重人文课程教育，学徒制人才培养与社会大生产对专业技能人才的大量需求之间的矛盾，促进了学校教育改革。现实需求与学校供给之间的矛盾对教育改革的重要贡献表现为推动了一大批教育思想家的诞生，进而推动了教育变革。人文科学教育、技能教育与社会需求紧密结合，既成为教育思想家的主导思想，也成为现实教育改革的主流实践。瑞士著名民主主义教育家约翰·亨利赫·裴斯泰洛齐（Johann Heinrich Pestalozzi）主张教育与生产劳动相结合，理论教育与劳作教育相结合。他认为这是保障个人与社会幸福生活的重要手段，提出学校与手工工场相结合，需要以心理认知为前提和基础。德国教育家乔治·凯兴斯泰纳（Georg Kerschensteiner）同样也倡导劳作教育思想，并于19世纪末20世纪初将国民学校从学习性质上由“书本学校”改为“劳作学校”，职业教育通过劳作学校来实现。

（二）产教融合的概念演变

早在2014年，国务院就在《关于加快发展现代职业教育的决定》中明确提出了“产教融合”一词。从校企合作、产学合作、产教结合演变为产教融合，一方面要求合作主体的拓展，从学校与企业的合作扩大到教育与产业的合作；另一方面体现合作方式的深化，从合作、结合到融合。这些术语的先后出现，体现了对职业教育适应社会与产业发展的认知从局部向全局的变化过程，是客观社会需求与教育供给之间从不平衡逐渐走向平衡的产教融合生态构建过程。例如，“校企合作”将合作主体仅仅确定为学校与企业，认为学校为企业培养和输送人才，只要学校与企业之间互动合作，便可达成这一目标。随着对教育供给方和企业需求方的供需认知的进一步深入，学校与企业的边界影响了双方之间的供需关系，教育供给方扩大到了学术界，企业需求方扩大到了产业界，“校企合作”拓宽到了“产学合作”。“产教结合”一词最早在20世纪90年代初国务院的相关文件中出现，“产教结合”相较于“校企合作”更抽象些。“教”包括两方面的含义，一是教育，二是教学。在“产教结合”中，“教”的含义为“教育”，从教育供给的视角对接产业需求。相较于“产学合作”，教育社会责任与产业教育责任在“产教结合”中皆得到了彰显。这也为后来“政行校企合作”等概念的出现奠定了更加抽象和宏观的基础。

“产教融合”是当下的热门术语，与“产教结合”存在质的不同。“融合”要求双方进行全方位的嵌入式合作，而不是停留在为了各自的利益诉求进行结合的层面。“产教融合”对合作主体尤其是产业需求方提出了更高的要求，改变了原来教育主动适应产业需求的单向关系状态，产业从处于被动、配合和支持地位的一方转变为主动参与和主动合作的一方。产业与教育在人才培养职能上是并列的，双方都成为培养技术技能型人才的主体（理想中的建构）。产业与教育的融合不是个别项目的融合，而是在厘清双方共同利益诉求、区分个别利益诉求等的基础上，基于国家教育方针，在职业教育领域，产业与教育两端通力合作的过程。“产教融合”是两类具有高度互补性的资源之间的全方位、全流程、全要素的集成整合和一体化合作，是构建利益共同体、发展共同体的过程。

（三）产教融合的基本内涵

关于产教融合的内涵，学者们从不同角度对其进行了界定。曹丹在《从“校企合作”到“产教融合”——应用型本科高校推进产教深度融合的困惑与思考》中指出，产教融合是一个双向发力、双向整合的过程，改变了校企合作的单主体的单向过程，只有当高校和企业同为人才培养主体，二者之间你中有我、我中有你时，校企合作才质变为产教融合。陈年友等在《产教融合的内涵与实现途径》中指出，由于职业教育与产业间目标的差异性，产教融合不同于一般的产业融合，它不会融为一体，也不会产生新的产业，而只是职业教育与产业相互渗透、相互支持，是一种深度合作。吴思等在《地方应用型本科院校产教融合人才培养模式——以金融学专业为例》中指出，产教融合是职业教育的再社会化，是学校、企业、行业及政府共同参与的一种更高层面的人才培养模式。还有学者从利益相关者的角度阐述“产教融合”的内涵。产教深度融合实际上就是产业行业企业与职业教育教学科研的全过程深度融合式发展，跨越职业与教育、企业与学校、工作与学习的疆域，逐步实现专业设置与企业岗位需求对接、课程内容与职业标准对接、教学过程与生产过程对接、毕业证书与职业资格证书对接、职业教育与终身学习对接；融教育教学、生产劳动、素质陶冶、技能提升、科技研发、经营管理和社会服务于一体，促进高素质劳动者和技术技能型人才培养，促进职业院校和企业共同研发的成果形成现实生产力，从而推动企业技术进步、产业转型升级和区域经济社会发展。

综上所述，“产教融合”的内涵包括以下几个方面：第一，产业与教育是不同类型的主体，二者的合作需要基于“合作共赢”的基本原则；第二，产业与教育并列成为职业教育的双主体，突破了产业处于辅助和支持地位的关系状态；第三，融合不局限在人才培养方面，而是涉及教育教学、生产劳动、素质陶冶、技能提升、科技研发、经营管理、社会服务等诸多方面，是全方位、全流程、全要素的融合。

二、产教融合的政策发展研究

我国产教融合政策的发展历程可以分为初步融合、创新融合、深度融合三个阶段。

（一）初步融合阶段（1978—1995 年）

“文革”结束后，经济、社会、文化、教育等各项事业百废待兴。一方面，各条战线需要具有生产技术技能的人才；另一方面，大量青壮年职工在“文革”中被耽误了学习，缺乏文化基础知识和技术理论知识，不适应四化建设的要求。从国家层面开展文化、技术补课，帮助他们成为合格的接班人、四化建设的骨干，成为当时一项具有重大战略意义的任务。

1. **动员社会各方力量提高青壮年技术技能水平**

1979年，国家劳动总局颁布了《技工学校工作条例（试行）》，要求技工学校全面正确地贯彻落实“教育必须同生产劳动相结合”的教育方针。学校的教学，应该理论联系实际，以生产实习教学为主，文化、技术理论课程要切实注意加强基本知识、基础理论和基本技能的教学。1982年，全国职工教育管理委员会等五部委下发了《关于切实搞好青壮年职工文化、技术补课工作的联合通知》，强调各地区、各部门和企事业单位，要根据实际情况，对青壮年职工文化、技术补课工作提出具体目标和要求，并采取有效措施来保证完成补课任务。为了进一步推动文化、技术补课工作，同年12月全国职工教育管理委员会等五部委又联合下发了《关于青壮年职工文化、技术补课工作若干问题的补充意见》，要求采取有力措施创造办学条件，把补课对象最大限度地组织起来，实行广开学路，多种形式办学。脱产、半脱产、业余、自学并举；企业自办、联办、产业系统办、社会团体办学并举。这些政策的出台从内涵和形式上形成了产教融合的雏形。

2. **加强职业教育与经济社会发展的联系**

1985年，中共中央出台《关于教育体制改革的决定》，提出中等职业技术教育要同经济和社会发展的需要密切结合起来。发展职业技术教育，要充分调动企事业单位和业务部门的积极性，并且鼓励集体、个人和其他社会力量办学。1993年，中共中央、国务院出台《中国教育改革和发展纲要》，提出各级各类职业技术学校都要主动适应当地建设和社会主义市场经济的需要。要在政府的指导下，提倡联合办学，走产教结合的路子，更多地利用贷款发展校办产业，增强学校自我发展的能力，逐步做到以厂（场）养校。1995年，国家教育委员会出台《关于推动职业大学改革与建设的几点意见》，明确提出要积极实行校企结合，努力探索产教结合的办学路子，大力发展校办产业，增强学校的办学活力与自我发展能力。积极开展应用科学技术研究、技术推广及新技术、新产品开发工作，承担成人教育和岗位培训任务，不断增强学校在当地经济建设和社会发展中的影响力与促进作用。

3. **倡导产业部门全方位参与职业教育**

1991年，国家教育委员会出台《关于加强普通高等专科教育工作的意见》，明确提出要努力争取社会用人部门参与、承担专科人才的培养工作，包括参与制订专业教学计划、选派有丰富实践经验和一定学术水平的人员到学校兼课、优惠提供教学仪器设备、提供社会实践和生产实习场所、参与评估学校的办学水平、协助开展专科教育教学改革的研究试点工作等；要提高教师的专业实践能力，努力创造条件，有计划地安排教师到生产第一线和工作现场，参加社会主义建设实践。1991 年，国务院出台《关于大力发展职业技术教育的决定》，提出我国职业技术教育必须采取大家来办的方针，要发展行业、企事业单位办学和各方面联合办学，充分发挥企业在培养技术工人方面的优势和力量；职业技术学校的专业设置要面向社会实际需要。

改革开放以后，我国政府出台了一系列政策，从鼓励社会办学、加强学校与社会的联系，到鼓励社会积极支持和参与职业学校办学，在很大意义上促进了职业学校与社会部门、企业在育人方面的紧密联系，为学校开展社会化职业教育提供了制度保障，对社会培养德技双修的技术技能型人才起到了重要的保障作用，从而在很大程度上消除了“文革”对职业教育的消极影响。

（二）创新融合阶段（1996—2009 年）

随着我国社会主义现代化建设进程的加快，经济社会快速发展对高技能人才的需求不断增多，加快职业教育与经济社会发展相适应的需求更为迫切，旨在创新“产教融合”路径的系列政策相继出台。

1. 政企行校合作初步形成多元办学格局

1996 年，第三次全国职业教育工作会议召开，要求从宏观层面加强对职业教育工作的统筹管理，营造社会共同参与和兴办职业教育的格局。2002 年，国务院出台《关于大力推进职业教育改革与发展的决定》，提出深化职业教育办学体制改革，形成政府主导、依靠企业、充分发挥行业作用、社会力量积极参与的多元办学格局。2005 年，国务院出台《关于大力发展职业教育的决定》，要求“十一五”期间，继续完善“政府主导、依靠企业、充分发挥行业作用、社会力量积极参与，公办与民办共同发展”的多元办学格局。

2. 更加重视教师队伍的专业实践能力

1996 年，第八届全国人民代表大会常务委员会第十九次会议通过《中华人民共和国职业教育法》，为职业学校专业教师与企业专业技术人员的双向流动提供了法律保障。一方面，职业学校和职业培训机构可以聘请专业技术人员、有特殊技能的人员和其他教育机构的教师担任兼职教师；另一方面，企业、事业单位应当接纳职业学校和职业培训机构的学生和教师实习。2000 年，教育部出台《关于加强高职高专教育人才培养工作的意见》，进一步明确了这一要求，提出积极从企事业单位聘请兼职教师，实行专兼结合，改善学校师资结构，适应专业变化的要求。

3. 推进人才培养模式向“订单培养”方向改革

2002 年，国务院出台《关于大力推进职业教育改革与发展的决定》，明确提出企业要根据实际需要举办职业学校和职业培训机构，强化自主培训功能；企业要和职业学校加强合作，实行多种形式联合办学，开展“订单”培训。2004 年，教育部出台《关于以就业为导向深化高等职业教育改革的若干意见》，要求积极开展订单式培养，建立产学研结合的长效机制。2005 年，第六次全国职业教育工作会议召开，首次提出大力推行工学结合、校企合作的培养模式，逐步建立和完善半工半读制度，促使人才培养模式结构合理、形式多样。2008 年，教育部职业教育与成人教育司印发《2008 年职业教育与成人教育司工作要点》，提出以就业为导向，进一步深化职业教育教学改革。推动中等职业学校进一步更新观念，密切与企业的联系，实行订单培养。

4. 通过产学研合作丰富产教融合的内涵

1998 年，教育部制定《面向 21 世纪教育振兴行动计划》，提出要加强产学研合作，鼓励高校与科研院所开展多种形式的联合、合作。2009 年，教育部出台《关于加快推进职业教育集团化办学的若干意见》，阐明产业、专业、企业间的内在联系，以产业发展促进专业建设，鼓励学校依托专业举办企业产业，以专业教学促进产业发展，从而为“产学研”三位一体的发展提供广阔的合作平台。

这一阶段，职业学校与企业合作办学的力度加大，政府从宏观层面参与和主导校企合作与产教融合，将产教融合作为推动经济社会发展的重要内容。从教师队伍建设到人才培养模式变革，再到集团化办学，政府、行业、企业都开始深度参与到职业教育中，为推进产教深度融合、形成校企命运共同体提供了制度基础。

（三）深度融合阶段（2010 年至今）

随着技术进步和产业转型升级，职业教育如何更好地满足经济社会发展需要成为政府层面关注的重要内容，推进产教深度融合成为职业教育适应技术转型升级的核心任务。2017 年，国务院办公厅印发《关于深化产教融合的若干意见》，提出深化产教融合是推动教育与经济社会协调发展，支撑引领产业转型升级的重要战略。产教融合已经不仅是停留在产业与教育合作层面的任务，更需要建立产教融合命运共同体，通过互促互进，共同应对全球新一轮技术变革带来的挑战。

1. 深化产教融合，推进校企合作制度化发展

从制度上保障校企合作走向深入，主要体现在以下几个方面：一是建立协同育人机制。《现代职业教育体系建设规划（2014—2020 年）》提出创新校企协同的技术技能积累机制，建立重点产业技术积累创新联合体。2015 年教育部《关于深化职业教育教学改革 全面提高人才培养质量的若干意见》提出“完善产教融合、协同育人机制”的总体要求，“推动教育教学改革与产业转型升级衔接配套，加强行业指导、评价和服务，发挥企业重要办学主体作用，推进行业企业参与人才培养全过程，实现校企协同育人”的基本原则。2017年国务院办公厅《关于深化产教融合的若干意见》明确深化产教融合的主要目标之一是“全面推行校企协同育人”。二是建立行业企业参与职业教育的机制。2011年教育部《关于充分发挥行业指导作用推进职业教育改革发展的意见》提出在职业教育办学、教学、评价、改革、资格认证等诸多环节渗透行业作用，建立健全校企合作新机制，指导推动学校和企业创新校企合作制度，积极开展一体化办学实践。2014年国务院《关于加快发展现代职业教育的决定》提出要研究制定促进校企合作办学有关法规和激励政策，深化产教融合，鼓励行业和企业举办或参与举办职业教育，发挥企业重要办学主体作用。三是完善产教融合、校企合作的人才培养机制。2014年教育部《关于开展现代学徒制试点工作的意见》提出建立现代学徒制是深化产教融合、校企合作的有效途径。2016年中共中央《关于深化人才发展体制机制改革的意见》提出改进人才培养支持机制，建立产教融合、校企合作的技术技能人才培养模式。

2. 培养“双师型”教师，推进教师队伍专业化发展

2014年国务院《关于加快发展现代职业教育的决定》指出建设“双师型”教师队伍是加快现代职业教育体系建设的关键之一，而校企共建“双师型”教师队伍是实现这一目标的关键内容。一是共建“双师型”教师培养培训基地。《国家中长期教育改革和发展规划纲要（2010—2020年）》提出加大职业院校教师培养培训力度，依托相关高等学校和大中型企业，共建“双师型”教师培养培训基地。二是完善“双师型”教师培养培训制度。《现代职业教育体系建设规划（2014—2020年）》提出探索职业教育师资定向培养制度和“学历教育+企业实训”的培养办法，建立职业院校教师轮训制度，促进职业院校教师专业化发展。三是完善人事制度。《现代职业教育体系建设规划（2014—2020年）》提出落实职业院校用人自主权，鼓励职业院校按照国家相关规定聘请企业管理人员、工程技术人员和能工巧匠担任专兼职教师。

3. 贴近经济社会需要，推进职业教育集团化发展

《现代职业教育体系建设规划（2014—2020年）》提出职业教育集团化发展是政府主导、行业指导、企业参与的职业教育办学体制的重要实现形式，对促进教育链和产业链有机融合有重要作用。要完善现有职业教育集团的治理结构、发展机制，逐步扩大各类职业院校参与率，开展多元投资主体依法共建职业教育集团的改革试点。《高等职业教育创新发展行动计划（2015—2018 年）》将鼓励中央企业和行业龙头企业、行业部门、高等职业院校等牵头组建职业教育集团作为高等职业教育创新发展的举措之一。2016 年《制造业人才发展规划指南》将这一举措进一步具体化，鼓励组建先进制造业职业教育集团，并以此促进产业链、岗位链、教育链深度融合。

在深度融合阶段，产教融合、校企合作上升到了支撑和引领经济社会发展的战略地位，系列政策为行业企业全过程、全方位参与职业教育提供了制度保障，组建职业教育集团和遴选示范职业教育集团，进一步引导地方政府、行业、企业和学校协同参与职业教育人才培养过程。这些要求和探索突破了职业教育仅仅是学校的任务和使命的传统观念，各方资源集聚，共同嵌入技术技能型人才培养工作之中。

第二节　职业教育产教融合实践中存在的主要问题

厘清产教融合的内在矛盾与现实瓶颈是进一步改革融合模式、创新融合路径、提升融合成效，实现职业教育产教融合高质量发展的首要任务。

一、内在矛盾

由于追求的效益不同，产业系统与教育系统在合作过程中出现了诸多矛盾，这些矛盾从根本上影响和制约着产教融合的发展。有研究给出了如何识别并相应解决这些矛盾的思路。

（一）市场与政府的矛盾及其解决

在中国传统观念里，教育是学校的事，生产是企业的事。产教融合中涉及以追求经济效益为核心目标的产业系统与以追求公共效益为核心目标的教育系统，两大系统受到不同外在规则的约束。产业系统以市场机制为运行机制，必须遵循市场对资源配置起决定性作用的基本规律，因此在产教融合中，产业系统与教育系统融合的内容、方式、期限、载体等都需要以市场反应为基本参照。而教育系统在与产业系统合作时，必然会受到事业单位既有制度和行政政策的影响。政府居于教育系统与产业系统之间统筹协调，着力建立平衡机制，寻求产业系统与教育系统之间的协同发展。但政府调控机制一旦在涉及产教双方核心利益的领域“越界”，甚至在不尊重市场机制的前提下强制产教双方合作，就会对产业系统与教育系统的合作造成消极影响，带来产教融合、校企合作的“壁炉效应”。

庄西真在《产教融合的内在矛盾与解决策略》中指出，解决这一矛盾的关键在于对产权进行界定和保护。从产权角度来看，市场交易实质上是产权交易。市场中不同资源的占有者因资源禀赋、人的有限理性等而在分工合作中进行资源、商品、服务等的产权交易。这种产权交易是产业系统追求利润、提高效率的内在动力。如果对“产教融合”过程中各类资源、商品、服务等的权益进行清晰界定，并给予政策乃至法律层面的保护，那么这就等于对产业系统参与“产教融合”的积极性进行保护。而各级各类公立学校作为事业单位也应在“产教融合”中获得“准市场主体”地位，并凭借知识资源、人力资源、创意资源的优势与产业系统进行产权交易，获得合理的产权保护。唯有在产权保护的框架下，产业系统与教育系统才能就宏观层面和微观层面的合作达成可行的方案。

（二）营利与育人的矛盾及其解决

虽然产业系统在参与产教融合时履行了社会责任和人才培养的公益责任，但维持产教融合可持续发展的最有效途径是让融入的企业能够获得发展和利润。无论是参与学校的科研项目或人才培养，还是联合学校开发产品或获取技术支持，企业参与产教融合的根本诉求还是扩大生产、提升效益和增强竞争力。而学校作为教育机构，与产业系统开展合作的初衷和基本诉求是利用企业真实工作情境与项目资源，开展育人、科研等活动。无论是职业院校的现代学徒制，还是高等学校的科研成果转化，都离不开企业、行业的深度参与及合作。学校强调育人质量，遵循教育规律；企业追求产品质量与生产进度，严守产业规律。二者的本质诉求不同，一方是对中短期利润的期待，一方是对长期育人与科研的需求，利益出发点的“错位”无疑直接影响着产教融合的实际融合度。

庄西真在《产教融合的内在矛盾与解决策略》中指出，解决产业系统逐利与教育系统育人矛盾的关键在于建立风险共担机制。风险共担机制注重明确产教双方的义务与责任，可以保障产教融合项目应对风险与挑战的能力。这里的风险主要包括市场环境的变化和政策制度的变化，这两类风险都会带来减少或终止合作的风险，产教双方应事先明确在发生这两类风险时的责任承担机制，为产教深度融合、校企深度合作保驾护航。

（三）效率与公平的矛盾及其解决

企业尤其是中小企业基于对扩大原始资本积累和维持自身运转的迫切需求，往往对中短期的利润项目更为敏感，大多数的人力资源、物质资源等被投入能够迅速为企业带来利润的产教融合项目中。但学校在产教融合中还需要关注机会公平问题，比如职业院校“现代学徒制”中存在的遴选机制，只有那些“优秀”的学生才能进入优质企业与师傅结对，大部分学生则只能进入缺乏质量监督和保障的合作项目中。这种基于“选拔”的项目式融合容易形成“资源孤岛”，导致产教融合形成的优质资源无法产生溢出效应。

庄西真在《产教融合的内在矛盾与解决策略》中将这一矛盾概述为效率与公平的矛盾。协调效率与公平的关键在于产教融合应实现点面合作，产生“以点带面”的效果。点面合作的逻辑是以“点对点”的合作带动“面对面”的融合。它要求产教双方围绕某个具体合作项目，实现系统级别、要素级别的合作，达到超出项目本身的目标。这样可以在保证效率的同时顾及更大范围的公平。比如让优质企业在遴选优秀学生进厂学习的同时，系统介入学校的课程开发与教学设计，这样不仅企业能招聘到满足其要求的准员工，而且学校也可从这种产教融合的过程中整体受益。

（四）创新与互利的矛盾及其解决

企业对市场的敏感带来了其抢占市场先机的可能，市场研发是企业保持其竞争力的主要手段，带来了其不断创新的动力和成果，这些都以快速捕捉市场需求为前提。产业系统的创新紧贴市场，每一种创新成果或者由企业产生，或者由第三方产生，再由企业消化，转化为商品和服务，由此产生更高的利润和社会价值。产业系统的创新有其自身相对固有的逻辑和路径。教育系统也有着自身的创新要求和创新路径，但是在产教融合中教育系统要获得和企业方向一致的创新成果，就同样需要紧贴市场，否则产教融合就会失去合作的重要基础。然而，由于对科研问题的认识视角不同，以及缺乏市场和问题导向，教育系统往往容易形成封闭的创新体系，这类创新体系既可能与产业系统直接相关，也可能与产业系统间接相关，甚至与产业系统无关。因此，教育系统中创新资源的“失活”“迟滞”“错位”等问题为产教融合带来了障碍。

解决产教融合中的创新与互利矛盾需要从市场需求入手。产教融合系统的“互促式”改革应紧跟市场变化，针对产业系统中的现实问题，学校为企业面临的市场需求提供解决方案或贡献智力支持。这对于职业院校而言是具有挑战性的现实任务，但是唯有跨过这一难关，产教双方的融合才有可能落到实处。

（五）企业与学校的矛盾及其解决

在充分竞争的市场环境中，不同层级、不同类型的企业在复杂的生产分工链条中既相互影响，又各自独立，通过产品和服务维持竞争优势，确保自身的运营。企业一旦经营不善，就将启动破产机制进行资产重组。经济理性的市场机制对于企业是一种有形的调节手段，是推动企业不断调整以适应市场需求的外在客观力量。相较而言，学校实际面临的市场风险要小得多，更多地受到专业设置与生源的影响，对技术变革、产业升级带来的市场变化的灵敏度要低得多，这就为产教双方的合作带来了时间偏差。

庄西真在《产教融合的内在矛盾与解决策略》中指出，解决这一矛盾的关键在于建立“互益组织”。互益组织是指由个人会员或团体会员构成的、以促进会员特定利益为目标的社团。行业商会、协会或同业会是典型的互益性民间社团。产教融合系统的互益组织以协会、委员会、合作联盟等形式组建，既包括官方组织，也包括非官方组织，旨在协助产教双方消除合作障碍，寻求合作模式创新，深化产教融合。互益组织为组织内多元主体的面对面交流、研讨、协商等创造了条件和提供了平台，有利于化解产教两界、校企双方的利益冲突，使产教融合、校企合作中的不同主体达成各自的目标，最终取得最大的共识。

综合以上分析可以发现，产业系统和教育系统合作诉求的内在矛盾，给产教双方的合作带来了客观障碍。以岗位人才及其活动为纽带，从对核心人力资源的基本诉求出发，产教双方是命运共同体，更加需要加强沟通与合作。梳理产教双方合作中的客观障碍，提升教育服务产业的能力，推进产业资源“教育化”，针对性地开展创新性制度建设，是推动产教深度融合的重要任务。

二、现实瓶颈

随着产业技术迭代与产业转型升级，产业系统对人力资源的技术知识、专业能力、职业素养等各方面提出新的要求。我国职业教育坚持产教融合、校企合作，在适应经济社会发展变化方面不断创新体制机制，加大校企合作力度、推进产教深度融合，产业系统主动参与职业教育的积极性得到提高。但同时也应该看到，职业教育深化产教融合仍然面临着诸多瓶颈和制约。

（一）教育系统适应经济社会发展的主动性弱

对于什么是产教融合，为什么要产教融合，尤其是产教融合什么，如何开展产教融合，教育系统缺乏系统思考、整体谋划和主动推进，抱怨多、行动少。当下我国职业教育主要是接受政府层面的直接管理，习惯于在政府政策文件的指导下开展工作，在绩效考核指挥棒的指引和支配下，以完成考核指标和绩效任务为工作重心。如何能够保障绩效考核指标切实转化为职业院校改革发展的指挥棒，切实推动职业教育适应经济社会发展，仍是一个亟待解决的问题。2016 年，国务院教育督导委员会为进一步推动职业院校提高适应地方经济社会发展的能力，加强内涵建设，促进产教融合、校企合作，把职业院校评估主题确定为“高等职业院校适应社会需求能力评估”，将职业院校主动对接市场与企业需求，企业参与职业院校办学、人才培养及服务经济社会等指标作为评估重点，促进职业院校强化产教融合理念，创新产教融合方式，不断提高职业院校服务地方经济社会发展的能力和水平。但是，由于受到传统观念的制约，该评估办法实际作用并不理想。例如，在“双高计划”建设绩效评估中，第一轮平台数据显示，大多数职业院校在“社会效益指标”一栏可填内容较少。可以推断，职业院校在设定绩效评估指标时更多停留在办学与教学层面，对服务经济社会发展指标的认知、设定、评估等重视不够。因此，如何继续从认知层、制度层、实践层推进职业院校对产教融合的科学认知、合理关切、有效评测，切实提高职业院校服务经济社会发展的能力，是未来产教融合的主要方向。

（二）产业系统主动参与产教融合的积极性低

职业院校加大与产业系统的融合力度，一方面是对上级绩效考核指标的具体落实，另一方面是在市场调控下为自身发展做出的主动响应。从政府层面来看，其也在加大对产业系统参与产教融合的考核与激励力度，如产教融合型企业标准的建立与应用、系列组合式激励措施的出台等。尽管如此，无论是产业系统还是职业院校，在产教融合推进过程中仍然存在流于表面、形式主义现象。职业院校参与产教融合“心有余而力不足”，服务能力弱；企业难以从合作交换中满足自身需求，对参与产教融合持“观望”和“看情况”的态度，内驱力不足，于是呈现“校热企冷”现象。可见，应从产教两端继续深化合作体制机制研究，在政策体系、标准体系、统计体系、绩效评估体系等方面展开科学研究，取得实质性的成果，以突破合作瓶颈，保障产教融合中产业系统与教育系统的优势互补，切实提高产教融合的水平与效益。

（三）产教供需双向对接优势互补难

如前文所述，职业院校对产教融合的价值与定位认知相对不足，企业参与产教融合的主动性不强，使得校企双方的优势资源在产教两界流通传递困难，造成了产教融合的关键堵点。对于职业院校而言，缺乏的是产业升级的先进技术、先进工艺及人力资源的综合素养等产业资源，而又需要将其融入教育教学资源建设与教育教学过程之中，以真实企业项目为教学载体，使专业教学能够不断对接产业需求、适应产业升级、服务产业发展。矛盾的关键在于，职业院校由于受到自身内在管理体制的制约，一方面缺乏实际的对接平台与组织，信息沟通不畅；另一方面缺乏实际的对接与交换能力，服务发展的能力不足。企业要有灵敏的市场嗅觉与快速反应的能力才能更好地生存和发展，而职业院校在这方面存在先天体制弱势，这降低了企业对校企合作的期望。从社会层面来说，职业院校和企业本身属于事物的一体两面，尽管二者的社会分工不同，但它们并非对立且不可合作。因此，产教融合体制机制上的突破，仍然是解决这一瓶颈的关键所在。

第三节　本书的研究思路

产教对接谱系研究是产教融合宏观层面研究的新视角，它以社会生态学、谱系学为理论指导，依据谱系学研究方法，以特定智能制造产业领域为研究对象，从产业端的岗位群、技术体系、职业素养集到教育端的专业群、项目体系、课程逐层展开谱系研究和历史对接，以产教两界共同关键要素（包括技术知识体系、专业能力体系、职业素养体系等）的谱系建构为研究目标，以期为产业需求转化为教育供给提供直接依据。它是平衡产教供需关系，提高职业教育适应社会改革与发展要求的基础性创新路径。

一、产教对接谱系的内涵

产教对接谱系是在追溯产教两界技术、岗位和专业、课程等要素的发展历史及预测其发展趋势的基础上绘制而成的表达产教要素对接的整体结构关系、互动关系及随时间变化的可视化图谱。产教对接谱系以生物谱系学为基础，突破传统的单一产业或教育生态群落，从社会生态学视角，挖掘产教对接要素，明晰产教两界共同关键要素的映射关系和相互作用机理，构建产教融合生态系统模型，促进产教系统内信息、物质、能量和人才的双向流动，形成产教融合新生态。产教对接谱系揭示了专业群随产业链变革的时间、内容的变化规律，为产教融合提供了宏观层面的教随产动的历史发展路线图与方向标，进一步指导职业教育办学主体主动适应产业人才规格的基本要求与时代要求。

二、本书的研究目标、内容与方法

（一）研究目标

产教对接谱系研究以谱系学方法论为手段，着力打破客观主义技术知识观占主导地位和指导地位的职业教育“先理论教学，后实践教学”的教育模式，以人文主义技术知识观为指导，通过系统梳理产业端的人才规格要求，展开产教谱系对接，旨在通过历史性追溯产业端与个体技术知识生成紧密相关的岗位设置与能力要求，建构技术知识、专业能力和职业素养三个方面的谱系，并使其直接成为指导职业教育专业群建设、专业建设和人才培养的核心依据。

（二）研究内容

本书的研究内容主要包括谱系学的原理与方法（第二章）、产教对接谱系的开发路径（第三章）、产教对接谱系指导智能制造人才培养实践（第四章）及其成效（第五章）四个方面。

（三）研究方法

本书的研究方法包括文献研究法、问卷调查法、结构式访谈法、比较研究法、高等教育供需匹配技术方法等。

三、本书研究的意义

（一）构建产教融合生态系统模型，形成产教融合新生态

以产教对接谱系为基础，挖掘产教对接要素，明晰产教两界共同关键要素的映射关系和相互作用机理，揭示产业链调节教育端、教育端随动产业链的产教互动发展脉络图，包括互动的时间、内容及效果，构建产教融合生态系统模型；揭示在政府指导和调控、市场调节和反馈下，系统内知识、科技（人才）、思想、资金、设备在职业教育与产业行业之间服务与被服务的平衡与可持续发展互动图，从学理上服务产教融合平台建设与制度创新，科学指导职业院校人才培养目标确定、人才规格制定、专业群组建与专业发展，精准服务产教融合项目开发、教材学材编制与产教融合质量评价体系设计，促进专业群主动适应产业链变革，产业链主动服务教育端供给需求，缩小人才供需偏离度，形成产教融合新生态。

（二）建构产教对接谱系，指导人才培养实践

从培养目标来看，建构技术知识谱系、专业能力谱系和职业素养谱系，进一步明晰产业端人才规格的基本要求和专业要求，为专业和专业群人才培养目标的确定提供基本的和直接的依据，实现产教两界在人才规格上的供需匹配。从培养内容来看，开发适合课程、专业和专业群的全流程项目，全过程开展项目化教学，将知识目标、能力目标和素养目标渗透到项目化教学中，实现人文主义技术知识观指导下的职业院校技术知识生产而非技术知识传授的教育目标。从培养方法来看，与传统的“先理论教学，后实践教学”的教育路径相比，项目化教学实现了“理论教学与实践教学交互展开”的教育路径，既切合个体技术知识生成的内在结构及要素间相互关系原理，又符合产业端生产要素结构及要素间相互关系原理，从而保证教育成效满足产业端需求。

第二章

谱系学研究方法在产教融合领域的应用

同样是关注知识的生产，教育研究领域关注生产什么样的知识、怎样生产、生产效果如何、生产的社会价值等基本问题；谱系研究领域关注知识是什么、为什么会产生知识、知识是怎么产生的等更为根源性的问题。将谱系研究方法论与具体研究方法应用到产教融合实践中，深层次探究产业系统与教育系统在技术知识层面的共同起源和发展历程，构建产教系统共有的技术知识和综合职业能力体系，对指导产教融合改革与发展、提升职业教育社会适应性具有重要的理论价值与实践价值。

第一节 谱系学研究方法简介

谱系作为研究对象和研究方法是两个不同的概念。作为研究对象，谱系旨在追溯和梳理某一特定谱系的历史发展脉络，属于传统史学研究方法在谱系领域的应用，如家族谱系研究、语言谱系研究等；作为研究方法，谱系是一种在方法论指导下的具体研究方法，以知识与权力的关系探究为核心，打破传统史学的方法论指导与线性研究方法，重视异质性和不连续性，关注事件的“出现”与“出身”，而非关注起源。通过谱系学研究方法关注历史，能够构建起更加立体的、全面的、翔实的历史网络。

一、谱系的基本内涵

谱系（pedigree）思想来源于生物进化领域，对它的理解需要从狭义和广义两个层面展开。谱系在《现代汉语词典》（第7版）中有两个定义：一是家谱上的系统；二是泛指事物发展变化的系统。第一个定义可以理解为狭义的谱系，指家谱上的人物与人物之间的关系所构成的系统，即“家族谱系”或“家族世系”；第二个定义可以理解为广义的谱系，泛指事物发展变化的系统，除了家族谱系外，还包括植物谱系、动物谱系、器物谱系、学术谱系等。

通过谱系的定义不难看出，谱系可以划分成实体和实体间关系两部分。实体，即人物、植物、动物、器物等，通常用文字或图像描述；实体间关系，即实体与实体之间的相互关系，通常用文字、图形、表格等方式描述。实体和实体间关系共同构成系统，即谱系。

现代科学技术体系中形成了一种研究方法——谱系学法（也称谱系分类法）。“谱系学”（genealogy）一词源于拉丁文 genealogia，法语是 généalogie，汉译为家谱学、家系学、系谱学、谱系学。原指关于家族世系、血统关系和重要人物事迹的科学，后来逐渐演化为研究类群谱系的学科，主要研究目标仍为理解事物的起源及其演变过程。

作为客观存在的事物发展变化的系统，谱系更多地作为研究对象，对其内在变化规律或内在结构要素进行探索，以期作为预测或规划未来的指导依据。随着研究的深入和研究成果的多样化，逐渐形成谱系作为研究对象和作为研究方法并存的状态。作为研究方法，谱系起初更多地应用于哲学研究，而在西方思想发展史中，对谱系研究的阐释有着截然不同的视角。福柯、尼采等在探究知识谱系的基础上，进一步探究权力与知识谱系的关系，发现知识与权力相互规制。将谱系学法应用于产教融合领域，对厘清产业谱系与教育谱系的关系，即产业谱系（包括技术谱系、能力谱系、岗位谱系等）如何规制教育谱系，教育谱系如何影响和推动产业谱系，提高职业教育社会适应性具有重要的指导意义。

二、谱系学的研究领域

从研究领域来看，谱系研究主要集中于文化演进、生物进化、语言学、哲学等领域。在文化演进领域，主要包括精神谱系研究、家族谱系研究等；在生物进化领域，集中于通过谱系树的形式呈现生物遗传物质 DNA 的进化谱系研究；在语言学领域，集中于对语言演变历程的研究；在哲学领域，集中体现为对知识与权力关系演变的研究。

（一）围绕“生物进化”的谱系研究

遗传学领域的研究主要围绕生物进化展开，对生物起源、发育与进化中的基因及基因组的结构、功能与演变规律进行探索。生物进化论认为，生物的生存与发展存在一定的规律，生物的进化是由遗传物质 DNA 的传承与变异决定的，生物是随着时间的推移和环境的变化而逐渐发生变化的。将围绕“生物进化”研究形成的谱系理论和方法应用到产教融合中，尤其是产业端随着时代的变迁和技术的进步对人才综合素质要求的演变研究将会在很大意义上影响和决定职业教育的目标、内容、路径等的选择或调整。

（二）围绕“语言学”的谱系研究

语言学领域的研究主要围绕语言谱系的演变和语言规律展开，将语言进行分类，并根据语言产生的亲缘关系将其划分到不同的语系中，形成语言学谱系法，即将来源相近、语族相同的语言按照区域分布进行归类。将围绕“语言学”研究形成的谱系理论和方法应用到产教融合中，可以将产业链上不同类型的岗位群所包含的能力集群进一步细分为不同的子能力集群，然后对应到教育端专业人才培养目标中总目标的定位与子目标的归类，从而完成产教对接谱系中最基本的能力单位层面的谱系建构，并以此指导学校专业人才培养和专业组群。

（三）围绕“家族演进”的谱系研究

家谱是一种以图表书谱形式记载一个以血缘关系为纽带的家族世系繁衍及重要人物事迹历程的特殊图书形式。家谱研究很多不仅仅涉及一个家族或宗族的系谱，在根系复杂的家族研究中往往包括多个家族或宗族的系谱，通过记载同宗共祖父系家族世系的繁衍，以人物为中心，围绕家族成员血缘关系的亲疏远近构建历史图籍。将围绕“家族演进”研究形成的谱系理论和方法应用到汽车零部件产业人才培养规格演进领域，可以很快梳理出产品系列、岗位系列、能力系列、知识系列、素养系列等的发展脉络，可以清晰地勾勒出汽车零部件产业链人才需求的演变。在研究岗位、能力、知识、素养等与人才培养规格相关的要素的演变过程中，可以发现对人才能力需求的演变并不是一脉相承的，而是一源多族的“联姻”，因此可运用多族谱系的方法为人才培养规格制作“家谱”，服务学校专业人才培养定位与人才培养体系构建。

（四）围绕“知识与权力”的谱系研究

哲学领域的研究主要围绕知识的演进及与之相关的权力展开。福柯将谱系学看作一种史学方法，一种处理历史文献的方法。谱系学关注起源，但又不仅仅依赖起源，因此与传统的历史研究方法相区别。谱系学根本的目的不在于追寻历史的本质，而是坚持历史根本没有本质和初始同一性，反对本质和初始同一性。传统的历史研究方法最为注重发生的起源，在福柯的起源观念里，起源是本质同一的，起源是高贵的，起源是真理之所在。而从起源之后，事物才开始分裂、离散，并在这一过程中逐步腐败和堕落；与此同时，人们的认知也被遮蔽、模糊了，进而导致误解的产生甚至出现抛弃真理的现象。将围绕“哲学”研究形成的谱系理论和方法应用到产教融合中，有助于构建产业链发展中知识图谱、能力图谱和素养图谱与国家层面对人才培养规格要求的演变之间的对接关系，从而在教育端进一步构建符合国家教育目标要求的职业教育目标，宏观引领产教融合的方向。

三、谱系学的研究方法

从尼采开始，谱系学逐渐奠定了哲学方法论的基础，其区别于传统史学的特征得到突显。到了福柯，谱系学以更加标新立异的姿态与传统史学对立，对传统史学进行严厉批判，不仅奠定了谱系学的方法论基础，而且提出了谱系学的基本研究方法。

（一）关注差异性

与传统史学的思维路径不同，谱系学关注历史，旨在寻找差异性和非连续性，而非统一性和同一性。

首先，将消解统一性与知识霸权作为建立谱系的条件。福柯在史学探寻统一性和同一性的资源里找到了被忽视、被攻击、被批评、被剥夺资格的知识，使这些被淹没的知识回归，恢复它们的资格成为其建立谱系的重要依据。被淹没的知识是历史上经历了斗争的知识，这些知识的回归使谱系得以产生。这些知识居于边缘位置，它们有着自我存在的合理性。谱系学挑战居于主导地位的知识的权威性和霸权地位，进而否认真理的存在，对偶然性、历史的非连续性加以肯定。

其次，基于反对连续性重视非连续性。福柯反对传统史学所嗜好的将非连续性纳入统一的历史线性序列或理性构建的因果关系序列及目的论中，他认为史学家所做的工作就是完成拼图“游戏”，在他们的脑海中已经有一个固定的结构，需要做的工作就是将缺少的零件补充进去。福柯认为这是一种主观建构，他要恢复历史的全貌，而唯一的路径或工具就是承认历史的非连续性，将历史还原为事件，并将事件置于传统的历史运动之外，这并不会落入另一个“因果关系序列”的窠臼中，建立历史的必然性与内在逻辑并非其目的。

谱系学重视个别性与差异性。通过重视差异性，谱系学与传统史学划清了界限，以个体历史、具有差别的特征来与总体建构相对立，对个性给予特别重视，通过对具体特征的描述，基于细微之处、独特之处，给予特殊标记，从而在统一性被消解后呈现出新的面貌。如何赋予这些独特的差异性事件合法性，从而建立多样性的历史境域，谱系学提出了反对霸权的立场，对具有霸权地位的科学话语予以反对。

（二）关注事件

在传统史学所建构的线性结构历史的外围，存在着大量被忽略的、被反对的甚至被攻击的多样性事件，这些事件是谱系学所重视的对象。对于这些事件，需要呈现其原有的面貌，而非建立新的结构。谱系学专注于处理各种少有人重视的历史文献，在被忽视的内容中寻找个别事件的关联性要素，摒弃结构性的视域，将事件的个别性、差异性特征重新呈现，结构特征在这里失效，个性重新展现在面前，历史不再是单一的叙事，而是多元性、多样性组成的多面体，事件因其独有的产生、意义、时间跨度等的不同而呈现出不同的特征。每一个事件都在事件网络中具有了特定的位置，而不是被简单归类，同时注重事件与事件之间的纽带。于是，与传统史学的宏大建构、抽象归类的思路不同，谱系学在传统历史之外重现了更加丰富的历史样貌。

谱系学对事件的描摹不同于传统史学所做的线性因果描述。传统史学的研究方法会使部分事件因被忽略而未被纳入宏大叙述序列中，而谱系学秉持非连续性、偶然性、变化的历史观，肯定历史的斗争与冲突，因此对传统史学所秉持的“过去、现在、未来”美好社会的建构表示反对。传统史学倾向于将历史简单化，但实际的历史要复杂得多，不存在恒定性特征，所谓的“不朽”与“永恒”被谱系学重新放回历史中，谱系学赋予历史以“感性”的特征，认为如果要赋予“变化”“永恒”“不朽”以历史特征，就需要加上“斗争”与“冲突”的内涵。

（三）关注“出现”与“出身”

与传统史学追求“起源”中的一致性和统一性不同，谱系学关注“起源”中的多样性和不协调性。因此，谱系学更多地关注一个事件是如何出现的，出身的背景是什么，从而还原事件的本来面貌。谱系学反对事件产生的统一性本质的观点，反对起源的本体说和同一说，而更乐于“倾听历史的声音”，于是与传统形而上学的历史观不同，谱系学认为事件的本质是通过形象建构形成的。事实上，事件本身并不存在本质，它只是统治阶级的发明创造，真实的事件本质上产生于不一致与不协调。谱系学在探寻事件产生的过程中否定了历史起源的“高贵”与“严肃”，认为是人为地赋予了历史起源以“高贵”的特征。例如，对于真理的探索，会付诸起源，也就是真理本身就是不断被否定、突破和发现新的真理的过程，于是探索真理的过程被谱系学称为不断否定真理的历史过程。

谱系学不关注事件的起源，而关注事件的“出现”与“出身”。“出现”意味着“开始”“发生”“演变”，意味着异质性的出现，即对统一性、同一性的突破。谱系学认为新事件的出现是权力斗争的结果，权力关系分析成为福柯谱系学研究的焦点。于是，福柯聚焦于权力关系分析的谱系学与康德着力建构的理性历史观划清了界限，完成了从知识考古学到谱系学的转向，完成了从纯粹形式与逻辑的知识之“可能性”研究领域向知识之“实践”领域的过渡。知识考古学旨在分析形式本身，而谱系学旨在分析形式的产生、发展和变化。至此，福柯谱系学与传统史学、理性哲学之间的区别得以彰显。谱系学从描述的方法转向诠释的方法，成为一种注重实践的方法。

第二节　谱系学研究方法在产教融合领域的应用价值

从校企合作、订单培养到产教合作，从产教融合概念的提出到实践领域的创新，产教融合已经上升为国家战略，成为推动经济社会发展的重要支撑力量，也已经取得显著的理论研究成果和实践探索成果。然而，围绕技术生产与应用的基本规律，基于产教系统不同的知识生成机制与利益诉求机制，产教融合如何创新体制机制，探究产业系统和教育系统尤其是职业教育系统共同的核心目标，构建产业目标、教育目标与国家经济社会发展目标同心圆，打破已有的关于产教系统因“不同类”而“难合作”的固有思维，打造产教命运共同体，成为现实而又迫切的课题。运用谱系学研究方法可以进一步将产教命运共同体的全部要素揭示出来，从而服务产教命运共同体的回归与重建。

一、谱系学方法论的产教融合价值

职业教育的主要目标是培养适应经济社会发展的高素质技术技能型人才，“高素质”“技术技能”“人才”构成了培养目标的核心词，职业教育与普通教育的不同之处就在于“技术技能”这一核心目标。因此，对“技术是什么”的认知在很大程度上决定着对“技术教育是什么”“如何开展技术教育”的认知，进而决定着技术教育的路径。

（一）谱系学首先追问“技术何以形成”

同样是关注核心概念、核心对象“技术”的形成，教育系统的追问和答案与产业系统的追问和答案是否相同决定着二者能否实现切实合作。教育系统的实践者会追问“技术是什么”“如何开展技术教育”“技术教育的成效如何”；产业系统的实践者会追问“如何研发新技术”“新技术如何转化为新工艺”“新工艺如何成就新产品”。产业系统追问的不是“学理的技术”，而是“形成中的技术”，“形成中的技术”蕴含着前沿市场需求、市场竞争力、市场价值和社会价值。关于“技术的形成”，谱系学的追问使教育系统的实践者对技术的认知打破了客观主义技术知识观指导下的学校教育的边界。一直以来，学校的技术教育遵循“技术理论知识先课堂学习后实践应用”的教育路径，技术理论知识教育与实践教育、职业素养教育分属不同的教学模块。而在产业系统，技术研发团队与企业经营者对技术教育的期待是获得“既懂技术又有良好职业素养”的全人型技术人才。谱系学方法论的核心是反对霸权，运用到职业教育中则是反对“客观主义技术知识”的霸权，打开技术形成的“黑箱”，建立起技术形成的全立体网络。这是职业教育有效实现教育目标的基本的和重要的学理依据，回答了每一个参与技术形成过程的人想要追问的问题。

（二）谱系学其次追问“为什么会形成技术”

技术发明在不断改变着人类的生产和生活方式，将“技术是如何被发明的”这一问题往前推，新的问题是“为什么会有技术发明”。如果追溯人类每一项技术的原始发明人，探寻他们为什么会有技术发明，将会有什么样的发现呢？我国古代有领先世界的四大发明，即造纸术、印刷术、指南针和火药。英国科学技术史专家李约瑟（Joseph Needham）经过对中国领先世界的古代科学技术的背景分析，将原因归为文化的视角，并提出了“反对欧洲文化中心论”的鲜明文化立场。谱系学对“为什么会形成技术”的追问，让我们对“技术的形成”有了更为广阔的思维空间，经济的原因、政治的原因、文化的原因、心理的原因、地理空间的原因等，这些都为构筑“为什么会形成技术”问题的答案提供了多维的空间，对提高职业教育在产教融合中的主动能力具有重要的参考价值。

二、谱系学研究方法的产教融合价值

根据谱系学研究方法在教育史研究领域的应用规范，将问题导向、立场鲜明、聚焦“知识与权力关系”、整全史、时空序列贯通等研究方法应用到产教融合领域，对推进产教融合高质量发展具有重要的理论价值和实践价值。

（一）问题导向，追问“产教融合何以至此”

产教对接和产教融合不是一个时代的概念，实际上从有技术学习和技术教育开始，产教融合的雏形就已经形成，在特定的工作场景中，有师傅和徒弟，教学内容包括技术理论知识、技能实践、学习态度、学习方法等，这些就是产教融合的构成要素。谱系学方法论指导下的产教融合，除了关注“产教融合是什么”“为什么要进行产教融合”“如何进行产教融合”等后置性问题外，还关注“产教融合为什么如此”，会追问“今天的产教融合何以至此”“为什么今天的产教融合上升到了国家战略的高度”。谱系学反对就追溯历史而追溯历史，坚持从现实出发，为解决现实的问题而追溯历史。当技术发展带动产业结构调整、企业转型升级时，产教融合“不够紧”“不够好”的内在矛盾便以空前的显性形式突显出来，于是教育系统的边界开始松动，产业系统与教育系统的合作诉求明显增加。产教供需系统的失衡使原本教育系统与产业系统各自为政的隔离状态演变成一个社会问题。

谱系学“问题导向”的方法让产教融合的参与者重新审视和思考“产教融合何以至此”，这一问题是比“产教融合是什么”“产教融合怎么办”更基础的问题。产教融合是职业教育的生命线，从国家战略层面来看，它也是产业系统的生命线，尤其在产教对接出现严重错位的时候更加能说明这一点。谱系学对“产教融合何以至此”的追问，可以给职业教育和产业系统以根本的方向性指导，那就是创新产教融合的体制机制、方式方法是构建良性循环圈、提升双方社会价值、保障社会协调发展的关键所在。

（二）立场鲜明，反对客观主义技术知识观的霸权

客观主义技术知识观认为，技术是对科学知识的应用与延伸，因此学习技术应该遵循“先学习理论知识，后实践应用理论知识”的教育路径。谱系学追问“技术如何形成”，关注技术形成的所有要素。在谱系学人文主义方法论的指导下，“人文主义技术知识观”成为对产教系统的所有参与者都具有指导意义的技术观。人文主义技术知识观要求关注技术形成的所有要素，而非主要因素，任何的忽略、不重视都是谱系学所反对的。谱系学方法论指导下的人文主义技术知识观要求所有职业教育的研究者都要探究影响技术形成的所有要素，包括主观要素和客观要素，从而建构产教融合人才培养的目标和内容，这是产教融合得以有效开展的前提和基础。

（三）聚焦“知识与权力关系”，回归人文主义技术知识观

客观主义技术知识观依循因果决定论的知识生成路径，相信真理的客观性。谱系学则认为没有所谓的真理，真理本身即为一种否定，是一种认知对另一种认知的否定，如此循环往复。在应试教育的支配和影响下，我国目前的职业教育考试仍然重视理论知识的记忆性学习，实践性学习占比相对不足，当职业教育满足产业系统人才需求的能力受到挑战时，职业教育固有的内循环不可避免地被打破，产教内循环需要构建起来。谱系学在追溯知识史的过程中将知识与权力放置在因果关系中思考，认为二者是互为因果的关系，主要探究何种知识成为占据主导地位的知识，哪些知识遭到了攻击或被忽略。谱系学反对客观主义技术知识观，恢复人文主义技术知识观的主导地位，指导产教融合的参与者在创新合作体制机制时不离开人文主义技术知识观的思想指导，正如行程中不离开导航仪的导航一样。

（四）整全史，建构技术结构立体网络

在人文主义技术知识观的指导下，技术的形成不再是线性的由科学知识的应用决定的，而是综合要素交互作用的结果。目前，已有的技术发明的文献主要集中于对客观技术发明的介绍，而对发明者发明技术过程的记载相对较少。谱系学整全史的研究方法要求不仅仅关注少数人物、英雄人物的历史，还要关注微观史和小人物的历史。福柯对传统史学的批判和反对让他更为关注很少被人发现或重视的古老文献，关注被认为异常而被忽视的细节。谱系学在对技术发明原因的追溯中关注技术发明者的心路历程，他们的家庭、出身、价值观、日记等内容是探究“技术何以形成”的重要研究对象。通过对技术发明者各个方面资料的收集与整理，整全史式的技术结构立体网络便建构了起来，这是产教融合参与者行动的技术思想指南。

（五）时空序列贯通，淡化产教系统的边界

谱系学将地理学的研究范畴纳入历史研究中，拓宽了历史学的研究视野。在技术学习和技术教育中，学习和教育都是在配有相应技术设备的场所进行的，师傅言传身教，但更重要的是徒弟的具身实践，只有通过具身实践，技术才能在学习者那里生成。技术的特殊性决定了技术学习和技术教育对特定的实体物理空间、技术设备的配备等有必然要求。在如今职业教育成为专项教育的社会背景下，对教学实体物质空间的要求，在谱系学看来则是一种回归，而非额外的要求。产教融合使教育系统与产业系统的边界逐渐淡化，产业系统在一定意义上为职业教育让渡教学和科研的实体物质空间。从技术既是产业系统的稀缺资源也是职业教育的核心目标来看，产业系统与教育系统相互让渡实习实训空间和理论再学习空间是一种“应然”要求。

第三章 谱系学理论在产教对接中的应用研究

本章以汽车及汽车零部件产业为例，运用谱系学理论，追溯2017年1月至2019年12月常州机电职业技术学院模具设计与制造专业与产业对接的情况。产教两端的分析数据主要由广东职教桥数据科技有限公司（以下简称“职教桥”）提供。职教桥通过搭建分布式爬虫架构、爬虫管理系统、VPS服务器集群动态持续采集全国各大主流综合性招聘平台、垂直行业招聘平台、地域性招聘平台、校园类招聘平台等线上公开招聘平台数据，具体包括前程无忧、智联招聘、58同城、拉勾招聘、实习僧、一览英才网等56个主节点招聘平台，以及相应的300多个细分领域/地域的招聘网站。分析的数据信息主要包括岗位名称、学历要求、工作经验要求、企业名称、企业类型、企业规模、企业所在行业、工作地址、岗位关键词、岗位类型、岗位薪资、招聘人数、能力要求、工作职责等维度。对2017—2019年2.4亿余条数据进行匹配分析，最终共有693 572条数据运用到常州机电职业技术学院智能制造专业群产教对接研究中。

第一节 产业分析与产业要素谱系建构

一、产业分析

（一）产业宏观定位分析

综合常州机电职业技术学院整体发展定位、专业建设定位，以及模具类、机电类专业的建设基础，以模具设计与制造、机械制造与自动化、工业设计、数控技术、机械产品检测检验技术五个专业为基础，构建面向常州市、江苏省及长三角地区的智能制造领域的特色专业群。

政策是产业发展的方向。利用大数据技术，基于产教对接谱系图构建算法，对常州市、江苏省的多条重点产业相关政策进行大数据分析，挖掘政策关键词、重点岗位群分布、岗位人才专业要求等多维度的数据，最终选出高端装备产业、汽车及汽车零部件产业等重点产业作为拟对标产业。

为了更加充分地支撑专业及专业群建设与产业发展对接，同时利用 PEST 模型，对拟对标产业进行宏观环境分析。从政治（Political）、经济（Economic）、社会（Social）和技术（Technological）四个维度对拟对标产业的发展进行解读，从而深度挖掘拟对标产业的发展现状，为产教对接的可行性、适配性分析提供依据。

首先，从政治的角度对拟对标产业展开分析，选取与拟对标产业相关的重点政策文件进行详细解读。其次，以职业教育服务区域的经济发展为导向，从经济的角度对拟对标产业展开分析，重点分析各产业的规模、营业收入、生命周期等。最后，从社会和技术的角度对拟对标产业展开分析，包括社会对产业发展所持的态度、产业发展所面临的技术瓶颈等问题。综合 PEST 分析与算法支撑，最终选取汽车及汽车零部件产业作为上述五个专业对标的目标产业。

作为发展较为成熟的产业体系，汽车产业可以分为上游、中游、下游三个板块，上游通常是汽车零部件的生产与制造，中游则是汽车整车的制造，下游主要为汽车及其关联产品的销售与维保，如图 3-1 所示。由于汽车产业属于规模庞大的产业集群，各个环节均能细分成体系完备的子产业，因此可以把汽车产业的上游、中游、下游分别视为汽车产业集群的子产业，而汽车零部件产业是汽车产业集群的关键子产业。

汽车零部件产业又可细分为上游、中游、下游三个板块，分别是汽车零部件设计、汽车零部件生产及加工、汽车零部件检测，如图 3-2 所示。将专业群建设与细分产业对接（图 3-3），既能充分发挥区域产业的发展优势，又能提高产教对接的精准度、人才培养的有效性。

产业链各环节的重点技术构成产业技术链，是产业运作的技术支撑。汽车零部件设计环节，主要负责汽车零部件的设计，包括动力系统零部件、行驶系统零部件及尾翼、座椅、门把手等车身零部件的设计，该环节的技术要求通常包括产品设计技术、计算机辅助设计（Computer Aided Design，CAD）技术、数字化设计技术等重点技术；汽车零部件生产及加工环节，涉及模具设计、模具制造、数控加工、自动化设备运维等技术；汽车零部件检测环节，主要涉及性能检测、精度检测、质量检测等内容，该环节的技术要求包括加工精度检测技术、材料性能检测技术、检具加工及操作技术。

技术推动产业升级，而人才是技术的载体，是产业发展的基础力量。汽车零部件设计环节，与产品设计、计算机辅助设计等技术对应的人才包括

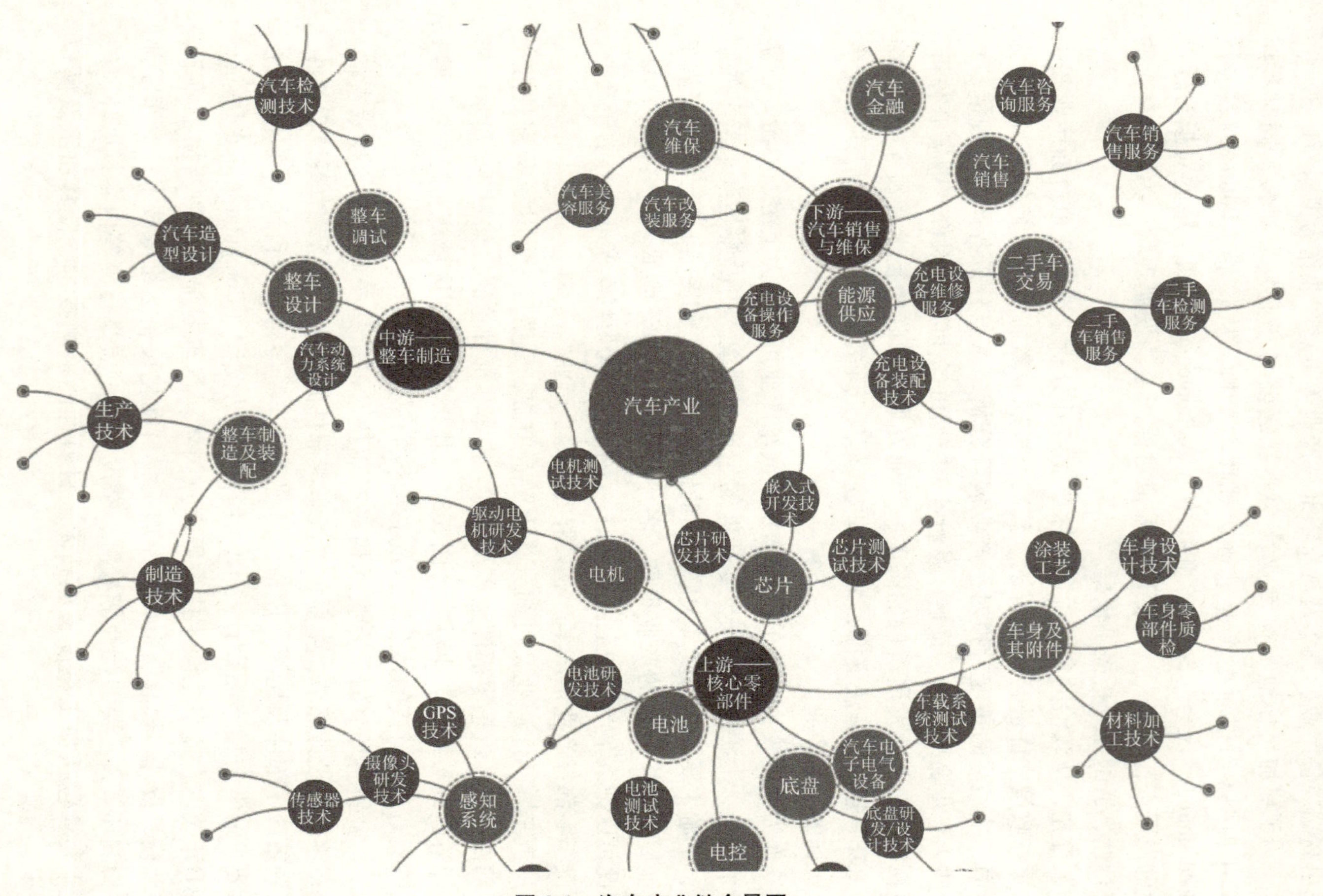

图 3-1 汽车产业链全景图

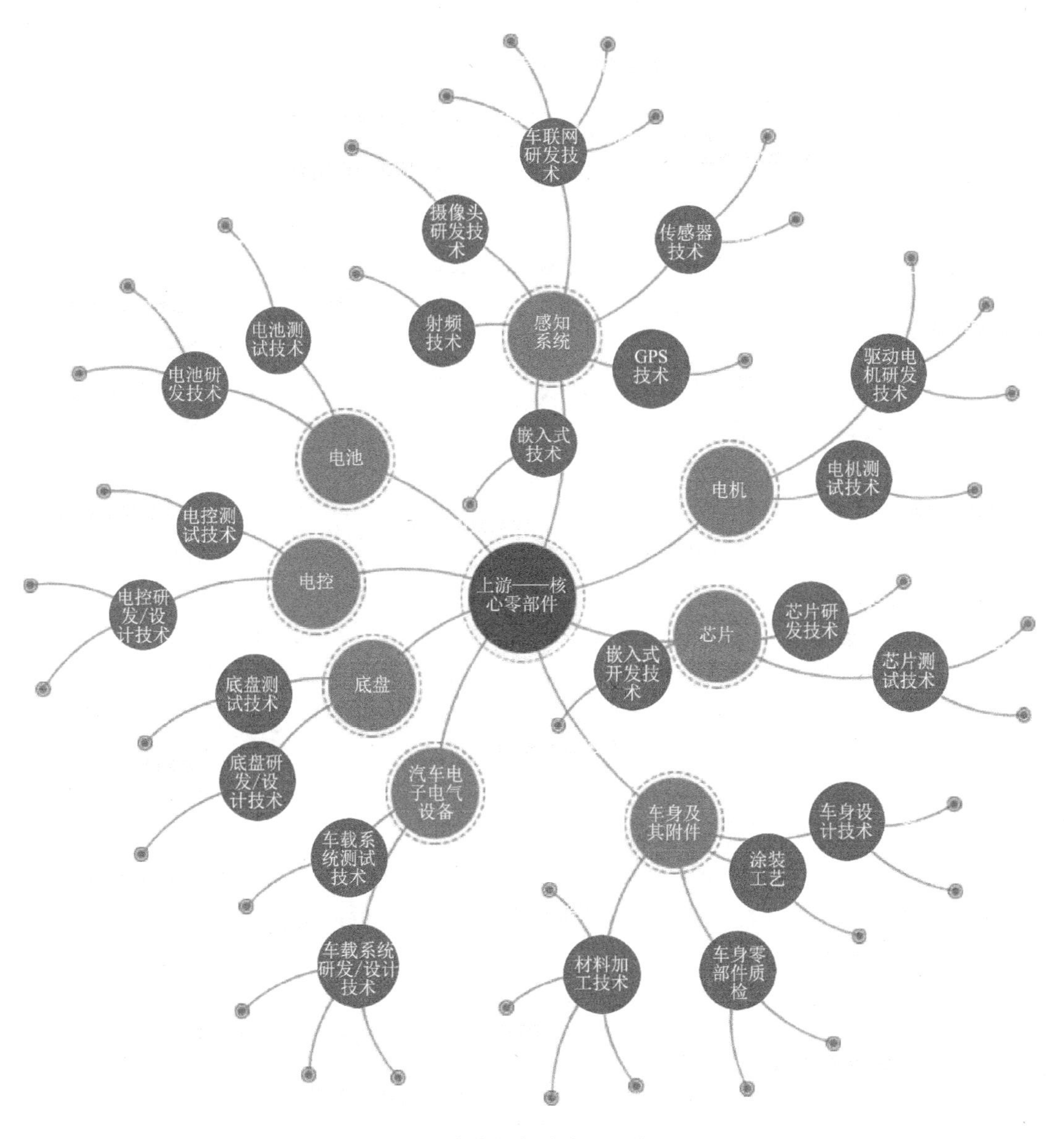

图 3-2　汽车零部件产业链全景图

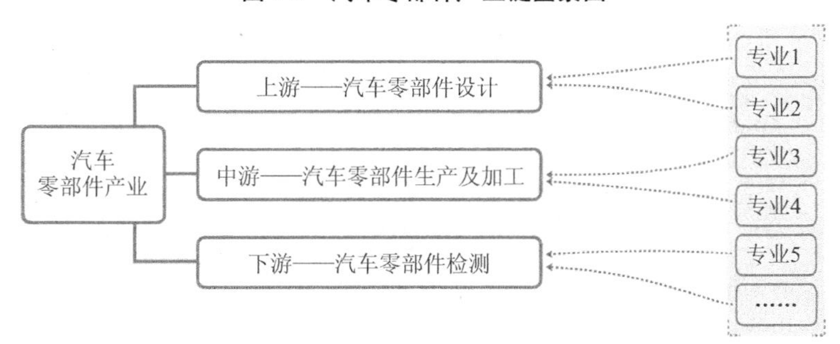

图 3-3　专业群建设与汽车零部件产业对接示意图

工业产品设计人才、计算机辅助设计人才、工艺设计人才等，对应的岗位有工业设计师、CAD制图员等；汽车零部件生产及加工环节，与模具设计、数控加工等技术对应的人才包括模具设计及加工人才、数控机床操作人才等，对应的岗位有模具设计师、数控车工、自动化工程师等；零部件检测环节，与零部件性能检测、质量检测等技术对应的人才有产品质检人才，对应的岗位有质量检测工程师等。

通过以上对汽车零部件产业的分析，梳理出“产业链—技术链—人才链”的产业分析路径，为了能够有效反映产业真实的岗位需求，产业人才链包含了上百个汽车零部件产业的岗位。但是，单个学校的人才培养难以覆盖整个产业，因此必须在产业人才链中有更加精准的定位。

（二）产业微观定位分析

从产业宏观定位分析中可以发现，无论是对产业技术链的分析还是对产业人才链的分析，都在一定程度上体现了产业人才需求与专业人才培养的契合性，如汽车零部件设计环节对计算机辅助设计类人才的需求、汽车零部件生产及加工环节对数控加工类人才的需求，与工业设计专业和数控技术专业的人才培养方向总体匹配。因此，明确专业群在产业链上更加精准的定位，寻找与专业群更加适配的产业岗位群是建立产业与专业联系的关键。

经过上述对产业的详细分析，基于产业与岗位对接分析模型，结合学校所在区域、各专业建设基础、办学层次等多维度因素，通过人工智能（Artificial Intelligence，AI）算法对产业人才链的岗位进行比较分析，得出各岗位的综合评分并对其进行排序，最终选出产业人才链中综合评分排名前50位的岗位，组成适合相关专业定位的目标产业岗位群。表3-1展示了目标产业岗位群中的10个典型岗位，岗位按照与专业的对应关系排序。

表3-1　目标产业岗位群列表（仅展示10个典型岗位）

序号	岗位名称	岗位描述
1	模具设计师	模具设计师是指负责运用数字化设计工具进行模具、检具的结构设计、工艺设计等工作内容的专业技术人员
2	模具钳工	模具钳工是指负责模具制造、维修、保养等工作内容的人员
3	机械加工工艺员	机械加工工艺员是指负责机械产品的工艺编制、工装技术准备和工艺技术指导、解决生产技术问题的工作人员
4	自动化工程师	自动化工程师是指负责电气控制系统方案设计、PLC编程、电气控制系统安装调试等工作内容的专业技术人员

续表

序号	岗位名称	岗位描述
5	智能生产线管理员	智能生产线管理员是指负责智能生产线的运行、维护、管理，从而保证产品正常生产的工作人员
6	数控编程员	数控编程员是指负责根据加工工艺，对数控机床进行数控编程、调试的工作人员
7	数控车工	数控车工是指负责对零部件产品进行车削加工、对数控机床进行参数调试等工作内容的技术人员
8	工业设计师	工业设计师是指负责产品方案设计、创意设计、效果图设计与跟踪、产品方案评估等工作内容的专业技术人员
9	CAD 制图员	CAD 制图员是指使用 AutoCAD 等专业绘图软件，按照相关要求和规范设计工程图纸的技术人员
10	零部件质检员	零部件质检员是指负责零部件品质检验、供应商质量合格率评审、成品质量控制等工作内容的人员

（三）产业与岗位对接分析模型

1. 数据预处理

依托职教桥大数据中心，对全行业岗位数据进行基本转换，通过核心关键词提取和矢量计算，得到岗位关键词、产业关键词，具体处理步骤如下：

（1）对输入的行业人才需求信息（招聘信息：标题、职责要求）、产业链关键信息进行基本转换，统一转换为可识别使用的文本格式信息。

（2）对行业人才需求信息（招聘信息：标题、职责要求）和产业信息进行 jieba 分词、词性批注、TextRank 关键词提取、词频计算等操作，提取岗位群与产业关键信息。

（3）基于职教桥标准职能体系及岗位分类标准化多标签识别算法，分析并匹配全行业数百个岗位群的相关人才需求信息，利用自然语言处理、文本挖掘技术，从岗位人才需求详细信息中挖掘出各类有效信息，结合岗位人才需求特征信息构建岗位画像。

（4）利用自然语言处理、文本挖掘技术，结合学校、产业等相关信息及产业知识图谱，构建产业链全景图（产教对接谱系图产业部分）。

（5）提取岗位关键词与行业领域标签，提取产业链全景图中各产业关键词及其节点下的技术信息。

2. 词向量的确定

利用 ERNIE 预训练模型，训练上述得到的岗位词向量 ω、产业词向量 v。

3. 对岗位与产业进行关联打分

（1）职责描述命中的产业/技术关键词及权重。

（2）产业信息命中的职能核心词及权重。

（3）计算岗位 1 与产业 1 的余弦相似度，具体计算公式为

$$s_{11} = \cos(\theta) = \frac{\omega \cdot v}{|\omega||v|} = \frac{\sum_{i=1}^{n} \omega_i \times v_i}{\sqrt{\sum_{i=1}^{n} \omega_i^2} \times \sqrt{\sum_{i=1}^{n} v_i^2}}$$

（4）是否被规则命中。

（5）是否命中英文核心词。

（6）加权平均得到岗位 1 与产业 1 的关联度 G_{11}，循环所有产业得到岗位 1 与各产业的关联度向量，遍历 m 个岗位，得到 m 个岗位与 n 个产业的关联矩阵。

$$\begin{bmatrix} G_{11} & G_{12} & \cdots & G_{1n} \\ G_{21} & G_{22} & \cdots & G_{2n} \\ \vdots & \vdots & & \vdots \\ G_{m1} & G_{m2} & \cdots & G_{mn} \end{bmatrix}$$

4. 产业关联岗位列表的确定

通过深度学习得到一个合适的分数阈值，得分大于阈值的岗位便为产业对应的岗位。

二、产业要素谱系建构

在产业技术链变迁的背景下，职业院校更加关注产业的技术要素和生产要素，下面就以这两种要素为例阐释产业要素谱系建构过程。

（一）技术谱系

以产业链技术重大变革节点为时间坐标，对产业发展历程中的技术要素进行细致准确的刻画，追溯产业链技术变革与岗位职业能力的随动关系，绘制谱系图。以模具关键技术为例，其谱系如图 3-4 所示。

（二）生产谱系

生产谱系主要以岗位的变化为显性因素，产业链中岗位的变迁决定了生产过程的不同。以岗位重大变革节点为时间坐标，追溯岗位变革与职业能力的随动关系，绘制谱系图。以模具岗位为例，其谱系如图 3-5 所示。

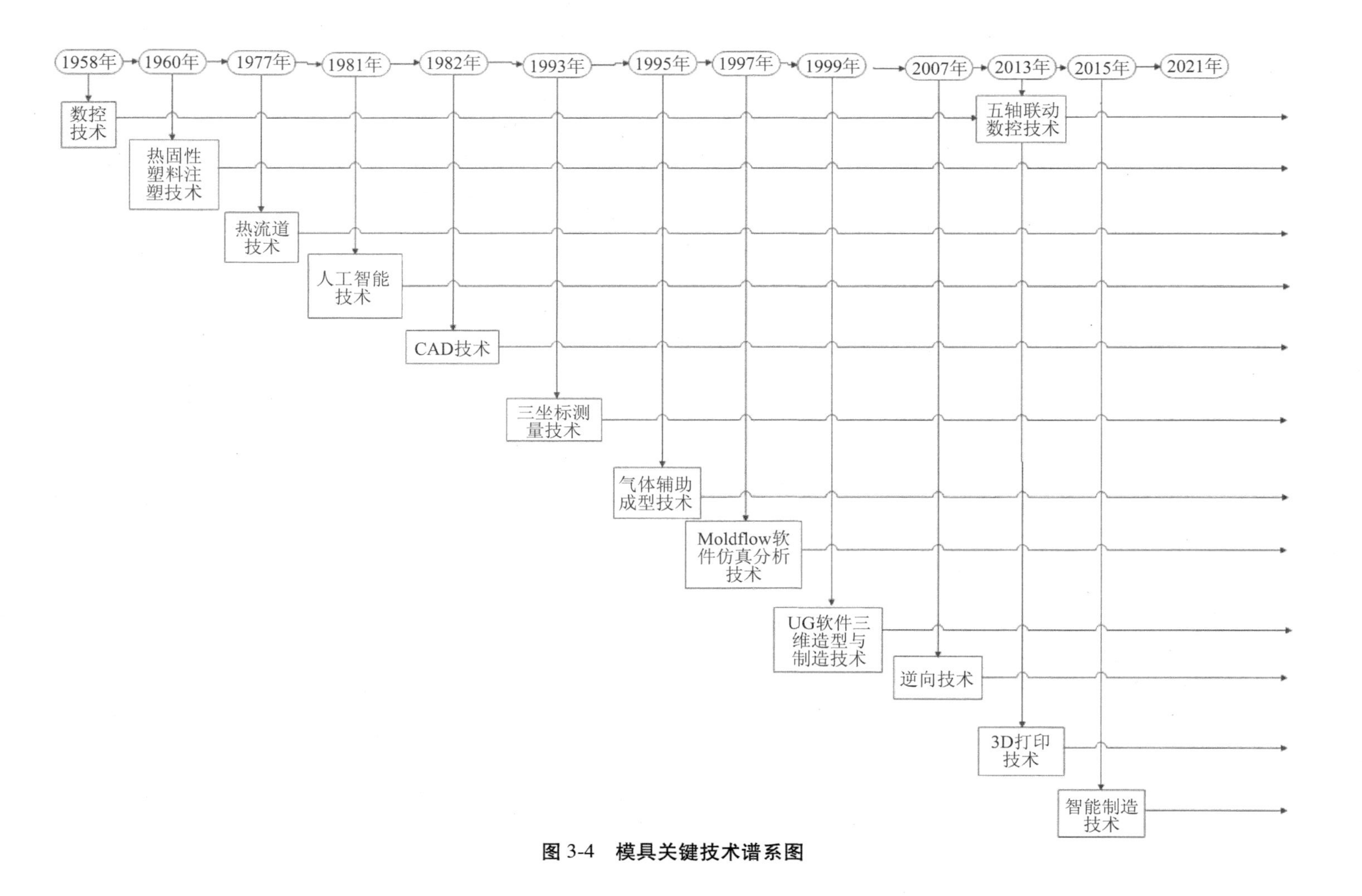

图 3-4　模具关键技术谱系图

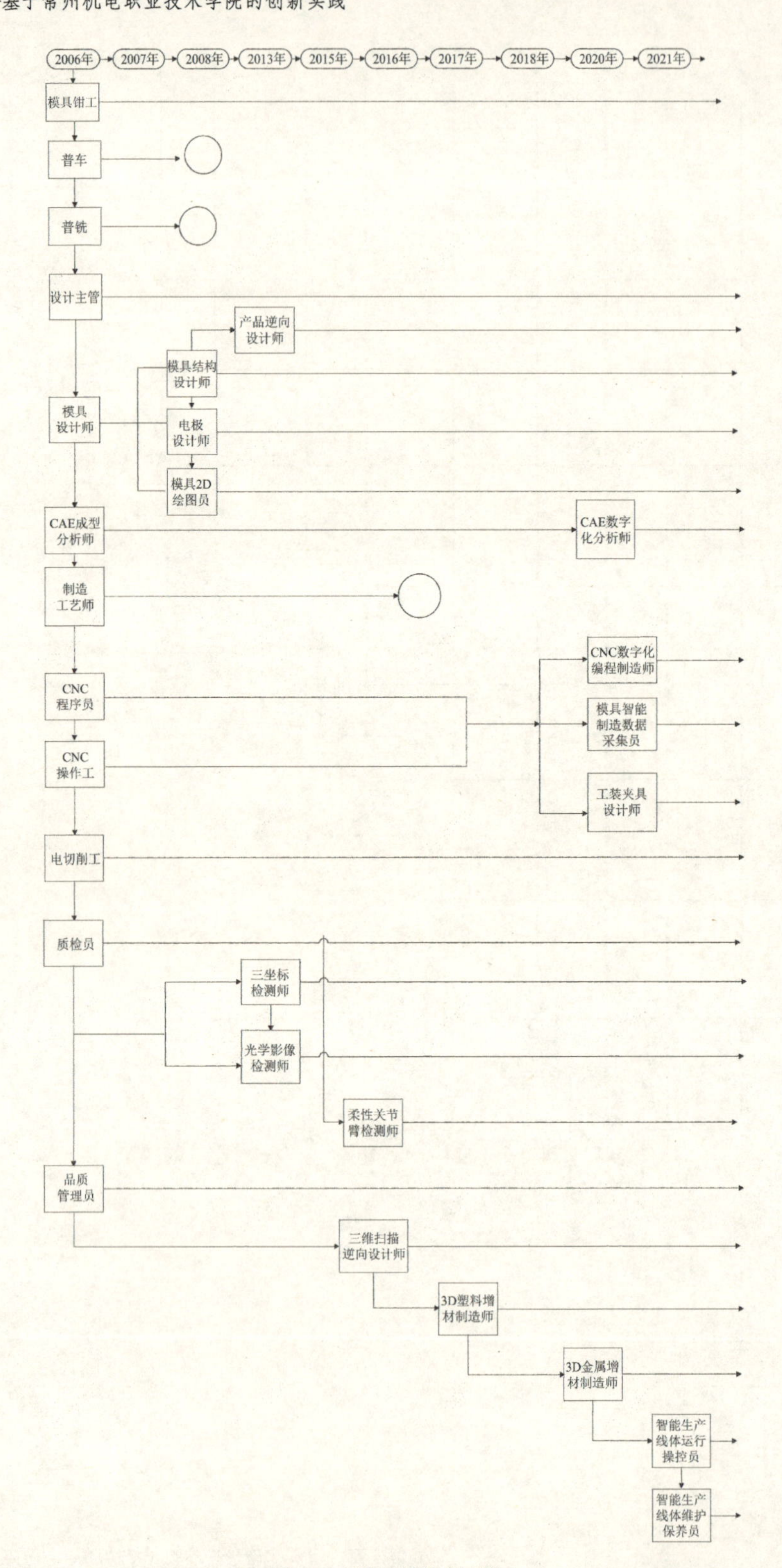
2006年
2007年
2008年
2013年
2015年
2016年
2017年
2018年
2020年
2021年
模具钳工
普车
普铣
设计主管
产品逆向设计师
模具结构设计师
模具设计师
电极设计师
模具2D绘图员
CAE成型分析师
CAE数字化分析师
制造工艺师
CNC数字化编程制造师
CNC程序员
模具智能制造数据采集员
CNC操作工
工装夹具设计师
电切削工
质检员
三坐标检测师
光学影像检测师
柔性关节臂检测师
品质管理员
三维扫描逆向设计师
3D塑料增材制造师
3D金属增材制造师
智能生产线体运行操控员
智能生产线体维护保养员

图 3-5 模具岗位谱系图

第二节　专业分析与教育要素谱系建构

一、专业与岗位匹配模型

（一）数据预处理

依托职教桥大数据中心，对全行业岗位数据进行基本转换，通过核心关键词提取和矢量计算，得到岗位关键词、专业关键词，具体处理步骤如下：

（1）对输入的行业人才需求信息（招聘信息：标题、职责要求）、专业人才培养方案关键信息、专业教学标准（课程标准）、其余参考专业信息进行基本转换，统一转换为可识别使用的文本格式信息。

（2）对行业人才需求信息（招聘信息：标题、职责要求）和专业信息进行 jieba 分词、词性批注、TextRank 关键词提取、词频计算等操作，提取岗位群与专业关键信息。

（3）基于职教桥标准职能体系及岗位分类标准化多标签识别算法，分析并匹配全行业数百个岗位群的相关人才需求信息，利用自然语言处理、文本挖掘技术，从岗位人才需求详细信息中挖掘出各类有效信息，结合岗位人才需求特征信息构建岗位画像。

（4）利用自然语言处理、文本挖掘技术，结合学校、产业等相关信息，构建专业画像。

（5）构建专业倒排索引［基于专业教学标准（课程标准）进行分词统计，取每个专业下互信息相关度较高（$PMI>3$）的词］。关键词与专业的互信息相关度计算公式为

$$PMI=(x,y)=\log_2\frac{p(x,y)}{p(x)p(y)}$$

（二）词向量的确定

利用 ERNIE 预训练模型，训练上述得到的岗位词向量 ω、专业词向量 ν。

（三）对岗位与专业进行关联打分

（1）职责描述命中的专业关键词及权重。

（2）专业教学标准命中的职能核心词及权重。

（3）计算岗位 1 与专业 1 的余弦相似度，具体计算公式为

$$s_{11} = \cos(\theta) = \frac{\omega \cdot v}{|\omega||v|} = \frac{\sum_{i=1}^{n} \omega_i \times v_i}{\sqrt{\sum_{i=1}^{n} \omega_i^2} \times \sqrt{\sum_{i=1}^{n} v_i^2}}$$

（4）是否被规则命中。

（5）是否命中英文核心词。

（6）加权平均得到岗位 1 与专业 1 的关联度 G_{11}，循环所有专业得到岗位 1 与各专业的关联度向量，遍历 m 个岗位，得到 m 个岗位与 n 个专业的关联矩阵。

$$\begin{bmatrix} G_{11} & G_{12} & \cdots & G_{1n} \\ G_{21} & G_{22} & \cdots & G_{2n} \\ \vdots & \vdots & & \vdots \\ G_{m1} & G_{m2} & \cdots & G_{mn} \end{bmatrix}$$

（四）专业关联岗位列表的确定

通过深度学习得到一个合适的分数阈值，得分大于阈值的岗位便为专业对应的岗位。

二、专业关联岗位分析

基于专业与岗位匹配模型，计算出与相关专业关联度最高的前 20 个岗位作为重点分析目标，形成“专业关联岗位一览表”。下面以模具设计与制造专业的分析过程为例进行展示，表 3-2 为模具设计与制造专业关联岗位列表。

表 3-2 模具设计与制造专业关联岗位列表

序号	岗位名称	关联度	序号	岗位名称	关联度
1	模具设计师	96. 72%	11	模具调试工	77. 29%
2	模具工程师	93. 15%	12	智能生产线管理员	75. 34%
3	机械加工工艺员	92. 72%	13	模具维修工	72. 03%
4	模具工艺员	90. 74%	14	模具项目经理	66. 26%
5	CAE 分析工程师	89. 28%	15	注塑技术员	63. 91%
6	模具钳工	88. 93%	16	冲压技术员	62. 06%
7	数控编程员	86. 05%	17	压铸技术员	61. 96%
8	智能生产线操作员	85. 29%	18	模具质检员	59. 44%
9	CAM 编程工程师	83. 35%	19	零部件质检员	57. 28%
10	模具装配工	80. 79%	20	机械制图员	55. 54%

三、岗位人才需求大数据分析

（一）人才需求量地域分析

从全国、长三角地区、江苏省、常州市等地域维度，对与模具设计与制造专业关联的重点岗位人才需求量进行统计分析，各地域维度的人才需求量如表 3-3 所示（20 个重点岗位按江苏省岗位人才需求量进行降序排列）。

表 3-3　与模具设计与制造专业关联的重点岗位人才需求量统计表

序号	岗位名称	全国人才需求量		长三角地区人才需求量		江苏省人才需求量		常州市人才需求量	
		数量/人	排序	数量/人	排序	数量/人	排序	数量/人	排序
1	模具工艺员	75 315	2	30 364	1	16 316	1	1 491	1
2	模具设计师	52 245	3	22 962	2	12 643	2	1 056	3
3	冲压技术员	86 335	1	18 380	4	8 560	3	1 071	2
4	模具钳工	25 720	8	13 696	5	7 861	4	919	4
5	模具维修工	48 237	4	22 012	3	7 619	5	587	8
6	模具工程师	31 745	6	11 813	6	6 865	6	697	5
7	机械制图员	27 991	7	10 815	7	5 503	7	697	5
8	数控编程员	22 584	10	9 350	8	5 060	8	694	7
9	零部件质检员	23 206	9	8 144	10	4 292	9	428	9
10	注塑技术员	32 984	5	9 084	9	3 010	10	372	10
11	压铸技术员	8 876	11	3 174	11	1 791	11	165	11
12	智能生产线操作员	6 193	12	1 903	12	834	12	108	13
13	机械加工工艺员	4 344	14	1 825	13	828	13	152	12
14	模具质检员	4 951	13	1 509	14	750	14	32	17
15	模具装配工	2 879	15	1 166	16	565	15	35	16
16	CAE 分析工程师	2 550	16	1 272	15	329	16	47	15
17	模具调试工	1 631	17	751	17	305	17	49	14
18	CAM 编程工程师	751	19	409	18	250	18	1	20
19	模具项目经理	892	18	403	19	168	19	16	18
20	智能生产线管理员	535	20	158	20	104	20	4	19

从以上数据可以看出，与江苏省模具设计与制造专业关联的20个重点岗位中，人才需求量最大的两个岗位是模具工艺员和模具设计师，人才需求量最小的两个岗位是模具项目经理和智能生产线管理员。全国、长三角地区、江苏省人才需求量排名前十位的岗位基本一致，说明模具设计与制造专业所对应重点岗位的人才需求情况在全国范围内基本一致。对于部分岗位表现出的明显地域特征，学校应从自身情况出发，厘清自身办学定位、人才培养方向，切忌盲目跟风随大流。

同时，模具工艺员无论是长三角地区、江苏省还是常州市都排在人才需求量排行榜首位，其中，江苏省模具工艺员人才需求量达16 316人，占江苏省20个重点岗位人才需求总量的19.50%，是排名第2位模具设计师人才需求量（12 643人）的1.29倍，是排名第20位智能生产线管理员人才需求量（104人）的156.88倍；常州市模具工艺员人才需求量是1 491人，占常州市20个重点岗位人才需求总量的17.29%，是排名第2位冲压技术员人才需求量（1 071人）的1.39倍，是排名第20位CAM编程工程师人才需求量（1人）的1 491倍。虽然都是与模具设计与制造专业关联的重点岗位，但是岗位之间的人才需求量差距较大，这就要求学校立足产业需求大环境，结合人才培养现状，抓重点、凝合力，培养模具设计与制造专业人才。

从整体上看，江苏省对模具设计与制造专业的人才需求量大，尤其是与模具设计、模具编程、模具维修和产品质检相关的岗位人才需求量比较大。学校模具设计与制造专业应从自身基础与特色、人才培养定位等多维度考量，选择与专业基础、人才需求、产业发展相契合的发展方向。

（二）岗位学历要求分析

江苏省模具设计与制造专业关联岗位学历要求占比和分布分别如图3-6和图3-7所示。

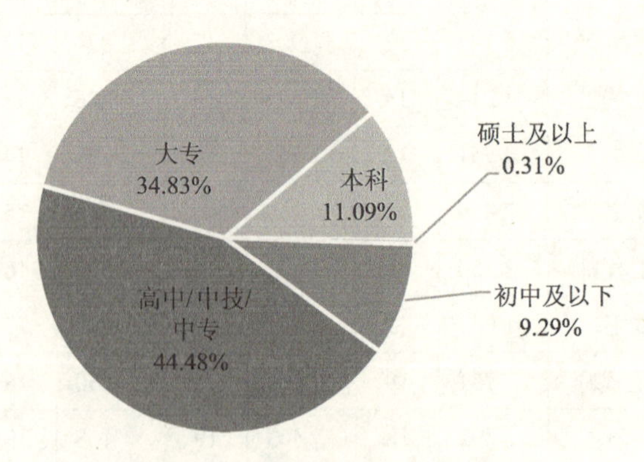

图3-6　岗位学历要求占比图

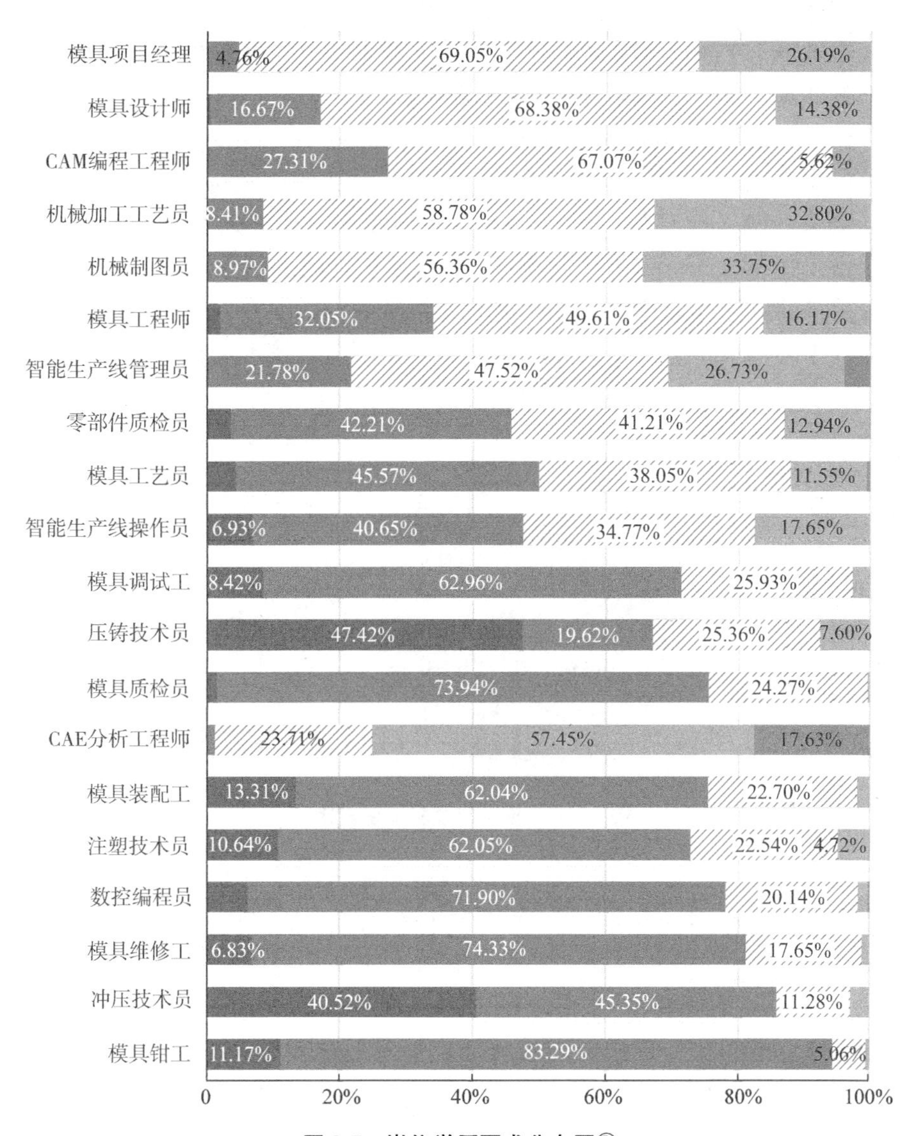

图 3-7　岗位学历要求分布图①

① 图表数据说明：岗位学历要求分布、岗位工作经验要求分布等详细分析的百分比堆叠条形图，其每一条的总和均为 100%，由于部分类别数据太小，如岗位学历要求为硕士及以上的，每个岗位比例都极低，以至于无法看到具体可视化的信息，数据标签也重叠在一起。为了能够更清晰地呈现最重要的信息，图中隐藏了一些占比过低的数据标签，只显示主要类别的数据标签。

从图 3-7 可以发现，模具设计师、模具工艺员、模具工程师、机械制图员、零部件质检员、机械加工工艺员、智能生产线操作员、CAM 编程工程师等岗位中，有超过 30%的岗位学历要求都为大专，这表明中高职院校能够有效针对企业的人才需求进行人才培养。

（三）岗位工作经验要求分析

由图 3-8 江苏省模具设计与制造专业关联岗位工作经验要求占比数据可知，要求 1—3 年工作经验的岗位占比为 33. 15%，要求 3—5 年工作经验的岗位占比为 27. 37%，要求 5 年以上工作经验的岗位占比为 15. 99%，无工作经验要求的岗位占比为 23. 49%。这说明江苏省模具设计与制造专业关联岗位对人才的工作经验并不十分看重，而专业能力、技术水平、可培养性与稳定性等可能是用人单位重点考查的特质。

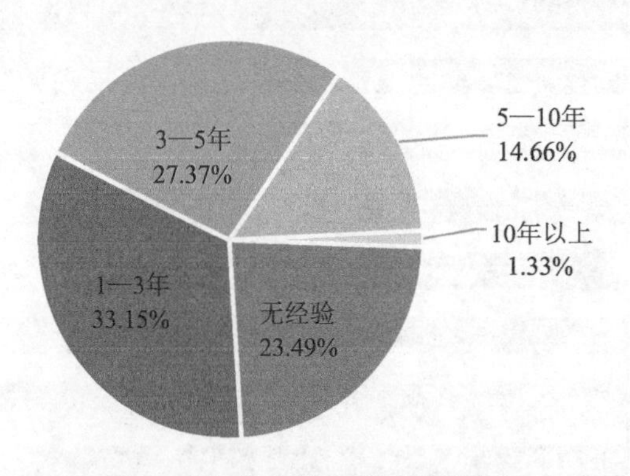

图 3-8　岗位工作经验要求占比图

从整体上看，江苏省模具设计与制造专业关联岗位对人才的工作经验要求不高，将近 57%的岗位要求工作经验在 3 年以下，其中 23. 49%的岗位无工作经验要求。从这些岗位的低工作经验要求可以看出，行业对应届生的接纳度高。究其原因在于应届生可塑性佳、学习能力强、忠诚度高、对薪酬要求相对不高、便于管理等就业优势是非应届生所不能比的。因此，学校应注重培养学生的专业能力、操作技能、自主学习能力、持续提升操作技能的毅力、工匠精神等。

对具体岗位进行分析可以发现，大部分岗位的工作经验要求均在 3 年以下，这些岗位的工作内容集中在模具装配、产品加工和产品质检。而观察工作经验要求在 3 年以上的岗位可以发现，这些岗位的工作内容集中在模具设计、生产工艺和数控编程，如图 3-9 所示。

总的来说，模具设计与制造专业的市场需求侧对人才工作经验要求不高，对应届生的接纳度高，但部分高端岗位在工作经验方面有着较高的要求，反映出市场高端人才较为紧缺的现状。学校可以抓住产业对应届生接纳度高、中高端人才供给不足等特点，进行人才培养方案的合理调整。

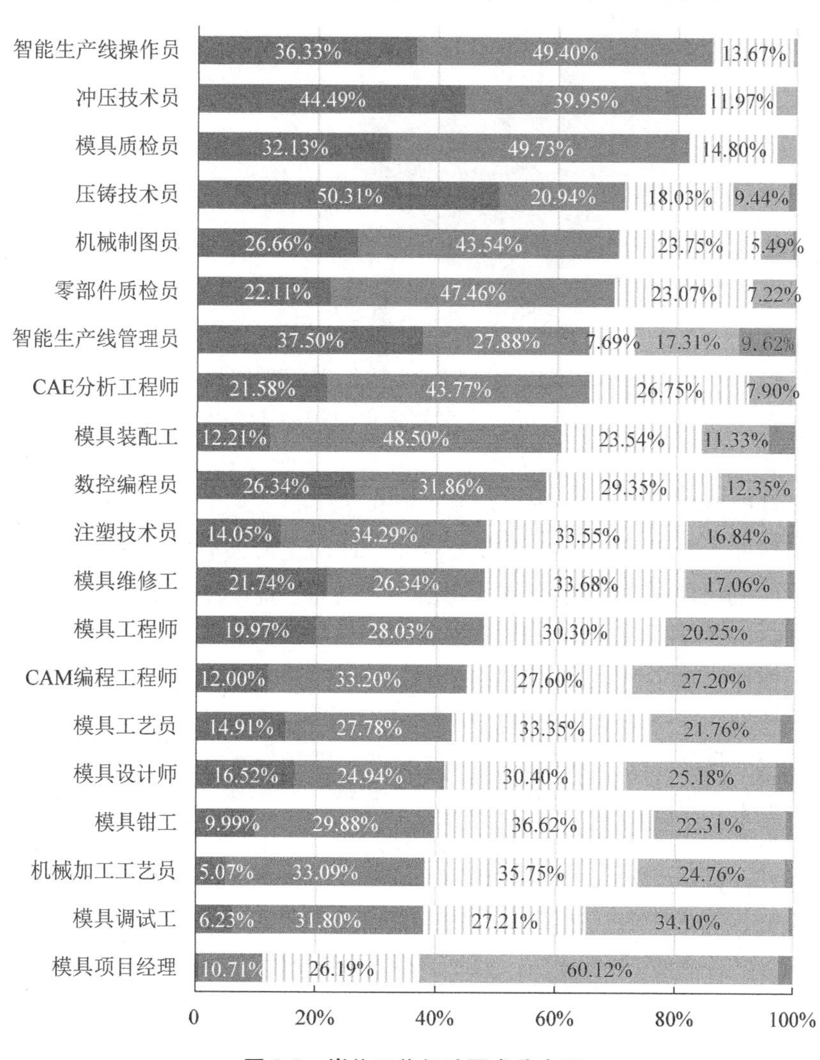

图 3-9　岗位工作经验要求分布图

（四）岗位薪资水平分析

图 3-10 对江苏省模具设计与制造专业关联岗位的薪资水平进行了分析。其中，38. 30%的岗位月薪资在 6 000~8 000 元，22. 50%的岗位月薪资在 4 000~6 000 元，20. 41%的岗位月薪资在 8 000~10 000 元，月薪资在

10 000 元以上的岗位占比为 15. 55%，月薪资在 4 000 元以下的岗位占比仅为 3. 24%。

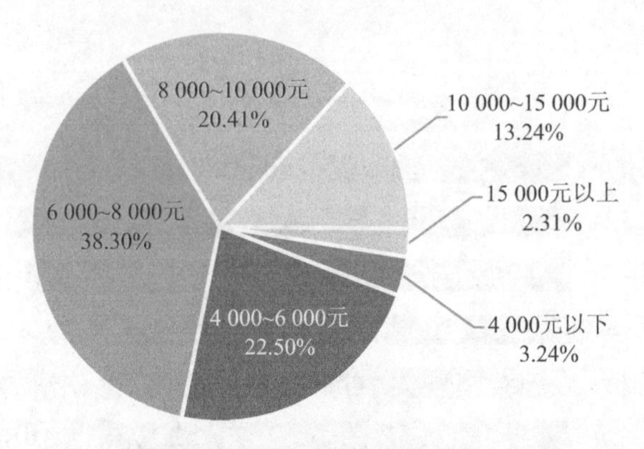

图 3-10　岗位月薪资占比图

从整体上看，江苏省模具设计与制造专业关联岗位中有将近 75%的岗位月薪资在 6 000 元以上。可见，江苏省模具设计与制造专业关联岗位的整体薪资处于中上水平。

对具体岗位进行分析可以发现，模具工艺员、模具设计师、模具工程师、机械加工工艺员、CAM 编程工程师、智能生产线管理员等岗位中，有超过 40%的岗位月薪资在 8 000 元以上，属于中高薪岗位；冲压技术员、机械制图员、零部件质检员、注塑技术员、压铸技术员、模具质检员、智能生产线操作员等岗位则相反，均有超过 30%的岗位月薪资在 6 000 元以下，属于薪资处于中下水平的岗位，如图 3-11 所示。

薪资能反映一个产业的健康发展程度、市场发展方向及其吸引和留住人才的能力，因此，从高薪岗位的分布来看，汽车核心零部件行业是当下及未来较为热门的行业，与其相关的模具设计、工艺编程和产品加工人才需求会持续增长。

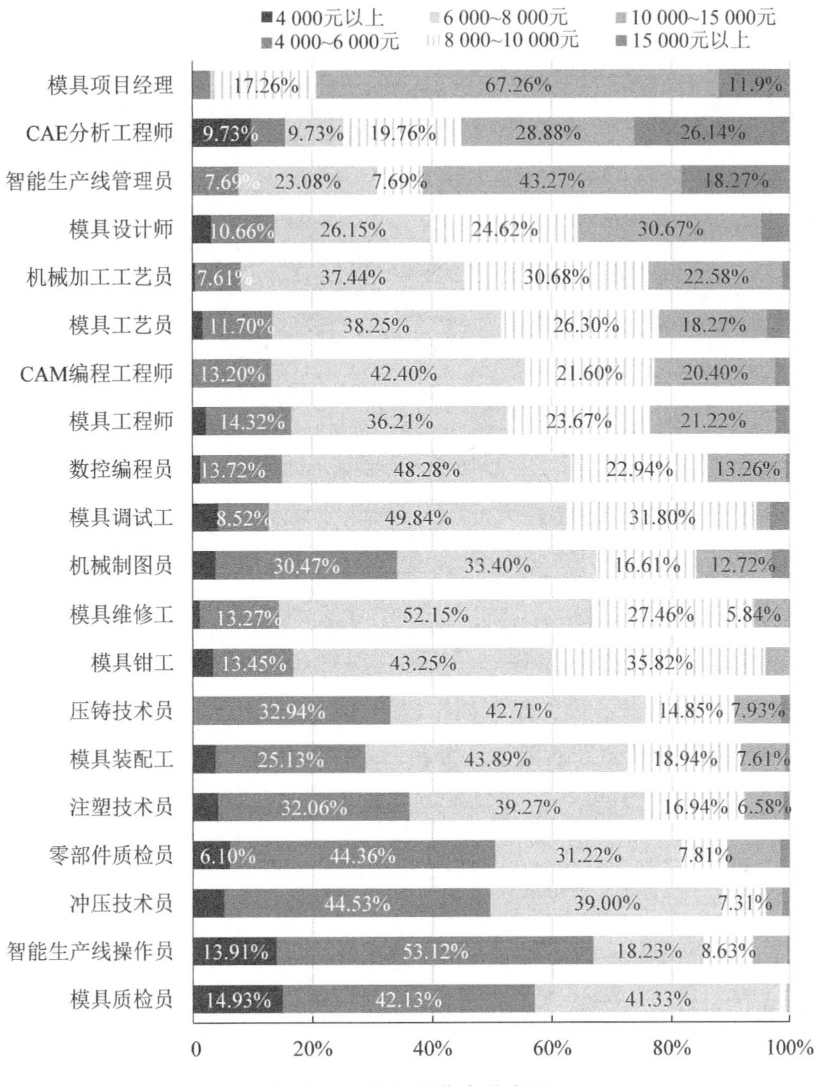

图 3-11 岗位月薪资分布图

（五）岗位需求企业性质及规模分析

图 3-12 对江苏省模具设计与制造专业关联岗位的需求企业性质及规模进行了分析。由企业性质分析可知，民营企业占比 68.48%，上市公司占比 7.22%，外资企业占比 21.53%，国有企业占比 1.89%。整体来说，江苏省模具设计与制造专业关联岗位的需求企业以民营企业为主，其次是外资企业，而国有企业和上市公司占比较少。

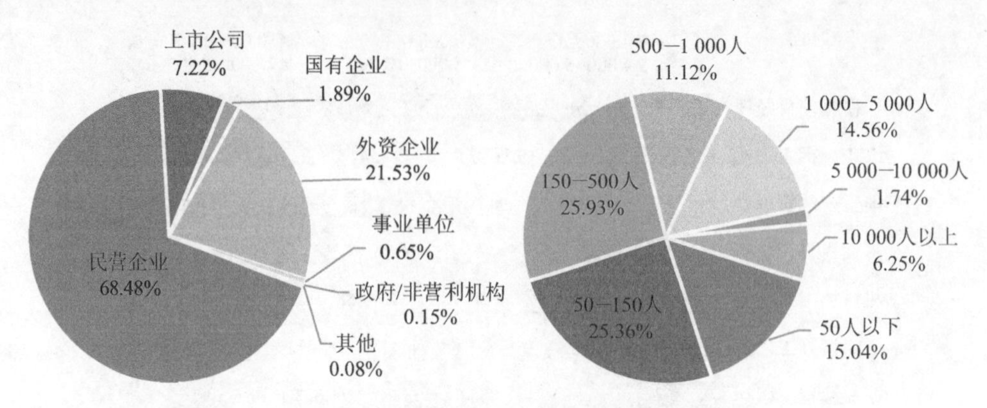

图 3-12 岗位需求企业性质及规模占比图

由企业规模分析可知，62. 41%的企业为 50—1 000 人的中小型企业，50 人以下的微型企业占比 15. 04%，1 000—10 000 人的大型企业占比 16. 30%，10 000 人以上的超大规模企业占比 6. 25%。

结合两个维度的分析可知，江苏省模具设计与制造专业关联岗位的需求企业主要为中小型的民营企业，可见，江苏省模具设计与制造专业的发展与民营企业的发展息息相关。学校可针对民营企业主要招聘岗位，结合专业实际，调整专业方向，增设岗位相关课程。

（六）岗位需求企业所处行业分析

图 3-13 对江苏省模具设计与制造专业关联岗位需求企业所处的行业进行了分析，并选取了人才需求量排名前五位的行业进行展示。五个行业均与工业相关，总占比接近 80%，其中机械/设备/重工行业占比最高，达到 37. 22%，电子技术/半导体/集成电路行业占比 12. 15%，汽车及零配件行业占比 12. 14%。这说明学校目前开设的模具设计与制造专业与行业人才需求具有一定的适配性，顺应了产业发展的大趋势、大方向。

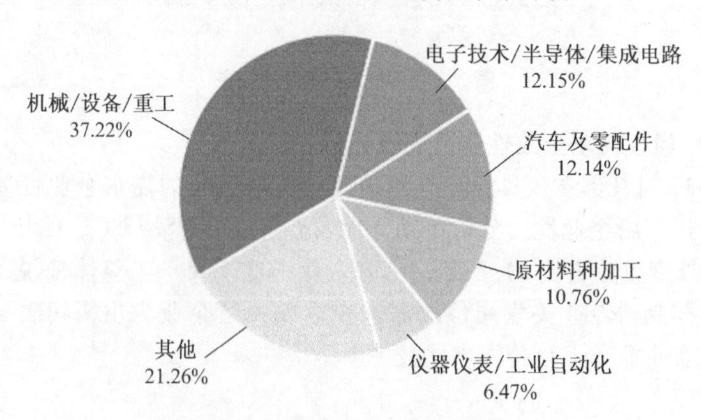

图 3-13 岗位需求企业所处行业占比图

（七）岗位薪资水平与工作经验要求交叉分析

由表 3-4 江苏省模具设计与制造专业关联岗位薪资水平与工作经验要求交叉分析可知，随着工作经验的增长，岗位月薪资总体上呈增长趋势。岗位月薪资已不仅仅和工作年限有关，更多的和个人能力相关。应届生有活力、敢创新，在产业中表现出较强的竞争力。时代的发展要我们敢于创新，因此个人的创新能力就显得尤为重要。

表 3-4　岗位薪资水平与工作经验要求交叉分析表　　单位：元/月

序号	岗位名称	无经验	1—3 年	3—5 年	5—10 年	10 年以上
1	模具设计师	6 800	7 560	9 390	11 230	14 390
2	模具工程师	6 840	7 300	8 950	10 580	12 440
3	机械加工工艺员	7 010	7 540	8 510	9 810	11 580
4	模具工艺员	6 960	7 400	8 840	10 660	14 240
5	CAE 分析工程师	10 780	11 730	12 460	19 020	—
6	模具钳工	5 580	6 820	7 600	8 330	8 630
7	数控编程员	6 950	7 310	7 970	9 450	11 000
8	智能生产线操作员	5 330	6 350	8 490	14 910	14 500
9	CAM 编程工程师	5 330	7 240	8 170	11 120	—
10	模具装配工	6 240	6 160	7 860	9 200	11 050
11	模具调试工	5 370	6 670	9 600	8 450	10 000
12	智能生产线管理员	6 540	6 120	10 390	14 270	21 340
13	模具维修工	6 120	6 720	7 620	8 550	9 220
14	模具项目经理	—	10 370	12 030	12 810	13 330
15	注塑技术员	6 500	6 720	7 390	8 940	11 420
16	冲压技术员	5 630	6 020	7 770	10 330	15 120
17	压铸技术员	6 290	7 140	8 620	10 790	12 170
18	模具质检员	5 450	5 410	6 410	7 330	—
19	零部件质检员	6 090	5 650	7 780	9 830	21 420
20	机械制图员	6 060	6 930	8 920	12 580	15 050

（八）岗位需求企业规模与岗位特征交叉分析

为了揭示岗位需求企业规模与岗位薪资水平、岗位工作经验要求、岗位学历要求之间的关系，基于组距数列，利用加权算术平均法，对江苏省模具设计与制造专业关联岗位需求企业规模与岗位特征进行交叉分析，其中对岗位薪资水平和岗位工作经验要求求加权算术平均数。

由表 3-5 可知，规模在10 000人以上的企业对大多数岗位的学历要求为大专且薪资水平较高，但是对工作经验要求也较高。而规模在 1 000—10 000 人、50—1 000 人、50 人以下的企业薪资水平、工作经验要求、学历要求都较为接近。

表 3-5　岗位需求企业规模与岗位特征交叉分析表

企业规模	江苏省人才需求量/人	薪资/（元/月）（加权平均）	工作经验/年（加权平均）	学历（占比最高）
10 000 人以上	4 262	9 000	4. 08	大专
1 000—10 000 人	11 110	7 670	2. 60	高中/中技/中专
50—1 000 人	42 542	7 740	3. 26	高中/中技/中专
50 人以下	10 254	7 700	2. 89	高中/中技/中专

由图 3-14 江苏省模具设计与制造专业关联岗位需求企业规模与岗位学历要求交叉分析可知，规模在 10 000 人以上、1 000—10 000 人、50—1 000 人、50 人以下的企业对大多数岗位的学历要求集中在中专、大专层次。这表明职业院校所培养的人才符合企业的人才需求。

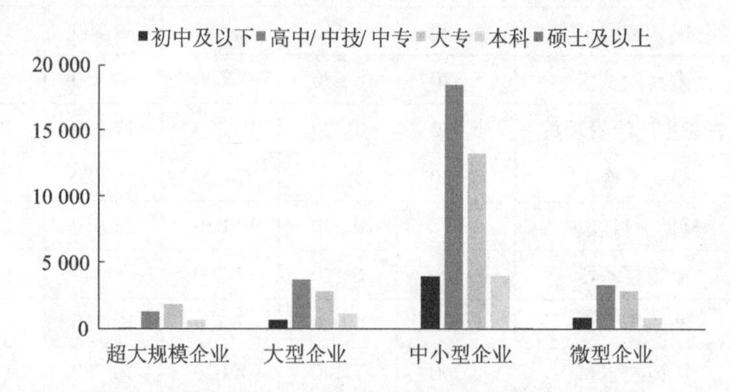

图 3-14　岗位需求企业规模与岗位学历要求交叉分析图

（九）岗位需求企业 TOP50

表 3-6 提取了江苏省模具设计与制造专业关联岗位需求企业中规模较大、人才需求量较大的前 50 家企业，并输出对应企业人才需求量最大的 1—3 个岗位，为学校开展校企合作提供参考。

表 3-6　岗位需求企业 TOP50 列表

序号	企业名称	主要招聘岗位
1	昆山联滔电子有限公司	模具钳工、模具设计师、模具工程师
2	昆山科森科技股份有限公司	模具钳工、压铸技术员、模具设计师
3	富誉电子科技（淮安）有限公司	模具设计师、模具工程师、冲压技术员
4	吴江华丰电子科技有限公司	模具钳工、模具设计师、模具工程师
5	富士康电子工业发展（昆山）有限公司	模具钳工、模具设计师、模具工程师
6	富港电子（昆山）有限公司	模具钳工、模具设计师、模具工程师
7	苏州胜利精密制造科技股份有限公司	模具钳工、压铸技术员、模具设计师
8	名硕电脑（苏州）有限公司	模具钳工、数控编程员、模具设计师
9	绿点科技（无锡）有限公司	模具钳工、模具设计师、冲压技术员
10	歌尔股份有限公司	模具钳工、模具设计师、模具工程师
11	雅迪科技集团有限公司	模具设计师、模具工程师、冲压技术员
12	群光电子（苏州）有限公司	模具钳工、模具设计师、模具工程师
13	苏州春兴精工股份有限公司	模具钳工、压铸技术员、模具设计师
14	苏州东山精密制造股份有限公司	冲压技术员、模具工艺员、模具调试工
15	国巨电子（中国）有限公司	模具工程师、模具维修工
16	欧普照明股份有限公司	模具钳工、模具设计师、模具工程师
17	可成科技（宿迁）有限公司	压铸技术员、模具设计师、模具维修工
18	深圳市信维通信股份有限公司	模具设计师、模具工程师、注塑技术员
19	通达（厦门）科技有限公司	模具设计师、模具工程师、模具工艺员
20	富士康科技集团有限公司	模具设计师、模具工程师、模具工艺员
21	莱克电气股份有限公司	模具钳工、压铸技术员、模具设计师
22	巨腾电子科技（泰州）有限公司	模具设计师、模具工程师、模具工艺员
23	美的集团股份有限公司	模具钳工、数控编程员、模具设计师
24	常州市凯迪电器股份有限公司	模具钳工、模具设计师、模具工程师
25	无锡雄伟精工科技有限公司	模具钳工、模具设计师、模具工程师
26	苏州领裕电子科技有限公司	模具钳工、数控编程员、模具设计师
27	常州华威模具有限公司	模具钳工、模具设计师、模具工程师

续表

序号	企业名称	主要招聘岗位
28	苏州春秋电子科技股份有限公司	模具钳工、模具设计师、模具工程师
29	可胜科技（苏州）有限公司	数控编程员、模具工程师、机械制图员
30	南京泉峰汽车精密技术股份有限公司	模具钳工、压铸技术员、模具设计师
31	华灿光电（苏州）有限公司	模具维修工
32	苏州长城开发科技有限公司	模具维修工、模具工艺员
33	南通万德科技有限公司	模具钳工、模具设计师、模具工程师
34	泰州市创新电子有限公司	模具钳工、数控编程员、压铸技术员
35	昆山康龙电子科技有限公司	模具钳工、数控编程员、模具设计师
36	赫比（苏州）电子有限公司	模具钳工、数控编程员、模具工程师
37	泛达电子（苏州）有限公司	数控编程员、模具工程师、模具工艺员
38	町洋机电（中国）有限公司	模具钳工、模具设计师、模具工程师
39	江苏东成机电工具有限公司	模具钳工、压铸技术员、模具设计师
40	适新科技（苏州）有限公司	数控编程员、模具设计师、模具工程师
41	泰德兴精密电子（昆山）有限公司	模具钳工、模具设计师、模具工程师
42	昆山哈勃电波电子科技有限公司	模具钳工、模具设计师、模具工程师
43	汉达精密电子（昆山）有限公司	模具钳工、模具设计师、注塑技术员
44	南京奥特佳新能源科技有限公司	数控编程员、压铸技术员
45	凯龙高科技股份有限公司	模具钳工、数控编程员、模具设计师
46	昆山乙盛机械工业有限公司	模具钳工、模具设计师、模具工程师
47	奥音科技（镇江）有限公司	模具钳工、数控编程员、模具设计师
48	嘉彰科技（苏州）有限公司	模具设计师、模具工程师、模具维修工
49	江苏云意电气股份有限公司	模具设计师、模具工程师、模具工艺员
50	北京车和家信息技术有限公司	冲压技术员、模具工艺员、零部件质检员

四、专业目标培养岗位分析

（一）岗位评价标准的建立

在上述专业分析与岗位人才需求大数据分析的基础上，对模具设计与制造等五个专业进行目标培养岗位分析，以此明确专业建设及人才培养的方向。为了保证确定的岗位符合产业需求、专业基础、岗位前景等多维度要求，同时考虑到该部分主要为数据分析，下面建立一套指标体系作为岗位评价标准，主要的指标包括关联度、是否为产业重点岗位、学历要求指数、工作经验要求指数、月薪平均指数等，如表 3-7 所示。

表 3-7　评价指标列表

序号	指标	评价细则
1	关联度	若岗位与专业的关联度超过 85%，则将该岗位的关联度视为“高”
2	是否为产业重点岗位	该岗位是否属于目标产业岗位群中的重点岗位
3	人才需求量	若长三角地区人才需求量超过 10 000 人，视为“高”；若常州市人才需求量超过 500 人，视为“高”
4	学历要求指数	将初中以下、初中、高中/中技/中专、大专、本科、硕士及以上的岗位学历要求分别赋值为 2、3、4、6、8、10。学历要求的加权平均数便是学历要求指数 e。如果 $4 \leqslant e \leqslant 6$，则将该岗位的学历要求指数视为“合适”
5	大专及以下学历要求	若岗位的大专及以下学历要求占比超过 60%，视为“吻合”
6	工作经验要求指数	将无经验、1—3 年、3—5 年、5—10 年、10 年以上的岗位工作经验要求分别赋值为 0.5、2、4、7.5、15。工作经验要求的加权平均数便是工作经验要求指数。如果工作经验要求指数低于 3，则将该岗位的工作经验要求指数视为“低”
7	月薪平均指数	筛选出学历要求为大专层次的岗位，得到筛选后的月薪平均值。若岗位月薪平均值超过江苏省大专学历人才就业的月薪平均值，视为“高”
8	岗位方向唯一性	在专业目标培养岗位群中，该岗位所代表的领域及方向具有唯一性，以保证人才培养的职业面向更广

在对以上指标做出相应判定之后，对相关岗位的需求数据进行相应评价，最终选出 3—5 个岗位作为专业目标培养岗位。对于部分特殊岗位（如市场新兴岗位、管理型岗位等），结合主观分析与客观分析来综合判定是否将其作为专业目标培养岗位。专业目标培养岗位的确定，明确了专业定位，也完善了从产业到专业的分析逻辑，是专业组群分析的关键环节。

（二）模具设计与制造专业目标培养岗位的确定

通过比较目标产业岗位群列表与专业关联岗位列表，选取与专业关联度高且属于目标产业岗位群的重点岗位，作为模具设计与制造专业目标培养岗位的备选岗位。然后，根据以上岗位评价标准，从人才需求量、学历要求、工作经验要求等重要维度对备选岗位进行统计分析，具体结果如表 3-8 所示。

表 3-8　模具设计与制造专业关联岗位重要维度数据情况

序号	岗位名称	关联度	长三角地区人才需求量/人	常州市人才需求量/人	大专及以下学历占比	大专学历占比	学历要求指数	3 年以下工作经验占比	工作经验要求指数	月薪平均值/(元/月)
1	模具设计师	96.72%	22 962	1 056	85.48%	68.38%	5.74	41.46%	4.13	9 460
2	模具工程师	93.15%	11 813	697	83.64%	49.61%	5.41	48.00%	3.61	9 190
3	机械加工工艺员	92.72%	1 825	152	67.20%	58.78%	6.45	38.16%	4.17	8 390
4	模具工艺员	90.74%	30 364	1 491	87.99%	38.05%	4.97	42.69%	3.92	9 670
5	CAE 分析工程师	89.28%	1 272	47	24.92%	23.71%	7.83	65.35%	2.65	8 930
6	模具钳工	88.93%	13 696	919	99.53%	5.06%	3.87	39.87%	3.97	7 920
7	数控编程员	86.05%	9 350	694	98.21%	20.14%	3.99	58.20%	2.88	8 740
8	智能生产线操作员	85.29%	1 903	108	82.35%	34.77%	5.08	85.73%	1.77	7 390
9	CAM 编程工程师	83.35%	409	1	94.38%	67.07%	5.56	45.20%	3.87	7 630
10	模具装配工	80.79%	1 166	35	98.04%	22.70%	4.15	60.71%	3.49	7 260
11	模具调试工	77.29%	751	49	97.31%	25.93%	4.42	38.03%	4.41	8 930
12	智能生产线管理员	75.34%	158	4	69.31%	47.52%	6.16	65.38%	3.79	10 810
13	模具维修工	72.03%	22 012	587	98.81%	17.65%	4.08	48.08%	3.44	7 990
14	模具项目经理	66.26%	403	16	73.81%	69.05%	6.43	11.31%	6.13	11 830
15	注塑技术员	63.91%	9 084	372	95.21%	22.52%	4.42	48.34%	3.55	8 900

利用以上岗位评价标准，对上述岗位的各维度数据进行评价，具体结果如表 3-9 所示。

表 3-9　模具设计与制造专业关联岗位重要维度评价情况

序号	岗位名称	关联度	常州市人才需求量	大专及以下学历要求	学历要求指数	工作经验要求指数	月薪平均指数
1	模具设计师	高	高	吻合	合适		高
2	模具工程师	高	高	吻合	合适		高
3	机械加工工艺员	高		吻合			高
4	模具工艺员	高	高	吻合	合适		高
5	CAE 分析工程师	高				低	高
6	模具钳工	高	高	吻合			
7	数控编程员	高	高	吻合		低	高
8	智能生产线操作员	高		吻合	合适	低	
9	CAM 编程工程师			吻合	合适		
10	模具装配工			吻合	合适		
11	模具调试工			吻合	合适		高
12	智能生产线管理员			吻合			高
13	模具维修工		高	吻合	合适		
14	模具项目经理			吻合			高
15	注塑技术员			吻合	合适		高

通过对重点岗位的需求数据进行多维度分析，挑选出最契合模具设计与制造专业的目标培养岗位。从表 3-9 可以看出，模具设计师、模具工程师、模具工艺员在关联度、人才需求量、大专及以下学历要求、学历要求指数、工作经验要求指数、月薪平均指数等多个方面的数据表现较符合要求。工作经验要求指数较高说明岗业对人才的素质要求较高，也能从侧面反映岗位的职业发展前景较好。模具设计与制造专业关联岗位分类如表 3-10 所示。

表 3-10　模具设计与制造专业关联岗位分类

岗位分类	岗位名称
设计类	模具设计师
	模具工程师
	机械制图员
	CAE 分析工程师

续表

岗位分类	岗位名称
编程类	CAM 编程工程师
	数控编程员
加工类	模具钳工
	注塑技术员
	冲压技术员
	压铸技术员
	机械加工工艺员
	模具工艺员
	智能生产线操作员
装调类	模具装配工
	模具调试工
质检类	模具质检员
	零部件质检员
管理类	智能生产线管理员
	模具项目经理
维修类	模具维修工

由于模具设计师与模具工程师均属于设计类岗位，考虑到岗位方向唯一性原则，通过比较模具设计师与模具工程师在岗位能力、就业前景、与专业的适配度等方面的差异，最终选定模具工程师作为专业目标培养岗位。在加工类岗位中，模具工艺员在各方面的数据表现明显较好，因此将其确定为专业目标培养岗位。

在装调类岗位中，模具调试工在学历、薪资等维度的数据表现符合要求。另外，模具调试工的工作经验要求指数为 4.41，说明该岗位普遍对工作经验要求较高，即对人才的素质要求较高，适合作为专业目标培养岗位。

从数据表现来看，数控编程员在各个维度基本符合要求，并且数控编程技术是智能制造领域的重点技术，制造业相关产业的各个环节都会有相应技术要求。而 CAM 编程工程师属于编程方向更细分的岗位，因此考虑将 CAM 编程工程师确定为专业目标培养岗位。

经过上述分析，已选定模具工程师、模具工艺员、模具调试工、CAM 编程工程师四个岗位作为模具设计与制造专业的目标培养岗位，其中模具工程师为设计类岗位，CAM 编程工程师面向编程方向，模具工艺员和模具调试工分别面向加工与装调方向，均属于技术类岗位。考虑到人才培养的多样性、学生的职业发展晋升等因素，选择模具项目经理作为定位在管理类的目标培养岗位。

综上所述，模具设计与制造专业的目标培养岗位为模具工程师、CAM编程工程师、模具工艺员、模具调试工、模具项目经理。与此同时，利用同样的分析方法，确定了其他四个专业的目标培养岗位。各专业目标培养岗位的确定，明确了专业与产业之间的联系，完善了从产业到岗位、从岗位到专业的分析逻辑。

五、岗位能力要求分析模型

互联网上有海量的人才需求信息，每年会产生数以亿计的企业人才招聘信息，其中就包含各个岗位的工作任务及能力要求的详细信息。为了掌握市场人才任务能力要求情况，将新技术、新工艺、新规范等产业先进元素融入教学改革中，科学、规范地研制专业人才培养方案，职教桥大数据中心利用大数据和人工智能技术，针对市场上实际人才需求信息，构建岗位能力要求分析模型，深入挖掘与分析岗位的工作任务内容和职业能力要求。

（一）数据预处理

（1）数据基础：全国全行业数据采集及清洗，获取海量的人才需求数据信息，通过多源异构数据清洗及岗位多标签分类识别算法完成基础的清洗和标准化工作。

（2）数据抽取：确定所要分析岗位的名称，通过输入岗位名称、时间、地区等条件进行数据抽取，获取目标岗位所有符合要求的数据信息。

（3）数据提质与简化：对于来自全国各企业的实际招聘信息超过50 000条的岗位，通过岗位原始名称、岗位类型等关键信息进行更精准的数据匹配，以在提高整体处理效率的基础上进一步提高数据的准确性和有效性。

（4）数据拆分：对岗位工作职责和岗位能力要求信息分别进行文本预处理，统一文本格式，并将长文本信息进行句子拆分，生成仅包含1—3个关键信息的短文本句子。

（5）同义词库构建：通过对岗位任务能力要求分析的积累及中高等教育领域的应用场景设计，针对性地构建与完善中高等教育职业能力分析同义词库。

（6）同义词替换：基于中高等教育职业能力分析同义词库，对岗位任务能力要求信息进行同义词替换。

（二）文本分类

（1）模糊分类：运用 Bert 文本分类算法，将文本信息进行初次模糊分类，生成 m 类分类结果。

（2）分词处理：通过文本分词处理及去停用词处理，将数据进一步拆分，并去除无效信息。

（3）文本相似度：通过余弦相似度计算方法，计算每一个句子与同一分类下其他句子的相似度。文本 ω 与文本 v 的余弦相似度计算公式为

$$s_{\omega v} = \cos(\theta) = \frac{\omega \cdot v}{|\omega||v|} = \frac{\sum_{i=1}^{n} \omega_i \times v_i}{\sqrt{\sum_{i=1}^{n} \omega_i^{\,2}} \times \sqrt{\sum_{i=1}^{n} v_i^{\,2}}}$$

（4）特征工程：根据句子文本相似度计算结果，构建文本相似度矩阵，并运用主成分分析法（Principal Component Analysis，PCA）进行特征降维。

$$\begin{bmatrix} S_{11} & S_{12} & \cdots & S_{1n} \\ S_{21} & S_{22} & \cdots & S_{2n} \\ \vdots & \vdots & & \vdots \\ S_{m1} & S_{m2} & \cdots & S_{mn} \end{bmatrix}$$

（5）细化分类：运用 K-means 聚类算法，对文本相似度矩阵降维结果进行聚类，生成 n 类分类结果，最终共生成 $m \times n$ 类分类结果，每一类结果内信息高度相似。

（6）结果生成：根据每一类结果内的文本相似度情况及句子的语性结构完整情况，智能输出每一类结果的代表性描述及其相似描述。

（7）人工审核：根据分析生成的结果，辅以人工进行最终的审核，优化和调整句子的描述内容，整合内涵相似的结果，输出最终的工作任务与能力要求描述语句。

（三）计算普适度及要求指数

（1）根据最终的工作任务与能力要求，提取其中的关键词/关键技能。

（2）匹配同一岗位下所有信息中存在该关键词/关键技能的信息。

（3）对所有匹配的信息进行文本相似度计算，若文本相似度达到一个阈值标准，则视为相同/相似要求。

（4）计算每一条工作任务与能力要求的普适度，具体计算公式为

$$\text{普适度} = \frac{\text{某一条结果相同/相似文本数量总和}}{\text{岗位下纳入分析的需求信息数量}} \times 100\%$$

（5）提取每一条能力要求中相同/相似文本的能力程度词（如精通、熟

练、掌握、了解、知道等），并制定所有能力程度词的权重，通过计算其相同/相似文本的能力程度词加权平均值得到最终的要求指数，具体计算公式为

$$要求指数 = \frac{\sum W_i f_i}{\sum W_i}$$

六、典型岗位工作任务与职业能力要求分析

结合学校自身情况与大数据分析结果，基于互联网上公开的产业人才招聘信息中的“职责描述”和“任职要求”，选取模具工程师、模具工艺员、模具项目经理、模具调试工、CAM 编程工程师五个岗位进行岗位工作任务与职业能力要求分析。为了使读者更清晰地理解工作任务、职业能力、普适度、要求指数的含义，下面对这四个指标做进一步的解释说明，如表 3-11 所示。

表 3-11　岗位工作任务与职业能力要求相关指标说明

序号	指标	指标解释
1	工作任务	指该岗位的工作流程、步骤和具体职责
2	职业能力	指运用知识和技能解决工作中实际问题的能力，包括工作标准的把握、工作方法的运用、工具的使用、劳动材料的选择等
3	普适度	普适度（0~100%）：体现该条岗位任务或岗位能力是否普遍存在
4	要求指数	要求指数（0~100）：体现胜任该岗位工作要求掌握该条岗位能力的程度，数值越大，要求掌握的程度越深

（一）模具工程师工作任务与职业能力要求分析（表 3-12）

表 3-12　模具工程师工作任务与职业能力要求分析表

类型	任务及能力类别	任务及能力要求	普适度	要求指数
工作任务要求	模具设计	负责模具的开发设计	39.69%	—
		负责模具分型的设计	28.22%	—
		负责模具框架的选用	27.07%	—
		负责模具机械图的绘制	22.04%	—
	系统设计	负责抽芯机构的设计	24.64%	—
		负责浇注系统的设计	23.31%	—
		负责推出机构的设计	19.02%	—
		负责温度控制系统的设计	15.50%	—

续表

类型	任务及能力类别	任务及能力要求	普适度	要求指数
工作任务要求	工艺方案	负责产品工艺的制定	24.84%	—
		负责产品工艺的分析	17.02%	—
		负责产品工艺的优化	16.45%	—
		编制工艺文件、质量控制点指导书等	11.56%	—
	项目管理	负责项目开发及实施，制订制模方案，并跟踪管理，监督实施	25.36%	—
		统筹安排整个项目进度，制定项目排期表，并跟踪项目	20.81%	—
	测试评估	负责模具设计和工艺方案的评估	31.34%	—
		负责新模具的试模，参与模具评审及模具验收工作	22.02%	—
		负责新产品可行性分析评估	13.56%	—
	辅助设备	负责模具加工辅助设备的选用	20.27%	—
		负责模具材料的选用和申购	18.72%	—
		负责机床设备的技术支持	16.08%	—
	其他	解决生产过程中的模具工艺问题	21.00%	—
		负责模具图档的接收和归档、模具台账的建立	19.75%	—
		指导模具日常保养、维护、维修等工作	16.43%	—
		负责现场工艺普查工作，监督工艺执行过程	9.04%	—
		负责模具规格书的制作	7.14%	—
职业能力要求	基础知识	熟悉零件加工工艺	32.42%	51.87
		精通模具设计的基础知识	31.28%	63.61
		熟悉塑料特性和成型知识	29.78%	44.80
		熟悉铣床、磨床、车床等的操作	26.59%	35.83
		熟悉常用的模塑 CAE 技术	12.51%	42.66
		熟悉冲压作业流程	7.94%	24.92
	设计制图	精通 hyperMILL、UG/Open API、PowerMILL、AutoCAD 编程软件	30.55%	67.78
		能够绘制模具零件图	22.29%	43.74

续表

类型	任务及能力类别	任务及能力要求	普适度	要求指数
职业能力要求	设计制图	熟悉机械制图相关知识	15.71%	18.90
		能够绘制模具总装图	13.47%	52.25
		熟悉模具结构、模具加工工艺	13.37%	47.27
		熟练运用 AutoCAD 软件，精通 SOLIDWORKS、UG 等 3D 绘图软件	10.60%	21.24
	工艺技术	能够进行复杂精密模具的设计	31.60%	40.59
		能够对成型工艺进行优化	30.38%	20.80
		熟悉模流分析	28.79%	52.93
		熟悉产品结构设计的基本原则	20.52%	34.61
		能够对产品结构进行优化	13.07%	48.55
		能够对模具设计方案进行优化	10.08%	56.36
		能够独立完成对产品问题的分析和优化设计	9.27%	42.63
	流程设计	能够进行模具分型操作	24.64%	43.11
		能够进行浇注系统的设计	21.93%	54.74
		熟悉模具分型及相关流程	18.07%	45.50
		熟悉温度控制系统的设计	17.22%	45.28
		能够合理选用模具框架	12.80%	28.37
		熟悉模具框架基础及流程知识	11.58%	58.01
		掌握抽芯机构的设计	9.54%	45.25
		熟悉推出机构的设计	6.14%	33.90
	其他	能够合理设计、选用刀具	17.36%	40.75
		精通各种模具材料的特性	15.41%	66.58
		能够合理选用模具材料	13.40%	36.88
		能够合理调整加工参数	13.01%	39.94
		能够调节机床精度	12.16%	37.04
		了解五轴机床结构，能够调节五轴机床精度	11.55%	46.71
		熟练使用 NX CAM 三轴、五轴编程功能	7.46%	35.69

续表

类型	任务及能力类别	任务及能力要求	普适度	要求指数
职业能力要求	综合素质	具备良好的团队合作精神	22.90%	30.15
		具有较强的语言表达能力、沟通能力	15.05%	31.69
		具备精益求精的工匠精神	14.17%	27.43

（二）模具工艺员工作任务与职业能力要求分析（表3-13）

表3-13 模具工艺员工作任务与职业能力要求分析表

类型	任务及能力类别	任务及能力要求	普适度	要求指数
工作任务要求	工艺设计	协助新产品研发试制	27.50%	—
		根据加工工艺设计需要的辅助工装夹具	21.06%	—
		负责工装夹具的工艺编制	19.82%	—
		负责工艺模具结构设计	15.44%	—
		根据产品的图纸设计加工方案，编制加工工艺	14.46%	—
		负责工艺装备的设计、验证与改造	13.78%	—
		负责模具工艺、模具结构会签	11.51%	—
	工艺文件	负责模具工艺卡的制定	26.26%	—
		完善试制报告和有关工艺资料	18.41%	—
		负责编制产品的工艺文件	10.67%	—
	试制优化	负责优化图纸与工艺工作	29.96%	—
		参与工装夹具的确认及改良	29.61%	—
		负责产品的模流分析	25.76%	—
		负责产品的试制跟踪	15.56%	—
		负责产品的工艺调试	12.65%	—
	生产计划	预估加工工时，制订加工计划	30.89%	—
		负责跟进模具加工的生产计划及进度	29.31%	—
		协调加工资源	12.56%	—
		负责确定产品的消耗定额和工艺定员	7.28%	—
		设计公司、车间工艺平面布置图	6.08%	—

续表

类型	任务及能力类别	任务及能力要求	普适度	要求指数
工作任务要求	评审优化	根据加工工艺对模具设计进行评审	21.51%	—
		参与新模具的评审、跟踪、验收工作	16.70%	—
		负责产品的工艺评审	14.70%	—
		负责新产品的产能分析与可行性分析	13.98%	—
		参与新产品的鉴定工作	10.84%	—
	标准制度	承担工艺技术管理制度的起草和修订工作	25.47%	—
		制定工艺标准，推进模具工艺标准化	19.62%	—
		编制工艺文件、作业指导书	15.12%	—
		负责工艺技术资料的立卷、归档工作	13.95%	—
		负责新品涂装作业标准的修订工作	12.16%	—
		负责后道各工序作业指导书的编制、培训	9.56%	—
	技术支持	负责生产现场工艺问题的分析和处理	32.31%	—
		负责生产线效率及质量提升	26.50%	—
		负责对生产过程进行技术指导	24.13%	—
		协助解决装配过程中出现的问题	20.65%	—
		协助处理模具加工异常	13.19%	—
		协助生产设备及模具的管理、维护、保养等	12.46%	—
	其他	负责工艺管理，监督执行工艺纪律	24.92%	—
		完成上级领导安排的其他工作	23.08%	—
		负责工装夹具的申购	22.99%	—
		负责新工艺、新技术、新材料的推广与应用	14.82%	—
职业能力要求	基础知识	熟悉各种模具结构知识	30.71%	42.98
		熟练使用 UG、AutoCAD 等设计软件	27.75%	40.35
		能够读懂设计图纸	25.08%	43.85
		具备基本的制图能力	14.92%	39.69
		熟悉模具制造加工工艺	14.88%	35.03
		了解常用塑料的材料性能及成型特性	12.14%	44.25
		熟悉产品设计开发流程	10.36%	56.96

续表

类型	任务及能力类别	任务及能力要求	普适度	要求指数
职业能力要求	工艺编制	能够独立完成模具工艺调整	30.48%	38.44
		了解并掌握各规格生产制造工艺和加工周期	22.47%	38.64
		熟悉产品工艺文件编制方法	21.99%	33.60
		熟悉热处理及各种后期工艺处理	20.36%	33.45
		熟练编制工艺作业指导书	18.87%	40.64
		能够编制工艺文件、作业指导书等	13.63%	42.35
		熟悉注塑工艺，能够根据产品结构给出产品结构工艺优化意见	11.66%	35.25
	产线制造	了解各种刀具、夹具和量具的应用	31.01%	48.23
		能够操作多种加工设备	22.78%	46.56
		熟悉产线制程改善及异常分析	21.47%	34.28
		熟练操作数控铣床	16.99%	46.14
	其他	熟悉 5S 现场管理	33.10%	48.05
		具备产品技术问题分析处理能力	29.06%	34.63
		能够阅读并解释、运用各类技术文件及说明	25.67%	43.35
		熟悉 ISO 9001 质量管理体系	22.81%	3.03
		能够分析解决现场的模具出现的问题	22.62%	39.38
		能够独立完成工时定额及成本核算	19.02%	29.53
		能够及时解决生产现场的工艺质量问题	14.35%	33.62
	综合素质	具有较强的团队精神和协作能力	31.42%	36.34
		具备强烈的质量意识	17.64%	41.82
		具有出色的信息收集、分析能力	11.47%	37.95
		具备强烈的安全生产意识	9.82%	39.57

（三）模具项目经理工作任务与职业能力要求分析（表3-14）

表3-14 模具项目经理工作任务与职业能力要求分析表

类型	任务及能力类别	任务及能力要求	普适度	要求指数
工作任务要求	项目开发	参与新项目的立项工作	29.45%	—
		负责项目产品需求信息收集	28.38%	—
		负责新品开发信息整理汇总管理	25.57%	—
		协助编制投标技术方案	23.28%	—
		协调项目小组成员工作，完成前期项目文件	10.36%	—
		负责新品开发可行性制造评估管理	8.63%	—
		协助报价工作	7.31%	—
	对外沟通	与客户沟通，参加投标前的交流会议	18.83%	—
		负责新品开发中与客户之间的技术和商务协调工作	15.93%	—
		负责向客户解释设计制造相关问题	11.80%	—
	项目推进	对项目的整体进度进行控制	36.95%	—
		负责项目的风险管理	31.05%	—
		更新项目进度，确保项目有序进行	28.04%	—
		跟踪和报告项目的进展状态	26.47%	—
		组织协调项目资源	18.59%	—
		负责模具项目的过程策划	12.69%	—
		编制面向制造的设计（DFM）报告	6.16%	—
	工艺技术	参与产品、模具的设计评审及阶段评审工作	28.72%	—
		主导项目EB评审、试产评审、量产评审等评审工作	25.15%	—
		组织试模，确保模具顺利验收	19.45%	—
		组织模具工艺装备的设计	14.02%	—
		协同解决模具制造过程中的技术问题	11.56%	—
		负责模具结构和加工工艺评审工作	7.93%	—
	其他	负责模具开发的成本控制	26.50%	—
		完成上级领导交办的其他工作	21.09%	—

续表

类型	任务及能力类别	任务及能力要求	普适度	要求指数
工作任务要求	其他	考核项目小组成员的工作业绩	12.49%	—
		协助采购及时进行模具材料及标准件的采购	9.98%	—
职业能力要求	设计开发	熟练运用 AutoCAD、Pro/E、UG 等设计软件进行模具设计	22.34%	47.99
		能够看懂设计图纸	14.22%	12.50
		熟悉结构设计原理，有丰富的产品结构设计与优化经验	12.46%	29.85
		精通模具结构	10.07%	69.80
		能够熟练地跟进塑胶和五金模具的开发过程、组织模具评审	7.50%	36.57
	工艺流程	具备产品设计到投产的全程跟踪经验	29.32%	48.54
		了解 ID/MD、SMT、组装、模具	26.14%	37.94
		能够协调解决模具试模与注塑生产及组装过程中出现的问题	24.76%	70.32
		熟悉塑胶成型工艺流程、注塑自动化工艺流程	16.92%	53.08
		熟悉产品生产流程、产品一致性控制	12.85%	48.13
		熟悉多种工程塑胶原料特性	11.54%	13.19
	质量优化	能够解决一般的成型缺陷	20.15%	32.46
		熟悉 ISO 9001、IATF 16949 质量管理体系	16.86%	39.48
		熟悉模具品质控制流程	16.01%	41.82
		能够独立处理新产品从试产到量产过程中的异常问题	14.29%	38.32
		具备试模、改模经验	14.08%	48.46
	项目管理	了解塑胶产品、模具的报价流程，并能够分析成本	29.31%	47.57
		具备良好的客户管理经验	28.09%	35.90
		了解 ERP、MES 等工厂管理系统的应用	27.92%	47.82
		熟悉项目管理相关软件及工具	23.03%	46.87
		熟悉 PMP 项目管理流程，能够有效识别项目关键风险点，及时推动解决	10.36%	41.15

续表

类型	任务及能力类别	任务及能力要求	普适度	要求指数
职业能力要求	其他	熟悉新项目开发过程控制，对产品开发流程有较深入的了解	28.77%	34.58
		熟悉 Office 等办公软件的操作	21.29%	42.14
		理解项目成本与质量	6.98%	34.93
	综合素质	具备强大的推进能力，有团队管理经验	27.83%	29.66
		具备优秀的沟通、协调能力	26.27%	27.79
		具备较强的文档撰写能力及各类报告处理能力	24.89%	35.54
		具备优秀的时间管控、品质管理及成本控制能力	22.63%	39.70
		具备问题分析能力，能够判断项目小组成员给到信息的准确性	21.27%	37.37
		具备一定的英语听说读写能力	19.07%	45.00
		具备较强的商务洽谈能力	12.44%	37.42

（四）模具调试工工作任务与职业能力要求分析（表 3-15）

表 3-15　模具调试工工作任务与职业能力要求分析表

类型	任务及能力类别	任务及能力要求	普适度	要求指数
工作任务要求	调试	负责设备工艺参数的调取和设定	38.78%	—
		负责加工机床的调试	37.81%	—
		负责模具的安装、调试	30.16%	—
		负责模具制造相关辅助设备的调试	27.47%	—
		负责模具异常问题的处理	22.17%	—
		负责调试报告的输出	17.01%	—
	优化	负责改模方案的输出	26.09%	—
		解决模具生产过程中出现的实际问题及提高生产效率	33.14%	—
	检测分析	制定缺件分析报告	15.03%	—
		负责试模制件尺寸精度检测	14.43%	—

续表

类型	任务及能力类别	任务及能力要求	普适度	要求指数
工作任务要求	检测分析	协助跟踪模具加工进度和回料的质量检测	11.50%	—
		负责检测报告的输出	8.35%	—
	维护保养	制定模具维护保养文件	13.89%	—
		负责对分管的设备、附件、工夹量具和辅具进行保管与保养	7.42%	—
	其他	完成上级领导交办的其他工作	29.05%	—
		参与新模具试模的确认	15.83%	—
		监督检查模具日常的使用	14.58%	—
		负责模具相关耗材更换、管理	11.05%	—
		监督生产过程，对产品质量负责	8.58%	—
		负责加工模具的进度跟踪	7.22%	—
职业能力要求	基础知识	精通模具调试	27.86%	57.39
		了解一般模具零件加工工艺知识	26.47%	29.23
		了解常用的调试工具	22.52%	27.71
		了解模具的装配工艺	15.39%	31.62
		了解量具、检具相关知识	12.00%	46.53
		了解模具的试模检查、精度检测知识	8.28%	31.28
		掌握模具设计与制造常用知识	7.45%	44.67
	制图设计	懂机械制图，能够看懂五金加工工艺图纸	27.28%	28.67
		具有一定的机械常识和制图方面的知识	23.59%	37.20
		具备 UG、AutoCAD 简单操作技能	15.75%	38.80
	工艺流程	能够独立完成塑料模具的工艺调试	39.66%	44.10
		能够维修模具夹具	33.47%	45.95
		熟悉热流道系统温度的调试	32.03%	33.97
		熟悉精密模具组装	31.80%	44.54
		能够独立调试、维修成型机	29.53%	30.28
		熟练操作各种冲床、模具安装及调试	26.30%	42.82
		熟悉各种常用塑胶原料的性能	26.01%	40.66

续表

类型	任务及能力类别	任务及能力要求	普适度	要求指数
职业能力要求	工艺流程	熟悉高速精密冲床的性能	18.95%	47.78
		熟悉钻床、铣床、磨床等设备的操作	12.47%	38.36
	评估优化	能够输出模具调试报告	28.53%	53.35
		能够确认塑料制件的缺陷	26.57%	43.33
		能够输出模具检测报告	22.99%	39.22
		熟悉模流分析	18.64%	31.95
		能够合理选用量具、检具检测试件的尺寸精度	18.51%	22.47
		掌握模具的试模检查、精度检测知识	17.47%	45.35
		能够进行质量评估	16.20%	35.55
	其他	掌握塑料制件缺陷分析相关知识	14.62%	48.28
		能够分析塑料制件缺陷的成因	14.19%	31.86
		熟悉行业标准及制造流程	10.44%	46.51
	综合素质	工作踏实认真，沟通能力强，富有责任心	30.58%	27.21
		拥有良好的沟通表达能力，工作积极	19.70%	24.59

（五）CAM编程工程师工作任务与职业能力要求分析（表3-16）

表3-16　CAM编程工程师工作任务与职业能力要求分析表

类型	任务及能力类别	任务及能力要求	普适度	要求指数
工作任务要求	加工工艺	负责产品图的分析、模具结构的设计	33.31%	—
		负责新模与修模的3D设计、出图	20.55%	—
		负责模具零件加工工艺的开发和优化	18.43%	—
		负责新产品开模前的问题点分析	14.69%	—
		负责试模后产品问题点的分析及解决方案的制订	11.22%	—
		负责加工刀路的绘制	10.76%	—
	加工刀具	根据加工材料设计、选用刀具	26.42%	—
		负责刀具的调用	10.19%	—

续表

类型	任务及能力类别	任务及能力要求	普适度	要求指数
工作任务要求	加工刀具	协助检查夹具和刀具	9.39%	—
	加工参数	负责加工零件的质量、刀具参数等应用研究	21.28%	—
		负责加工工艺参数的选用与调整	17.38%	—
	程序编制	负责热处理开粗、拆电极、精加工光刀程序编制	30.04%	—
		负责模具电极设计及 CNC 程式编写	26.31%	—
		负责塑胶模具 CAM 编程及优化	18.23%	—
		编写模具的编程文件	15.36%	—
		根据图纸要求独立进行加工刀路编程	12.42%	—
		负责五轴设备零件制作的编程	8.05%	—
	技术支持	定制三轴、五轴、车铣复合、镗铣等各类机床的后置处理	27.75%	—
		负责 CNC 加工中心的各种技术问题	18.44%	—
		负责编制、修正模具验收程序，制定设备操作规程	15.73%	—
		负责模仁程式异常、异常改善、刀路优化的追踪处理	13.90%	—
		协助客户解决使用 NX CAM 中遇到的编程、加工、后置处理等方面的技术问题	7.24%	—
	其他	负责 NX CAM 的培训及技术支持	32.79%	—
		参与其他技术或管理工作	19.80%	—
		负责相关表单及资料的记录与汇整	19.63%	—
		填写加工中心机床及产品的文件与资料	15.32%	—
		负责生产操作记录、设备保养记录	7.38%	—
		负责公司自有 CAM 数控编程软件的客户开发与销售	6.81%	—
职业能力要求	加工工艺	熟悉零件加工工艺	29.88%	39.72
		了解 HEIDENHAIN、SIEMENS、MAZAK、FANUC 操作系统	29.74%	39.01

续表

类型	任务及能力类别	任务及能力要求	普适度	要求指数
职业能力要求	加工工艺	熟悉模具的结构和加工工艺	26.24%	48.82
		了解五轴机床结构，能够调节五轴机床精度	24.92%	35.59
		了解 SAP 及 TDM 系统	22.51%	20.17
		熟悉各种模具材料的属性及选用	19.30%	38.45
		具备压铸模具加工工艺分析及编排能力	18.74%	37.37
		熟悉石墨电极的特性和加工工艺	13.63%	24.84
		具备模具制作工艺改善能力	9.92%	53.44
		熟悉模具机械切削加工、数控加工、电火花加工工艺	6.46%	50.62
	加工刀具	能够合理设计、选用刀具及加工参数	17.24%	41.41
		熟悉金属加工理念及刀具切削知识	10.49%	48.75
	工艺参数	精通 InCAM 软件的内置变量与参数传递机制	31.93%	39.81
		熟悉工艺参数的选用	27.05%	32.64
	程序编制	熟练运用 VERICUT 模拟软件保证机床安全	29.44%	46.78
		具备 CNC 加工程式编写能力	29.39%	54.70
		熟练使用 Mastercam X3 系统	26.10%	23.19
		熟练运用 PowerMILL 编程软件	24.17%	43.11
		精通 hyperMILL、UG/Open API、PowerMILL、AutoCAD 编程软件	22.84%	67.10
		熟练进行 3D 分模和 2D 绘图	17.64%	47.04
		熟练运用 AP 100 或 NC Express 编程软件	17.34%	55.25
		精通 Pro/E、UG、AutoCAD、Moldflow 等模具设计及分析软件	17.04%	70.22
		熟悉 Mastercam X、NX Open API 系列编程软件	15.69%	44.79
		熟练使用 NX CAM 三轴、五轴编程功能	12.62%	46.88
	其他	熟悉行业标准及制造流程	32.96%	19.19
		具备数据分析和归纳能力，能够对各种数据进行快速分析以改善异常	27.13%	15.50

续表

类型	任务及能力类别	任务及能力要求	普适度	要求指数
职业能力要求	其他	熟悉模流分析	18.25%	35.27
		能够独立快速针对 CNC 加工问题点进行分析和改善	12.92%	48.53
		能够独立编写 MI/CAM 制作方面的技术文件	12.18%	39.03
	综合素质	具有良好的独立工作能力和团队协作精神	27.28%	35.84
		具有较强的语言表达、沟通能力，学习能力强	24.99%	35.97
		具有敏锐的思维和良好的编程习惯	23.80%	19.32
		具备精益求精的工匠精神，持续优化，不断提升专业技术水平	23.15%	31.18

七、岗位变迁与岗位职业能力要求变迁

（一）岗位变迁

随着产业的发展，模具设计与制造专业所对应的产业人才需求状况会发生变化。下面基于2017—2019年的人才需求数据，利用专业与岗位匹配模型，对模具设计与制造专业的目标培养岗位变化情况进行分析，具体结果如表3-17所示。

表3-17 模具设计与制造专业目标培养岗位变迁列表

年份	分类	目标岗位	关联度
2017	设计类	模具设计师	95.7%
	加工类	模具工艺员	88.4%
	装调类	模具装配工	84.7%
	维修类	模具维修工	74.2%
	质检类	模具质检员	65.5%
2018	设计类	模具工程师	90.5%
	加工类	模具工艺员	89.7%
	编程类	CAM 编程工程师	79.9%
	装调类	模具调试工	77.3%
	维修类	模具维修工	73.3%

续表

年份	分类	目标岗位	关联度
2019	设计类	模具工程师	93.2%
	加工类	模具工艺员	90.7%
	编程类	CAM 编程工程师	88.9%
	装调类	模具调试工	77.3%
	管理类	模具项目经理	66.3%

从表3-17可以看出，2017年模具设计与制造专业所对标的岗位分别为模具设计师、模具工艺员、模具装配工、模具维修工、模具质检员，这些岗位均为普通技术类岗位。2018年模具设计与制造专业所对标的岗位中新增了CAM编程工程师与模具工程师，说明编程在模具设计与制造领域已经成为重点技术要求，而模具工程师的出现则意味着市场更趋向复合型人才。到了2019年，除了新增模具项目经理外，目标岗位基本无变化，体现出产业发展趋于稳定，对管理型人才的需求开始增加。

（二）岗位职业能力要求变迁

从岗位变迁中可以看出产业发展过程中岗位群的变化，对岗位变迁进行分析，有利于整体把握产业人才需求的变化特点。但如果想要了解岗位要求细则，如岗位的技能要求、素质要求等的变化，则需要对特定岗位的职业能力要求变迁做挖掘。为了方便展示，下面仅对模具工程师岗位的职业能力要求变迁做详细分析，具体结果如表3-18至表3-20所示。

表3-18　2017年模具工程师岗位的职业能力要求分析

类别	能力要求	岗位要求技能点	普适度	要求指数
基础知识	掌握铣床、磨床、车床等的操作	机床操作	33.23%	79.51
	熟悉零件加工工艺	工艺设计	30.84%	69.54
	熟悉模具设计的基础知识	模具设计	29.23%	77.17
	熟练使用测量工具和检测工具检测工件	模具检测	18.71%	72.36
	熟悉常用的模塑CAE技术	工艺设计	16.30%	76.75
	了解与模具设计和制造相关的国家标准及国际标准	行业了解	13.73%	43.01

续表

类别	能力要求	岗位要求技能点	普适度	要求指数
设计制图	具备较强的机械制图能力	机械制图	33.82%	51.68
	能够绘制模具零件图	机械制图	19.86%	58.93
	熟练运用 AutoCAD 软件，精通 SOLIDWORKS、UG 等 3D 绘图软件	机械制图	16.85%	82.07
	能够绘制模具总装图	机械制图	15.42%	59.61
	能够进行模具分型操作	机械制图	14.16%	61.92
	熟悉机械制图相关知识	机械制图	14.04%	74.58
工艺技术	具备冷冲压模具和塑料模具结构设计的基本能力	模具设计	22.83%	56.20
	能够合理设计模具加工工艺	工艺设计	19.13%	63.69
	熟悉加工工艺、质量等方面的专业知识	工艺设计	17.96%	69.43
	能够检测与分析模具零件及产品	分析优化	16.32%	59.58
	熟悉模流分析	工艺设计	12.18%	76.27
	了解产品设计方案的优化	分析优化	9.02%	43.68
流程设计	熟悉温度控制系统的设计	辅助系统设计	23.15%	78.14
	能够进行浇注系统的设计	辅助系统设计	17.97%	68.30
	掌握抽芯机构的设计	辅助系统设计	12.68%	79.00
	能够合理选用模具框架	辅助系统设计	12.15%	58.67
	熟悉推出机构的设计	辅助系统设计	10.02%	78.23
其他	具备机床保养及故障检查能力	设备维护	35.90%	47.90
	能够正确选择成型设备	设备选用	31.00%	55.50
	能够进行数控机床编程	数控编程	25.39%	57.80
	能够设计与装配夹具、检具	辅助工具选用	19.49%	64.86
	能够装配与调试模具	模具装调	17.12%	60.51
	能够调节机床精度	机床操作	16.87%	52.94
	能够合理调整加工参数	数控编程	15.43%	56.33
	能够依据模具生产工艺编制模具生产计划	生产计划	14.65%	60.53

续表

类别	能力要求	岗位要求技能点	普适度	要求指数
其他	能够合理选用模具材料	材料选用	11.64%	58.18
	能够装配和调试液压与气动元件	模具装调	9.77%	64.39
	能够进行模具的维护、维修及售后服务	设备维护	9.11%	58.07
综合素质	具有较强的语言表达能力、沟通能力	沟通表达	29.35%	49.88
	具备较好的对新知识和新技能的学习能力	学习能力	20.47%	48.52
	具备资料收集与整理、文字处理的能力	资料整理	17.95%	45.78

表 3-19　2018 年模具工程师岗位的职业能力要求分析

类别	能力要求	岗位要求技能点	普适度	要求指数
基础知识	精通模具设计的基础知识	模具设计	26.65%	87.54
	熟悉常用的模塑 CAE 技术	工艺设计	21.96%	79.03
	了解模具行业先进技术的应用和发展方向	行业了解	16.74%	57.09
	熟悉电火花线切割机床的操作	机床操作	12.96%	79.42
	能够合理设计典型的模具结构	模具设计	12.26%	63.91
	熟练使用测量工具和检测工具检测工件	模具检测	9.38%	76.06
	熟悉铣床、磨床、车床等的操作	机床操作	27.29%	77.87
设计制图	能够绘制模具零件图	机械制图	28.12%	60.72
	熟悉机械制图相关知识	机械制图	16.34%	72.35
	熟练运用 AutoCAD 软件，精通 SOLIDWORKS、UG 等 3D 绘图软件	机械制图	13.05%	82.52
	能够绘制模具总装图	机械制图	12.48%	60.69
	能够进行模具分型操作	机械制图	11.03%	62.90
	能够合理设计冲压成型排样图	机械制图	6.27%	65.08

续表

类别	能力要求	岗位要求技能点	普适度	要求指数
工艺技术	熟悉模流分析	工艺设计	33.08%	76.85
	能够对成型工艺进行优化	工艺设计	26.78%	63.28
	能够合理分析模具所成型产品结构工艺性能的优良	分析优化	22.41%	61.26
	能够对模具设计方案进行优化	分析优化	19.04%	60.23
	能够分析产品的结构工艺特点	工艺设计	12.54%	64.08
	能够正确制定模具零件加工工艺	工艺设计	11.23%	64.07
	能够编制冲压件、塑压件成型工艺规程	工艺设计	7.28%	60.97
流程设计	能够合理选择热处理方法	辅助系统设计	24.86%	53.49
	能够进行浇注系统的设计	辅助系统设计	17.91%	65.67
	熟悉温度控制系统的设计	辅助系统设计	15.49%	78.75
	能够合理选用模具框架	辅助系统设计	9.68%	59.79
	熟悉推出机构的设计	辅助系统设计	8.64%	78.76
	掌握抽芯机构的设计	辅助系统设计	6.96%	79.92
其他	具备模具零件的数控加工程序编制能力	数控编程	15.57%	60.59
	熟练使用 Office 系列办公软件	基础办公	24.60%	79.41
	能够调节机床精度	机床操作	14.13%	53.79
	能够合理选用模具材料	材料选用	13.42%	59.67
	能够进行人员、设备、生产计划的协调管理	协调管理	12.99%	66.88
	能够进行模具检验	模具检测	11.37%	61.46
	能够合理设计、选用刀具	辅助工具选用	11.15%	66.67
	能够装配与调试模具	模具装调	7.69%	60.46
综合素质	具备较强的语言表达能力、沟通能力	沟通表达	19.22%	47.70
	具备较强的组织协调能力及团队协作精神	协调合作	14.34%	44.17
	具备较强的开拓创新能力	创新能力	7.00%	48.39

表 3-20　2019 年模具工程师岗位的职业能力要求分析

类别	能力要求	岗位要求技能点	普适度	要求指数
基础知识	熟悉零件加工工艺	工艺设计	32. 42%	69. 81
	精通模具设计的基础知识	模具设计	31. 28%	82. 16
	熟悉塑料特性和成型知识	工艺设计	29. 78%	70. 33
	熟悉铣床、磨床、车床等的操作	机床操作	26. 59%	77. 03
	熟悉模具结构、模具加工工艺	工艺设计	13. 37%	65. 92
	熟悉常用的模塑 CAE 技术	工艺设计	12. 51%	77. 68
	熟悉冲压作业流程	工艺设计	7. 94%	74. 41
设计制图	精通 hyperMILL、UG/Open API、PowerMILL、AutoCAD 编程软件	机械制图	30. 55%	83. 32
	能够进行模具分型操作	机械制图	24. 64%	61. 38
	能够绘制模具零件图	机械制图	22. 29%	58. 17
	熟悉模具分型及相关流程	机械制图	18. 07%	70. 63
	熟悉机械制图相关知识	机械制图	15. 71%	73. 88
	能够绘制模具总装图	机械制图	13. 47%	60. 00
	熟练运用 AutoCAD 软件，精通 SOLIDWORKS、UG 等 3D 绘图软件	机械制图	10. 60%	82. 34
工艺技术	能够进行复杂精密模具的设计	模具设计	31. 60%	63. 44
	能够对成型工艺进行优化	工艺设计	30. 38%	61. 98
	熟悉模流分析	工艺设计	28. 79%	76. 42
	熟悉产品结构设计的基本原则	模具设计	20. 52%	76. 17
	能够对产品结构进行优化	分析优化	13. 07%	61. 52
	能够对模具设计方案进行优化	分析优化	10. 08%	62. 02
	能够独立完成对产品问题的分析和优化设计	分析优化	9. 27%	61. 43
流程设计	能够进行浇注系统的设计	辅助系统设计	21. 93%	66. 09
	熟悉温度控制系统的设计	辅助系统设计	17. 22%	78. 87
	能够合理选用模具框架	辅助系统设计	12. 80%	57. 71
	熟悉模具框架基础及流程知识	辅助系统设计	11. 58%	69. 35

续表

类别	能力要求	岗位要求技能点	普适度	要求指数
流程设计	掌握抽芯机构的设计	辅助系统设计	9.54%	78.51
	熟悉推出机构的设计	辅助系统设计	6.14%	78.83
其他	能够合理设计、选用刀具	辅助工具选用	17.36%	64.35
	精通各种模具材料的特性	材料选用	15.41%	80.33
	能够合理选用模具材料	材料选用	13.40%	57.30
	能够合理调整加工参数	数控编程	13.01%	55.57
	能够调节机床精度	机床操作	12.16%	58.75
	了解五轴机床结构，能够调节五轴机床精度	机床操作	11.55%	59.35
	熟练使用 NX CAM 三轴、五轴编程功能	数控编程	7.46%	80.78
综合素质	具备良好的团队合作精神	协调合作	22.90%	43.06
	具有较强的语言表达能力、沟通能力	沟通表达	15.05%	47.76
	具备精益求精的工匠精神	工匠精神	14.17%	43.33

从上述分析中可以看出2017—2019年模具工程师岗位的职业能力要求的变化情况，下面对岗位要求关键技能点做进一步分析，具体结果如表3-21所示。

表3-21 模具工程师岗位要求关键技能点分析

岗位要求关键技能点	普适度（2017年）	普适度（2018年）	普适度（2019年）	变化趋势	要求指数（2017年）	要求指数（2018年）	要求指数（2019年）	变化趋势
模具设计	41.20%	43.29%	49.51%	↑	52.02	53.54	59.20	↑
工艺设计	37.02%	41.54%	48.59%	↑	59.83	61.60	64.38	↑
机械制图	43.28%	44.13%	42.69%	—	51.11	56.18	59.23	↑
数控编程	33.49%	36.04%	34.16%	—	38.35	41.97	42.61	↑
材料选用	21.31%	23.29%	27.74%	↑	43.94	39.20	41.12	—
机床操作	32.84%	29.91%	25.57%	↓	42.14	38.85	39.04	—
分析优化	20.11%	22.66%	25.33%	↑	43.34	41.22	45.10	—
辅助系统设计	19.68%	21.43%	24.54%	↑	47.27	48.06	48.84	↑
模具检测	27.53%	22.90%	19.02%	↓	44.50	39.32	37.88	↓
模具装调	29.64%	23.93%	17.41%	↓	42.77	40.59	39.65	↓

从岗位要求关键技能点分析来看，比较明显的变化趋势有对模具设计能力要求提高，对模具设计复杂度、精密度要求提高，对实际生产制造操作技能要求降低，对工艺流程设计要求更加具体化，对工艺分析优化要求增多，对管理类能力要求降低，而从这些变化趋势中可以发现岗位趋于专业技术化。同时，也可以较明显地发现，岗位对基础的机械制图和识图能力，对 AutoCAD、UG 等设计工具的掌握，对数控编程的要求无明显变化。

八、教育要素谱系建构

目前，教育端的人才供给与产业端的人才需求在结构、质量、水平上还不能完全对应，专业设置不合理、人才培养与产业需求偏差明显、人才供给侧和产业需求侧“两张皮”问题仍然存在。职业院校要解决人才供给与产业需求之间的重大结构性矛盾，就必须建立健全以产业需求为导向的人才培养模式，只有这样才能推动教育和产业统筹融合、良性互动发展。专业（群）建设是职业教育主动适应经济社会发展和产业转型升级的关键环节，是提升人才培养质量的着力点。下面以专业群及人才培养规格为例，具体阐释教育要素谱系的建构。

（一）专业群谱系建构

以专业群重大变革节点为时间坐标，对专业群发展历程中的专业要素进行细致准确的刻画，追溯专业群与岗位群的随动关系，绘制谱系图。以智能制造专业群为例，其谱系如图 3-15 所示。

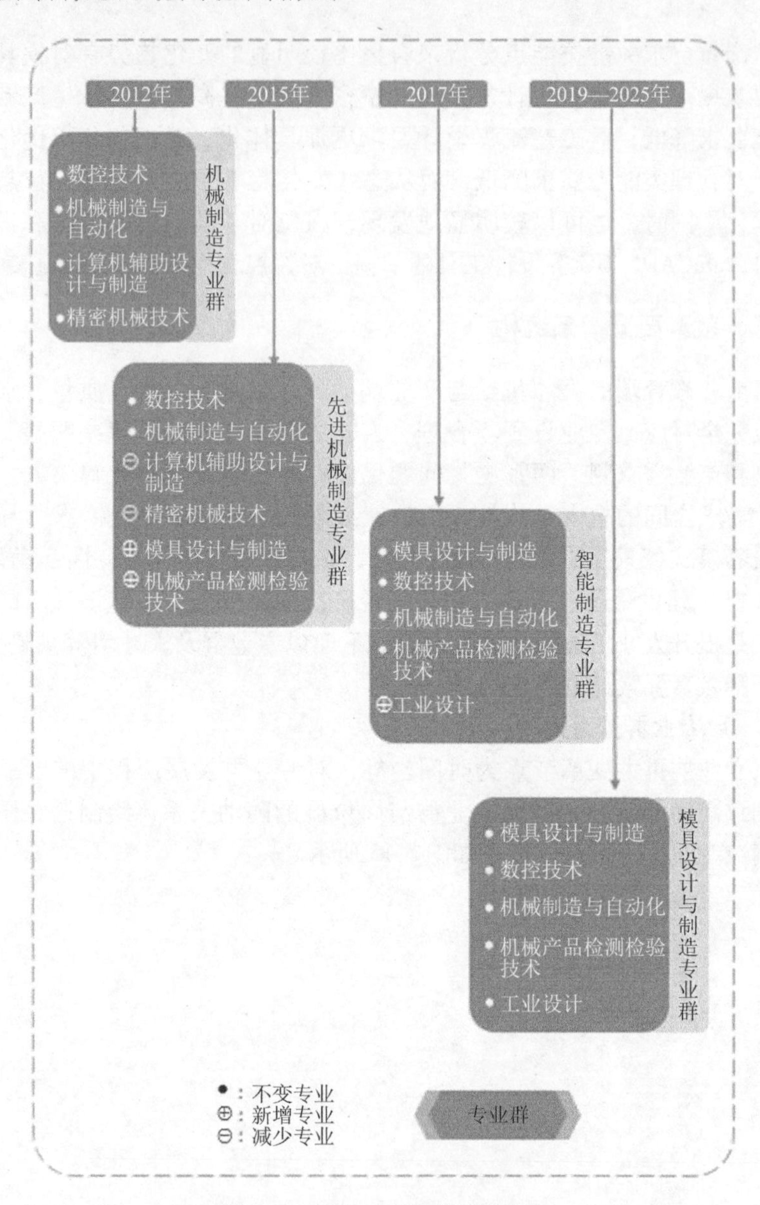

图 3-15　智能制造专业群谱系图

（二）人才培养规格谱系建构

职业能力的变迁决定了人才培养规格的不同，以人才培养规格重大变革节点为时间坐标，追溯人才培养规格与职业能力的随动关系，绘制谱系图。以智能制造专业群人才培养规格为例，其谱系如图 3-16 所示。

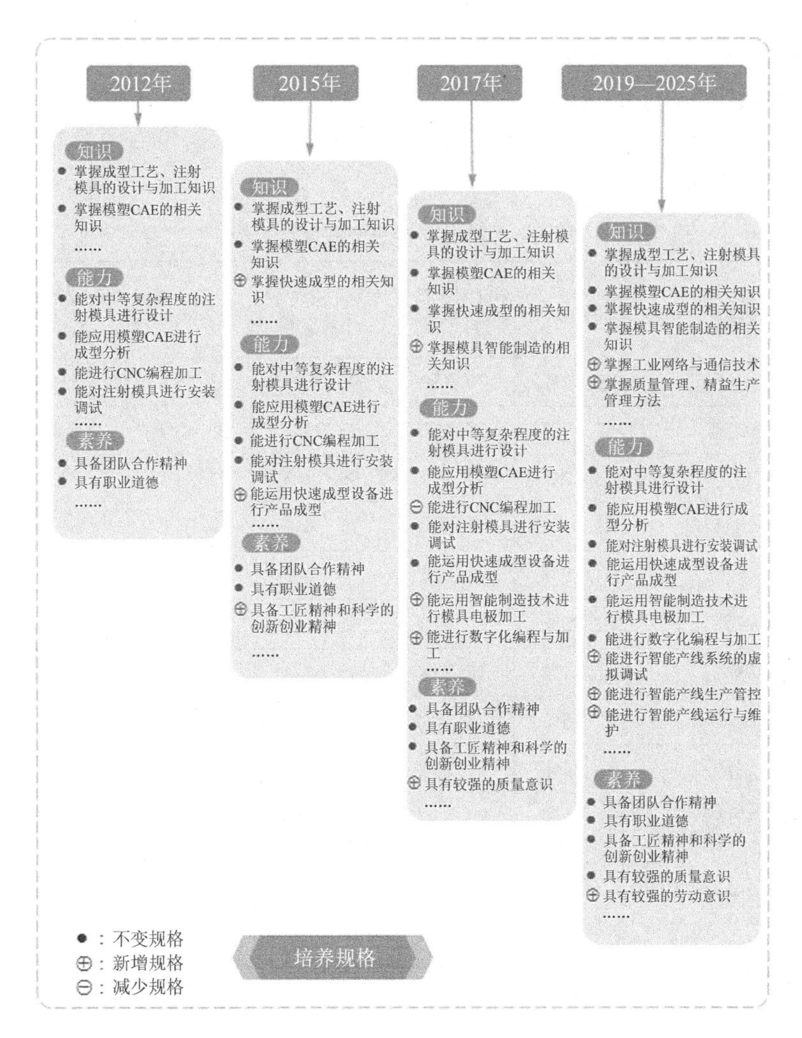

图 3-16　智能制造专业群人才培养规格谱系图

第三节　组群分析

本节以常州机电职业技术学院 2019 年组建模具设计与制造专业群为例进行组群分析。

一、产业关联专业分析

利用专业与岗位匹配模型，计算出目标产业岗位群中各岗位与相关专业的关联度，然后对比关联度数据，分析产业、岗位、专业三者之间的相关性。

综合学校基础与大数据分析结果，从产业与专业、专业与岗位、专业与专业等多个维度进行组群专业契合度分析，从而论证相关专业组群发展的可行性。表 3-22 展示了目标产业岗位群中十个典型岗位与五个相关专业的关联度数据。

表 3-22 岗业与专业关联度计算表

项目	工业设计	机械制造与自动化	模具设计与制造	数控技术	机械产品检测检验技术
模具设计师	85.52%	70.35%	96.72%	63.35%	51.96%
模具钳工	62.14%	67.21%	88.93%	60.48%	58.84%
机械加工工艺员	63.12%	87.15%	92.72%	77.38%	72.75%
自动化工程师	67.45%	92.09%	72.19%	79.04%	66.73%
智能生产线管理员	63.88%	88.29%	75.34%	70.85%	71.81%
数控编程员	62.92%	82.41%	86.05%	89.06%	63.53%
数控车工	61.34%	78.22%	75.64%	92.61%	62.72%
工业设计师	92.75%	76.15%	72.71%	60.94%	54.18%
CAD 制图员	86.69%	81.25%	66.31%	66.39%	65.09%
零部件质检员	61.12%	80.52%	57.28%	71.14%	90.35%

由表 3-22 可知，五个专业在产业中均有高度关联的岗位与之对应，因此可以初步确定专业与产业的契合度较高。从专业与专业的角度分析，目标产业岗位群中较多岗位存在同时与多个专业关联度较高的情况，如数控编程员与机械制造与自动化、模具设计与制造、数控技术这三个专业的关联度均高于 80%，与五个专业的关联度均高于 60%，说明这五个专业面对数控编程员岗位时，专业与专业间在课程、技能等方面具有较多共性。

从产业与专业的角度分析，由于产业分析最终会落到岗位层面，因此这个角度的分析主要也是探讨岗位与专业之间的关系。产业分析阶段确定的目标产业岗位群与五个专业均表现出不错的关联性，考虑到产业的真实需求远大于目标产业岗位群的需求，因此可以说明产业人才需求能够完全覆盖五个专业所培养的人才。

二、群内专业定位分析

对于学校来说，专业群建设的要点在于找到专业在产业上的定位。利用大数据算法确定目标产业岗位群，结合专业建设基础、岗位需求情况等综合分析确定专业目标培养岗位，可以明确专业建设的方向，而通过产业与专业的关联分析，可以明确专业与产业的对应关系。

通过上述产业关联专业分析，综合学校专业建设基础、各专业与产业岗位群的匹配情况、学校整体发展定位等因素，把模具设计与制造专业定为专业群主要专业进行发展。同时，群内各专业在产业上的定位也就此明确：工业设计专业定位于汽车零部件设计环节；模具设计与制造专业定位于汽车零部件模具设计与制造环节；机械制造与自动化专业定位于汽车零部件加工环节；数控技术专业定位于汽车零部件加工数控环节；机械产品检测检验技术专业定位于汽车零部件质量检测环节。

三、组群逻辑分析

通过产业分析，可以梳理出“产业链—技术链—人才链”的产业全景图，而通过专业分析、专业目标培养方位的确定，可以建立目标产业岗位群与专业的联系。因此，基于前述分析内容，可以建立“产业链—技术链—人才链—专业群”的组群逻辑。

同时，从专业之间高度契合、专业与产业对接、专业之间优势互补等多个维度来看，模具设计与制造专业、工业设计专业、机械制造与自动化专业、数控技术专业、机械产品检测检验技术专业组群发展是有良好基础的。

群内各专业属性相近，同类同源。五个专业的行业基础和学科基础相近，同属机械设计制造类，其组群发展科学合理、结构稳定；五个专业在基础知识、基本能力、职业素养培养方面具有较多共性，在师资、课程、实习、实训、教学资源、社会服务等方面存在很多交叉，其组群发展有利于促进学校教学资源的集成共享。

完备对接产业发展链，优育优训。为了满足装备制造业转型升级背景下复合型技术技能人才需求，五个专业完备对接汽车及汽车零部件产业链，以汽车零部件数字化设计与智能制造的全流程项目贯穿整个专业群，整合师资、实验实训条件、企业等优势资源，育训结合，开展复合型技术技能人才培养，支撑汽车及汽车零部件高端制造人才需求。

核心专业辐射带动，群内专业优势互补。核心专业模具设计与制造专业综合办学实力全国领先，在人才培养模式改革、技能大赛、师资队伍、课程教材资源建设、产教融合、社会影响力等方面优势显著；机械制造与自动化和数控技术专业在国际合作、素质教育、创业教育、校企合作等方面特色明显；工业设计和机械产品检测检验技术专业在教学资源库建设、产业联盟、技术服务等方面成绩显著。五个专业组成专业群有利于发挥专业集群优势，真正打造出区域离不开、业内都认可、国际可交流的国内一流、国际知名的高水平专业群。

第四节 产教对接谱系建构

一、产教对接谱系的功能

产教对接谱系主要反映教育链与产业链的随动关系，促进职业教育和产业人才需求精准对接，解决人才供给与产业需求之间的重大结构性矛盾，建立健全以产业需求为导向的人才培养模式，推动教育和产业统筹融合、良性互动发展。产教对接谱系主要包括专业群对接岗位群谱系、培养规格对接职业能力谱系、学习项目对接岗位任务谱系、考核标准对接职业标准谱系等。

二、产教对接谱系图绘制方法

依托职教桥平台，利用人工智能+大数据技术，自主研发产教对接谱系图的编制模型，建立专业群动态调整机制，依据产业链需求设置专业群，促进职业教育和产业人才需求精准对接。

（一）人工智能+大数据技术赋能产教对接谱系图

搭建分布式大数据采集架构，通过采集企业在互联网上发布的招聘信息，以海量的行业人才需求数据为基础，利用自然语言处理技术，设计产业岗位划分标准，建立岗位分类体系、岗位画像、专业画像，绘制职业教育产教对接谱系图。产教对接谱系图研制路径如图 3-17 所示。

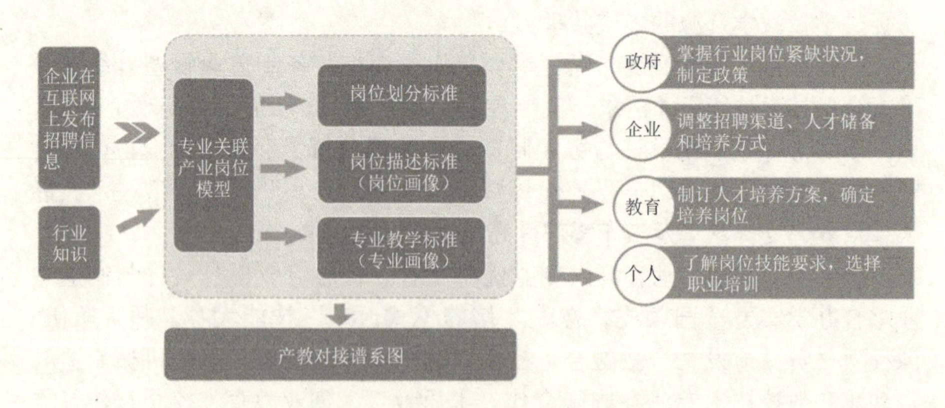

图 3-17 产教对接谱系图研制路径

产教对接谱系图的绘制，相比于以往传统的问卷调研、企业访谈、会议论证等形式，利用大数据技术解决传统方法数据获取难、成本高、数量有限、质量和代表性差的痛点；利用人工智能技术突破人工调研周期长、人工整合信息难度大、人工分析过于主观且容易遗漏信息等难点，使专业定位岗位群更加精准。

在人工智能+大数据技术赋能产教对接谱系图中，使用机器从互联网上自动采集数据，利用机器算力自动识别分析专业与岗位的关联性，获取的数据规模大、维度多、完备性（代表性）好、成本低，有效提高产教对接谱系图研究的准确性、实时性。实时动态反映产教两端对应关系、分类关系、层级关系、互动关系、反馈关系，形成产教两端的桥梁，为职业院校专业设置、专业诊断、标准制定、课程改革、质量评价、教师教学、学生就业提供真实数据依据。

利用人工智能+大数据技术编制产教对接谱系图，需要解决以下四个核心问题：

（1）设计和建立一个岗位划分标准，统一不同企业、不同数据来源的岗位名称描述。

（2）建立全面的、结构化的岗位描述标准（岗位画像），进行岗位职责能力的横向比较。

（3）建立全面的、结构化的专业教学标准（专业画像），进行专业教学点的横向比较。

（4）确定专业与岗位关联匹配（产教对接谱系）的定义及计算方式。

（二）岗位分类——设计岗位划分标准

目前，《中华人民共和国职业分类大典》对职业的分类是按照传统产业划分标准进行的。这些划分标准已经很难适应现在的战略性新兴产业及其他维度的新兴、高精尖产业研究。通过采集并引入海量的行业人才需求数据，结合企业部门职能、岗位说明书等语料，参考《中华人民共和国职业分类大典》的职业分类标准，按照“工作性质相似性为主、技能水平相似性为辅”的原则进行文本挖掘和机器学习分类，建立结构化的标准岗位体系。一个标准岗位由岗位级别、专业方向（又细分为专业技术和专业领域）、岗位类别和职位名称（又细分为专业职位和管理职位）六部分组成。分别对每一部分建立标签库（标签从数据中学习而得），从而建立标准岗位标签库，如图 3-18 所示。

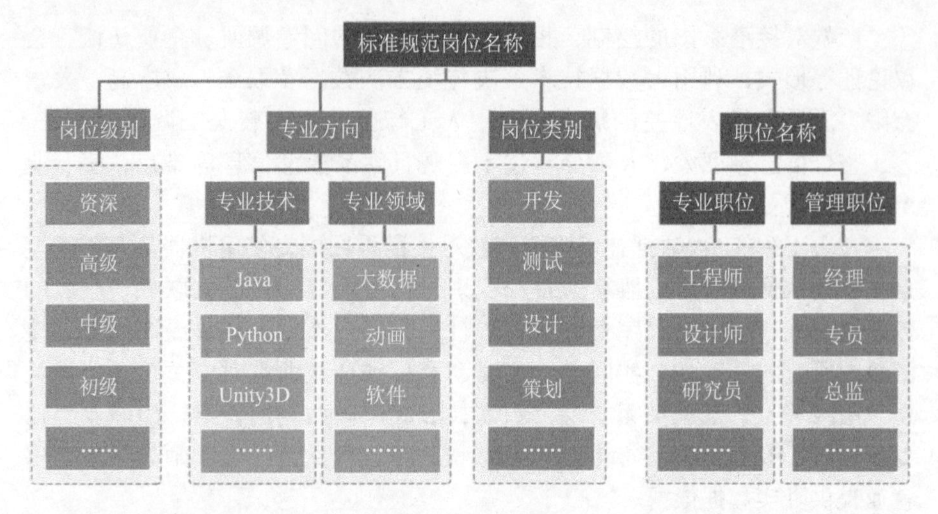

图 3-18 标准岗位标签库

利用自然语言处理技术，通过词、短语、短句间的相似度计算及信息抽取技术，利用机器学习从采集的数据中学习各个产业的标准岗位，并建立标准岗位库，如图 3-19 所示。

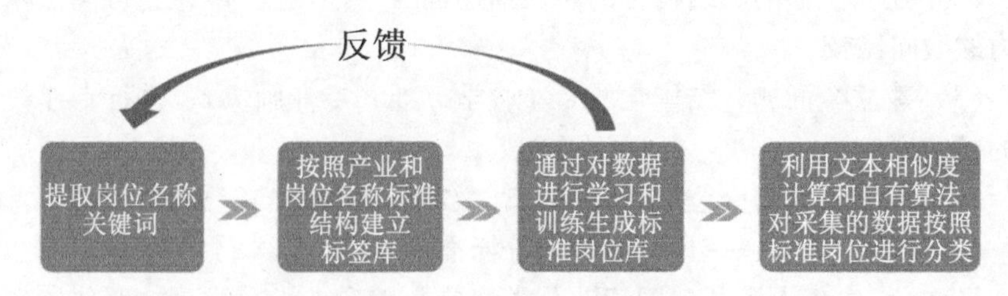

图 3-19 标准岗位库建立路径

（三）岗位画像——全方位展示岗位

通过对数据的采集、处理和挖掘，从学历、专业、工作年限、工作经验、能力素质、认证、专业技能、熟练程度等多个维度构建岗位要求的标签库（标签从行业人才需求数据中学习而得），从而建立职能体系下的各个岗位画像。同时，提取岗位画像核心标签和实体关联关系，以支撑专业与岗位的关联匹配计算。

（四）专业画像——全方位展示专业

在专业目录下，将行业、产业分类作为专业分类的主要依据，同时兼顾学科分类。整体的对应关系是“技术领域或职业岗位群对应专业、行业对应专业类、产业对应专业大类”。因此，从所在行业、专业技术、专业领域、课程体系、教学点（工具、方法、要求、技能、知识）等多个维度构建专业定位的标签库（标签从专业人才培养方案中学习而得），从而建立专业目录下的各个专业画像。同时，提取专业画像核心标签和实体关联关系，以支撑专业与岗位的关联匹配计算。

三、产教对接谱系图绘制流程

随着人工智能、大数据等现代信息技术的发展，产业链、岗位群对各类人才综合素质的要求不断提高，复合型技术技能人才的培养成为职业院校人才培养过程中需要重点关注的问题之一。对专业目录细类的过度强调将导致职业院校培养的人才呈现单面性倾向，很难适应未来经济社会发展对复合型技术技能人才的需要。

产教对接谱系图基于实时的行业动态需求，匹配关联专业，进一步确保了生产过程与教学过程的对接、产业需求与专业设置的对接、职业标准与课程内容的对接。要做好专业目录与职业体系的有效对接、科学衔接，进而打造横向融通、纵向贯通的现代职业教育体系。

利用文本处理技术及数据建模对专业名称、专业教学标准、专业所服务的学校人才培养方案、行业人才需求信息进行数据预处理，包括基本转换、核心关键词提取、矢量计算等，得到岗位关键词、专业关键词。再根据岗位与专业的余弦相似度、职责描述命中的专业关键词、专业教学标准命中的职能核心词等上千种特征，结合发展探索方向，综合匹配计算智能推荐专业对接岗位序列，具体流程如图 3-20 所示。

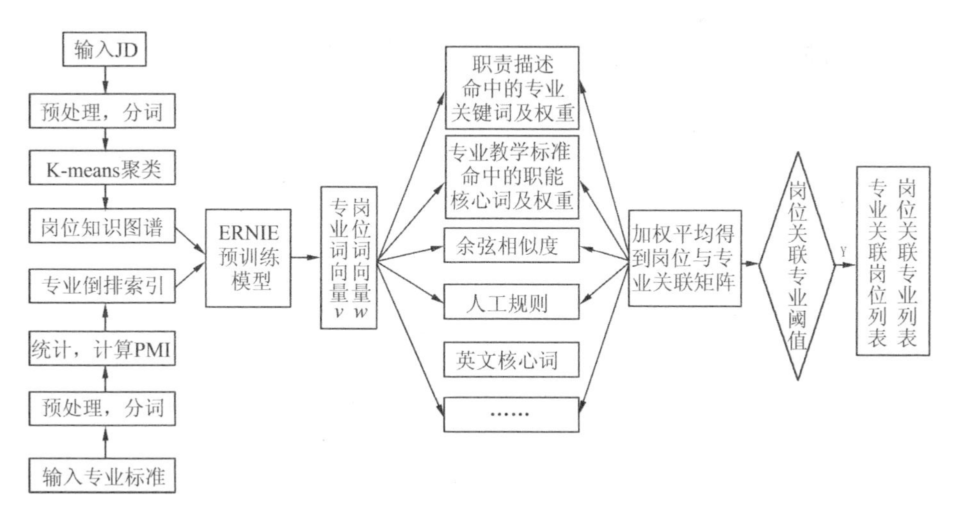

图 3-20　产教对接谱系图绘制流程图

四、产教对接谱系图的绘制

产教对接谱系图的产业端分别以岗位群、职业能力、岗位任务、职业标准等要素的重大变革节点为时间坐标，对产业发展历程中的岗位群、职业能力、岗位任务、职业标准等要素进行细致准确的刻画；教育端分别以专业群对接岗位群、培养规格对接职业能力、学习项目对接岗位任务、考核标准对接职业标准，以产业端要素重大变革节点为时间坐标，对职业教育发展历程中的专业群、培养规格、学习项目、考核标准等要素进行细致准确的刻画，追溯专业群与岗位群、培养规格与职业能力、学习项目与岗位任务、考核标准与职业标准的随动关系，绘制谱系图。产教对接谱系图如图 3-21 至图 3-24 所示。

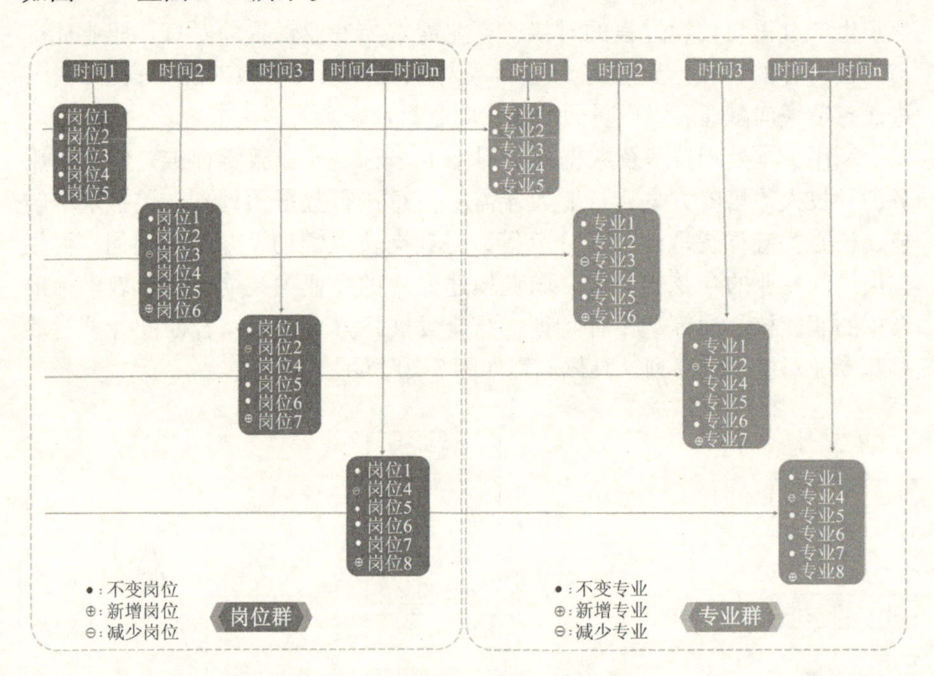

图 3-21　专业群对接岗位群谱系图

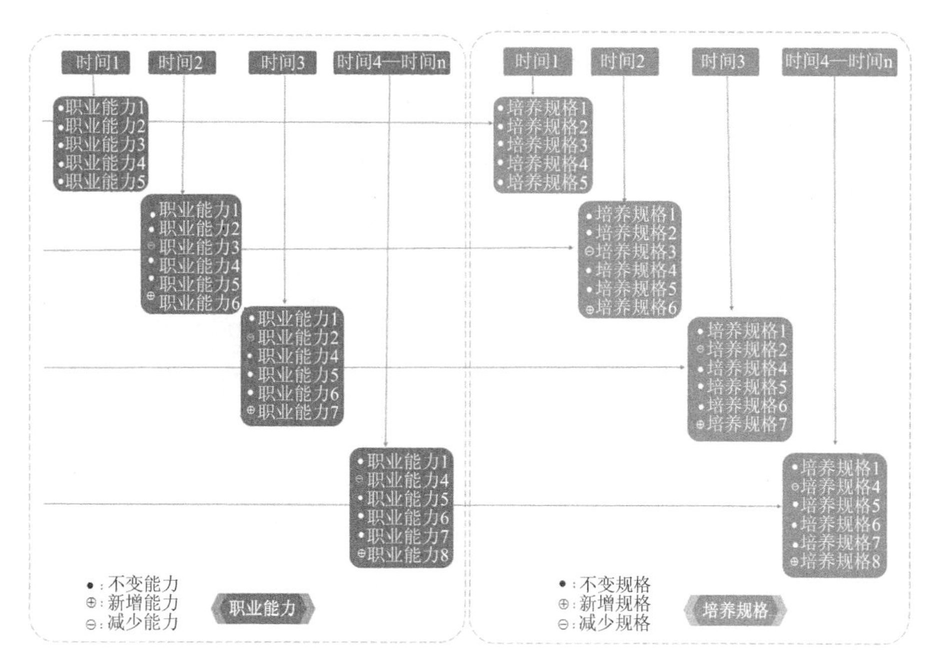

图 3-22　培养规格对接职业能力谱系图

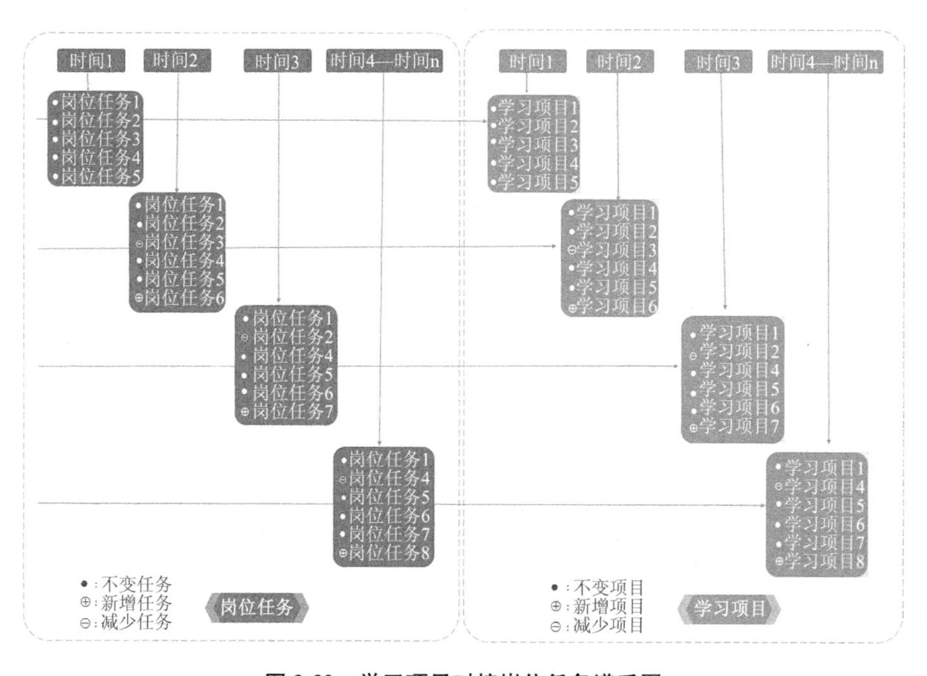

图 3-23　学习项目对接岗位任务谱系图

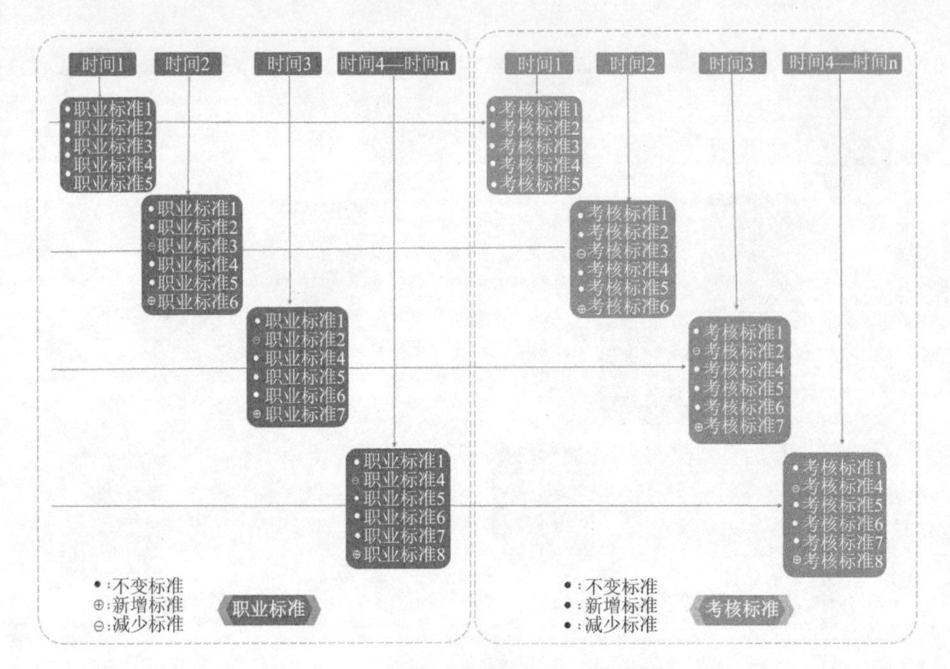

图 3-24　考核标准对接职业标准谱系图

第四章

谱系学理论在智能制造人才培养中的实践

本章依据专业群对接岗位群谱系，调研职业院校智能制造相关专业人才培养与产业链岗位需求吻合度，紧跟产业链向中高端转型发展，对群内专业进行优化及动态调整，提高专业群对接产业链契合度，群内专业资源共享，实现集约协同发展；依据培养规格对接职业能力谱系，构建知识能力素养集，贯通培养规格、课程体系、学习项目、评价标准等核心要素，实现培养规格与职业能力精准对接；依据学习项目对接岗位任务谱系，以能力素养集快速随动岗位任务能力变化，开发覆盖能力素养的全流程项目，实现学习项目与岗位任务精准对接；依据考核标准对接职业标准谱系，开发考核标准，形成考核体系并不断完善，实现考核标准与职业标准精准对接。

第一节　专业群对接岗位群谱系的应用

一、依据专业群对接岗位群谱系实现专业组群

随着机械制造业向精度更高的方向发展，对机械产品的生产效率和质量的要求不断提高，以及新技术、新工艺在制造业中的全面融入并广泛应用，产业对掌握数控技术、零件制造工艺编制、工装设计与选择、质量检测等理论知识，具备典型产品的机械加工工艺编制、机械产品加工、机电设备安装调试、生产线维护、生产现场管理等能力的高素质技术技能型人才具有迫切需求。为此，依据专业群对接岗位群谱系有效实现专业组群，确保人才培养方向正确，提升人才培养质量。

下面以 2012 年常州机电职业技术学院依据专业群对接岗位群谱系组建“机械制造专业群”为例。

（一）区域产业发展分析

1. 长三角地区产业状况

制造业是长三角地区经济发展的有力支撑，长三角地区制造业优势产业及其产品的集中度高，规模效应明显。2010 年，苏浙沪的电子通信、纺织、化工、电气机械、通用设备、钢铁、交通运输七大支柱产业产值已占工业总产值的 50%以上。废弃资源和废旧材料回收加工业与化学纤维制造业的集中度分别超过全国平均水平的 3 倍和 2 倍，纺织业、通用设备制造业和文教用品制造业的集中度均超过全国平均水平的 1.5 倍。2010 年，全国主要工业产品中，苏浙沪生产的化学纤维和微型计算机两种产品产量占全国的 40%以上，家用洗衣机和集成电路两种产品产量占全国的 50%以上，初级形态塑料、金属切削机床和大中型拖拉机三种产品产量占全国的 30%以上。

2. 长三角地区产业发展

2010 年，国务院批准实施《长江三角洲地区区域规划》（以下简称《规划》)。《规划》明确指出，做强做优包括电子信息产业、装备制造业、钢铁产业、石化产业在内的先进制造业。在装备制造业方面，按照提升水平、重点突破、整合资源、加强配套的原则，加快建设具有世界影响的装备制造业基地。发挥大型机械、成套设备及汽车、船舶研发制造等方面的优势，巩固提升装备制造业水平，力争在大型电力设备、交通设备、数控机床及大型加工设备等关键技术和规模生产上取得突破。依托重大工程建设，积极引导企业整合相关资源，组建具有国际竞争力的大型企业集团。采取产业链接、技术外溢和资本扩张等形式，进一步加强区内外产业配套协作。以上海为龙头，沿沪宁、沪杭甬线及沿江、沿湾和沿海集聚发展。以上海、南京、杭州为先导，苏州、无锡、宁波、徐州、台州等为骨干，提升机械装备制造业水平和核心竞争力。上海、南京、杭州、宁波、台州和盐城积极发展轿车产业，形成区域性轿车研发生产基地。以苏州、常州、扬州和金华为重点，加快形成国内重要的客车生产基地。鼓励开展新能源汽车研发和生产。以上海、南京、常州为重点，加快形成轨道交通产业基地。围绕汽车整车制造，鼓励沿海、沿江等地区发展汽车零部件生产，形成汽车零部件产业带。

3. 常州地区产业状况

常州将装备制造业、新能源产业、电子信息产业、新材料产业、生物技术及制药产业五大产业确定为重点发展的优势产业。2008 年，五大产业规模以上企业完成产值和销售分别占全市规模以上工业产值和销售的 57.2%和 57.0%。其中，装备制造业在五大产业产值中的贡献达 52.80%，新能源产业为5.86%，电子信息产业为11.23%，新材料产业为25.53%，生物技术及制药产业为4.58%。

2009年，五大产业规模以上企业实现销售收入3 620亿元、利税307亿元、利润200亿元，分别比2008年增长24%、27%和26%。装备制造业的支撑作用更加突出，2009年完成产值2 040.6亿元，实现利税177亿元、利润113亿元，三项指标增长速度分别比全市平均水平高出15个、18个、11个百分点，对全市工业经济增长的贡献份额超过三分之一。五大产业2009年完成投资608.6亿元，在全市工业总投入中的占比达62.7%。

"十一五"期间，装备制造业销售收入年均递增29%。2010年装备制造业规模以上企业完成产值2 389.7亿元，实现主营业务收入2 337.2亿元，占全市规模以上工业销售总额的32%；实现利税219.4亿元，占全市规模以上工业利税的35.7%，实现利润148.8亿元，占全市规模以上工业利润的36.7%，分别比2007年增长109.7%、108.8%、123.3%和114.7%，在五大产业规模以上企业中的占比分别达50.5%、50.4%、52.1%和51.2%。装备制造业初步形成了输变电设备、现代农业装备、轨道交通设备、工程机械和车辆、数控机床、基础装备等门类齐全、上下游配套的产业特色。

4. 常州地区产业发展

《常州市"十二五"新兴产业发展规划》（以下简称《规划》）指出，发展新兴产业既是大势所趋，也是常州经济发展的内在要求。《规划》阐明了新兴产业是指新能源、新材料、高端装备制造、生物技术和新医药、节能环保、软件和服务外包、物联网等产业。同时还明确了常州市高端装备制造业主要涉及轨道交通设备制造业、工程机械及车辆制造业、新型农业装备制造业、数控机床及基础装备制造业等领域。轨道交通设备制造业主要包括内燃机、转向架、牵引传动、电气控制和车内装饰系统等产品，其中牵引传动系统在城市轨道交通中占有率达到45%，骨干企业包括南车戚机公司、南车戚研所、常牵中心和今创集团；工程机械及车辆制造业主要包括装载机、挖掘机、平地机、压路机、大吨位自卸车、城市客车、专用车辆及车辆零部件等产品，其中挖掘机和装载机销售量分别占全国的9%和5%，主要骨干企业有小松、常林、现代、常州黄海、旷达和星宇车灯等公司；新型农业装备制造业主要包括柴油机、拖拉机、粮食饲料加工设备、种植机械、收割机械和排灌机械等产品，其中5—40马力轮式拖拉机国内市场占有率全国第一，农业机械产品销售量占全国的15%，龙头企业有常柴、常发、东风农机和正昌等公司；数控机床及基础装备制造业主要包括数控加工中心、冶金成套设备及专用轧辊、纺织机械及关键零部件、港口机械及各类轴承等产品，锻钢冷轧辊产量亚洲第一，钢筘、经编机、罗拉、喷丝板等纺织机械和关键零部件及冶金成套设备国内名列前茅，骨干企业有宝菱重工、宝钢轧辊、新瑞机械、溧阳重材、润源机械、光洋轴承和常州港口机械等公司。

围绕区域机械制造产业链人才需求，2012 年常州机电职业技术学院以数控技术、机械制造与自动化、计算机辅助设计与制造、精密机械技术四个专业组建了机械制造专业群；聚焦产业培养了 CNC 程序员、CNC 操作工、工装夹具设计师、CAD 绘图员、工艺员等产业链岗位人才，从而满足了区域机械制造产业链人才需求。

（二）区域产业岗位与专业匹配分析

1. 定位对接产业

根据以上区域产业发展分析，定位的产业为高端装备制造业，并进一步对接工程机械及车辆制造业中的车辆及车辆零部件产品、机械设备产品。

2. 产业岗位与职业匹配

从定位产业的企业岗位需求出发，依据各岗位的任务要求与《中华人民共和国职业分类大典》（1999 年版）（以下简称《大典》）中主要工作任务描述匹配相应职业大类、中类、小类和细类（职业），实现岗位与职业的科学匹配。

3. 专业与职业匹配

依据《普通高等学校高职高专教育指导性专业目录（试行）》（以下简称《目录》）中的专业分类，将《目录》专业大类与《大典》职业大类进行匹配，将《目录》专业类与《大典》职业中类、小类进行匹配，最终使《目录》专业与《大典》细类（职业）科学有效匹配。

4. 产业岗位对接专业

依据产业岗位与职业、专业与职业匹配，转换形成了产业岗位对接专业，同时也形成了产业链岗位群对接专业群，如表 4-1 所示。

表 4-1 2012 年产业岗位、职业、专业匹配对接关系

产业岗位	《中华人民共和国职业分类大典》（1999 年版）					《普通高等学校高职高专教育指导性专业目录（试行）》		
产业岗位需求	主要工作任务	细类（职业）	职业小类	职业中类	职业大类	专业大类	专业类	专业
计算机辅助绘图（CAD 绘图员）	研究、应用进行产品设计的方法与技术	2-02-07-01 机械设计工程技术人员	2-02-07 机械工程技术人员	2-02 工程技术人员	2 专业技术人员	58 制造大类	5801 机械设计制造类	580110 计算机辅助设计与制造
数控编程（CNC 程序员）	仿真、分析产品生产过程及运行过程，制定工艺规程	2-02-07-02 机械制造工程技术人员	2-02-07 机械工程技术人员	2-02 工程技术人员	2 专业技术人员	58 制造大类	5801 机械设计制造类	580103 数控技术
工装夹具设计（工装夹具设计师）	进行新建、改建机械的可行性研究、总体设计与规划，制订施工设计方案	2-02-07-01 机械设计工程技术人员	2-02-07 机械工程技术人员	2-02 工程技术人员	2 专业技术人员	58 制造大类	5801 机械设计制造类	580102 机械制造与自动化
数控机床操作（CNC 操作工）	操作加工中心，进行工件多工序切削加工	6-18-01-07 多工序数控机床操作调整工	6-18-01 机械冷加工人员	6-18 机械制造基础加工人员	6 生产制造及有关人员	58 制造大类	5801 机械设计制造类	580103 数控技术

续表

产业岗位需求	主要工作任务	细类（职业）	职业小类	职业中类	职业大类	专业大类	专业类	专业
精密加工工艺编制（工艺员）	编制工艺文件，集成设计和生产流程	2-02-07-02 机械制造工程技术人员	2-02-07 机械工程技术人员	2-02 工程技术人员	2 专业技术人员	58 制造大类	5801 机械设计制造类	580111 精密机械技术
……	……	……	……	……	……	……	……	……

（三）专业群对接岗位群谱系指导专业组群分析

依据专业群对接岗位群谱系，结合学院专业建设实际情况，2012 年以数控技术、机械制造与自动化、计算机辅助设计与制造、精密机械技术四个专业组建了机械制造专业群，对接工程机械及车辆制造业岗位群，如图 4-1 所示。

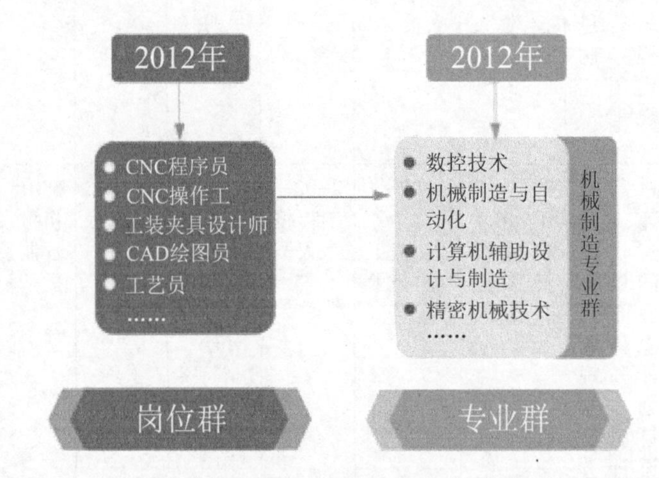

图 4-1　2012 年机械制造专业群对接工程机械及车辆制造业岗位群

二、依托专业群对接岗位群谱系优化专业组群

随着产业的转型升级，新技术、新工艺的全面融入，产业岗位发生着迁移和变化。通过对区域产业发展的分析，岗位、职业、专业的匹配对接，专业群对接岗位群谱系的实时动态调整，为专业组群的优化提供依据。下面以常州机电职业技术学院动态优化专业组群为例。

（一）区域产业转型升级

1. 常州市培育和发展战略性新兴产业三年行动计划（2013—2015 年）

加快产业链建设，是培育和发展战略性新兴产业，构建特色鲜明、优势突出的产业体系，推进经济结构调整和产业转型升级的重要举措。常州市委十一届五次全会要求，依据《苏南现代化建设示范区规划》和《常州市培育和发展战略性新兴产业三年行动计划（2013—2015 年）》，围绕整机、整车、终端类产品发展导向，进一步集中资源、聚集政策、优化布局，加快常州市产业链经济做大做强。

在整车领域，重点建设轨道交通、汽车及零部件、农机和工程机械产业链；在新兴的材料、能源和医药领域，重点建设太阳能光伏、碳材料、新医药、新光源产业链；在智能制造领域，重点建设通用航空、智能电网、智能数控和机器人产业链（简称“三车四新三智能”）。以国家级、省级开发区为载体，以创新服务平台为支撑，以招商引资及重大项目建设为突破，加快构建、完善、延伸产业链，尽快形成“布局合理、特色鲜明、链条完备、结构优化、效益明显”的十大产业链，为打造常州市战略性新兴产业集聚区增添新动力。

汽车及零部件产业链发展重点：积极引进乘用车成熟车型，培育和突破新能源汽车；做大做强公路客车、城市公交客车、轻型卡车、自卸车、微型客车、皮卡等现有整车，努力争取引进新车型；大力发展各类专用车；提升发动机、底盘、总成件、新能源汽车动力电池、汽车电子等关键零部件技术水平，做大做强现有的汽车零部件骨干企业。

汽车及零部件产业链发展目标：到 2015 年，汽车及零部件产业链规模以上工业产值达到 650 亿元，年均增长 23%左右。

2015 年常州市汽车零部件主要产品如表 4-2 所示。

表 4-2　2015 年常州市汽车零部件主要产品

种类	企业数量/家	主要产品
发动系统	23	柴油和汽油发动机总成、起动机、发电机、增压器及发动机配件
底盘系统	21	行驶、制动、传动和转向系统总成及配件
车身及其附件	62	车身、车门、驾驶室及配件、安全气囊、汽车玻璃、座椅、内外饰
汽车电子	30	电源、点火系统、车用仪表、车灯、线缆等
其他汽车通用部件	17	支架、管路、密封件、汽车检测仪器等

2. 常州市“十三五”十大产业链发展规划

《常州市“十三五”十大产业链发展规划》指出，2015 年全市十大产业链实现产值 3 816. 8 亿元，同比增长 8. 9%；实现产值占全市规模以上工业总产值的 33. 3%；实现利税 400. 5 亿元、利润 256. 6 亿元；智能电网、汽车及零部件、太阳能光伏、农机和工程机械四大产业链产值均超过 500 亿元，轨道交通和新医药突破 400 亿元，智能数控和机器人突破 200 亿元。十大产业链实现了持续 3 年稳定增长，产值从 2013 年的 2 963. 4 亿元增加至 2015 年的 3 816. 8 亿元，产值增加 853. 4 亿元，产值占全市规模以上工业总产值的比例由 29. 4%提高至 33. 3%，占比提高近 4 个百分点。

产业链发展过程中，经过不断地“补链、增链、强链”，部分产业链的完整性得到了进一步加强。汽车产业链：已拥有北汽新能源、郑州日产、众泰和黄海等乘用车和商用车整车生产资质企业，产品覆盖乘用车、城市客车、轻型卡车、专用车等整车和发动系统、底盘系统、车身及其附件、汽车电子、通用部件及设备等各零部件门类，还包括新能源汽车动力电池、驱动电机、电控系统等关键零部件产品；智能数控和机器人产业链：已经有安川、金石、铭赛等一批整机企业，也有纳博特斯克、易尔泰等一批减速器、伺服电机、直线导轨、齿轮等零部件生产企业，产业链在不断完善。

3. 汽车及零部件产业链发展趋势

自主品牌加速发展：2015 年我国自主品牌乘用车销售 873. 76 万辆，占乘用车销售市场的 41. 3%，自主品牌的市场占比不断扩大。

新能源汽车高速增长：2015 年新能源汽车销售 33 万多辆，同比增长 3. 4 倍，新能源汽车保有量已经超过 50 万辆。到 2020 年我国纯电动汽车和插电式混合动力汽车销量已超过 136 万辆。

产品结构加快调整：轿车发展速度放缓，SUV、MPV 等车型呈快速增长趋势；节能减排约束越发明显，带涡轮增压、高压共轨燃油喷射等装置的节能减排型汽车产品将会有很大的发展空间。

信息技术成为汽车产业的核心技术：智能汽车及智能交通系统（ITS）将成为汽车产业发展的新趋势。

汽车及零部件市场需求和政策导向如表 4-3 所示。

表 4-3　汽车及零部件市场需求和政策导向

产业门类	市场需求	政策导向
汽车及零部件	2020 年，我国汽车产销分别完成 2 522.5 万辆和 2 531.1 万辆，新能源汽车产销分别完成 136.6 万辆和 136.7 万辆，发展空间巨大	《“十三五”汽车工业发展规划意见》：对汽车工业提出了八个方面的发展目标，其中之一就是“积极发展智能网联汽车” 《节能与新能源汽车产业发展规划（2012—2020 年）》：提出节能与新能源汽车发展目标、技术路线和主要任务 《电动汽车充电基础设施发展指南（2015—2020 年）》：到 2020 年，新增集中式充换电站超过 1.2 万座，分散式充电桩超过 480 万个，以满足全国 500 万辆电动汽车充电需求 《汽车产业中长期发展规划》：提出“加大智能网联汽车关键技术攻关”的重点任务 《“十四五”汽车产业发展建议》：对汽车产业提出了六个方面的发展目标，其中之一就是“中国标准智能汽车体系基本形成”

（二）《普通高等学校高职高专教育指导性专业目录（试行）》修订

2015 年，《普通高等学校高等职业教育（专科）专业目录（2015 年）》实施，与原《目录》相比，在体系结构上做了较大调整，设置了“专业方向举例”“主要对应职业类别”“衔接中职专业举例”“接续本科专业举例”四项内容。专业大类维持原来的 19 个不变，排序和划分有所调整；专业类由原来的 78 个调整增加到 99 个；专业由原来的 1 170 个调减到 748 个；列举专业方向 746 个、主要对应职业类别 291 个、衔接中职专业 306 个、接续本科专业 343 个。这些调整旨在通过推动专业设置与产业需求对接、课程内容与职业标准对接、教学过程与生产过程对接、毕业证书与职业资格证书对接、职业教育与终身学习对接，促进高等职业教育更好地服务经济社会发展和人的全面发展。

根据《普通高等学校高等职业教育（专科）专业设置管理办法》，在相关学校和行业提交增补专业建议的基础上，教育部组织研究确定了 2019 年度增补专业共 9 个，如表 4-4 所示。

表 4-4　2019 年度增补专业明细表

序号	专业大类	专业类	专业代码	专业名称
1	53 能源动力与材料大类	5303 新能源发电工程类	530309	氢能技术应用
2	60 交通运输大类	6001 铁道运输类	600114	高铁综合维修技术

续表

序号	专业大类	专业类	专业代码	专业名称
3	61 电子信息大类	6101 电子信息类	610120	集成电路技术应用
4	61 电子信息大类	6102 计算机类	610217	人工智能技术服务
5	63 财经商贸大类	6308 电子商务类	630805	跨境电子商务
6	64 旅游大类	6401 旅游类	640107	研学旅行管理与服务
7	64 旅游大类	6401 旅游类	640108	葡萄酒营销与服务
8	67 教育与体育大类	6704 体育类	670412	冰雪设施运维与管理
9	69 公共管理与服务大类	6903 公共服务类	690307	陵园服务与管理

（三）《中华人民共和国职业分类大典》修订

《中华人民共和国职业分类大典（2015 年版）》运用科学的职业分类理论和方法，参照国际标准，借鉴国际先进经验，充分考虑我国社会转型期社会分工的特点，在 1999 年版《大典》的基础上，按照以“工作性质相似性为主、技能水平相似性为辅”的分类原则，将我国职业分类体系调整为 8 个大类、75 个中类、434 个小类、1 481 个职业，并列出了 2 670 个工种，标注了 127 个绿色职业。2015 年版《大典》在分类上更加科学规范，在结构上更加清晰严谨，在内容上更加准确完整，全面客观地反映了现阶段我国社会的职业构成、内涵、特点和发展规律。

（四）专业群对接岗位群谱系动态调整指导专业组群优化

2012 年，常州机电职业技术学院以数控技术、机械制造与自动化、计算机辅助设计与制造、精密机械技术四个专业组建了机械制造专业群，培养了 CNC 程序员、CNC 操作工、工装夹具设计师、CAD 绘图员、工艺员等产业链岗位人才，从而满足了区域机械制造产业链人才需求。随着区域汽车零部件制造产业的发展，对零部件精密检测技术人才的需求增加，常州机电职业技术学院在 2015 年对原机械制造专业群进行了结构优化，以数控技术、机械制造与自动化、模具设计与制造、机械产品检测检验技术四个专业组建了先进机械制造专业群，旨在满足区域汽车零部件制造产业链人才需求，培养了 CNC 程序员、CNC 操作工、工艺员、工装夹具设计师、模具设计师、模具装配调试员、三次元检测员等产业链岗位人才。

2017 年，随着区域汽车零部件制造产业的转型升级，常州机电职业技术学院为了进一步提升人才培养质量，更好地服务地方经济发展，满足地方产业人才需求，对原先进机械制造专业群进行了动态优化，调高定位，以数控技术、机械制造与自动化、模具设计与制造、机械产品检测检验技术、工业设计五个专业组建了智能制造专业群，培养了 CNC 程序员、工艺员、工装夹具设计师、模具设计师、模具装配调试员、三次元检测员、数字化程序员、产品设计师、智能单元控制程序员、智能单元操作工等产业链岗位人才，全面对接地方产业转型升级人才需求。

模具有“工业之母”的美誉，模具技术是衡量一个国家产品制造水平的重要标志。2019 年，常州机电职业技术学院全面对接区域汽车零部件制造产业链，调宽规格，以数控技术、机械制造与自动化、模具设计与制造、机械产品检测检验技术、工业设计五个专业组建了模具设计与制造专业群，并获批中国特色高水平高职学校专业群建设。

常州机电职业技术学院通过专业群对接岗位群谱系动态调整指导专业组群优化的过程如图 4-2 所示。

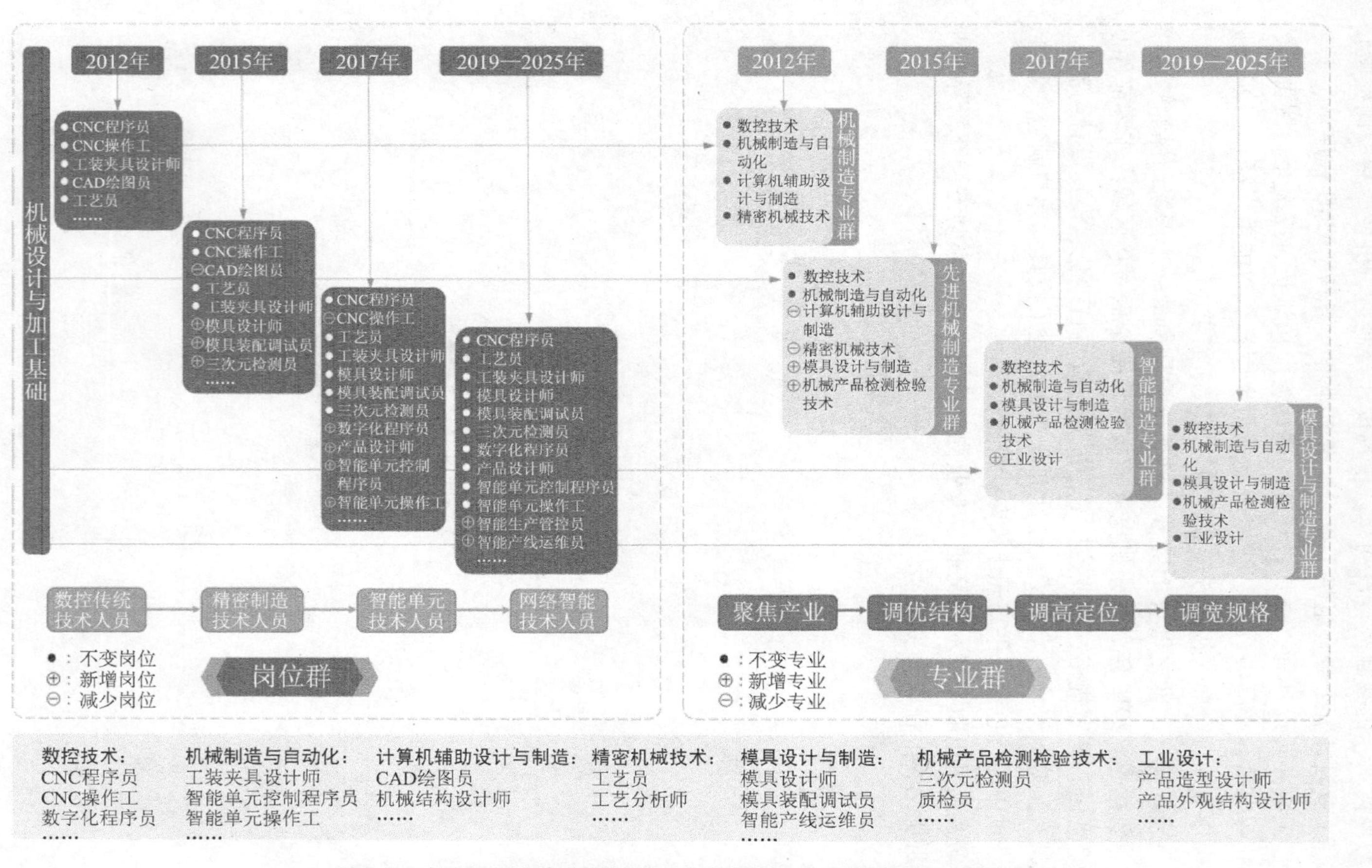

图 4-2 专业群对接岗位群谱系动态调整指导专业组群优化过程图

第二节　培养规格对接职业能力谱系的应用

一、依据培养规格对接职业能力谱系确定专业人才培养规格

任何一个岗位都有相应的岗位职责要求，一定的职业能力是胜任某种职业的必要条件，从事某种职业的多种能力的综合，主要包含三方面的基本要素：一是步入岗位从事职业活动的基本通用的一般职业能力（基本能力），包括语言文字表达能力、自理和自律能力、责任感、诚信度、基本判断识别能力等；二是为了胜任具体岗位而具备的任职资格能力（专业能力），包括专业岗位知识，工艺流程掌握程度，工艺熟练程度，检查维修技能，新工艺、新技术及新设备的应用能力和推广能力，等等；三是从事任何职业都必不可少的跨职业的可迁移的职业关键能力（拓展能力），包括人际关系处理能力、问题解决能力、心理承受能力、组织管理能力、发展创新能力等。

由职业能力基本要素可知，职业能力是从事某种职业的多种能力的综合表现，是对从业人员从事某种职业所需要具备的知识、能力、素养等提出的要求。

通过分析区域行业现状及发展趋势，定位专业所面向的职业，采集行业企业岗位需求信息，汇总岗位工作任务及梳理从事岗位工作所需的能力，并将岗位工作能力转化为相对应的知识、能力、素养，形成专业能力素养集，再根据专业方向最终确定专业方向人才培养规格。下面以常州机电职业技术学院“2019级模具设计与制造专业教学标准——精密塑料模具”人才培养规格的确定为例。

（一）模具设计与制造专业职业面向

1. 常州及周边地区模具行业的现状及发展趋势分析

长三角地区是我国装备制造业的重要基地，也是我国模具制造业的核心板块之一，主要为汽车制造行业、轨道交通行业等提供模具装备。而以轨道交通与工程机械为核心的车辆产业集群，是常州传统优势产业，也是常州装备制造业中优势最突出的领域之一。常州模具行业基础较好，有以常州科教城为主的科研教育基地，有已入驻近300家各类模具企业的长三角模具城大型综合模具行业基地，也有华威亚克、不二精机、新泉、工利等规模大、实力强的企业，更有门类齐全、具有特色的众多中小模具企业。

与其他地区相比，常州的模具产业拥有三大优势和六大特点：

三大优势：具有实力较强的模具生产基地，先进的模具研发、设计、

制造能力；具有良好的配套环境和巨大的模具市场；具有强大的模具人才培育机构。六大特点：模具技术发展迅速，装备水平和模具水平有很大提高；大型、精密、复杂模具所占比重较高；模具标准化、商品化、专业化进程较快；企业数字化、信息化技术得到重视，研发周期较以前缩短；企业自主创新得到重视；具有集聚效应的模具城发展势头强劲。

常州近年来引进了多家投资上千万美元的高端模具生产企业，从全国视角观察，常州模具生产、加工企业总量达到2 000余家。常州有较好的模具产业基础，应根据自身的特点，走一条以功能升级为主、流程升级和产品升级为辅的发展道路，通过优化产业组织，拓展产品种类，提高附加值，打造区域品牌，不断向价值链的高端攀升。

常州模具行业的机会也非常明显：其一，作为一个拥有2 000多家模具企业的城市来说，其模具企业数量在长三角地区是可观的，在全国的同等城市中也是具有一定优势的，一旦横纵联合，实力将大增；其二，常州工业门类齐全，处于承接上海等先进地区产业转移的战略带，发展空间大；其三，常州具有职业技术优势，特别是江苏省模具行业协会挂靠在常州机电职业技术学院，可充分发挥其桥梁作用。

在未来的发展中，常州模具产业将向数码产品、汽车产品等领域的高端精密模具攀升，同时延伸产业链，模具企业不但生产模具，还生产终端产品，从而提高企业的盈利能力。同时，常州的模具企业也会加快与国外先进企业的技术合作，建立起自己的品牌。

2. 模具设计与制造专业职业面向分析

从以上对常州及周边地区模具行业现状及发展趋势的分析可知，常州模具行业基础较好，常州提供车辆模具装备及用车辆模具来生产产品的装备制造业厂家就有800多家。常州模具企业及相关装备制造业厂家对模具人才的需求量每年在2 500人以上，苏、锡、常地区的需求量每年在8 000人左右。同时，常州机电职业技术学院模具设计与制造专业自开班以来，持续发展提升，先后获国家骨干高职院校重点建设专业、省品牌专业等荣誉称号。相关数据采集平台显示，常州机电职业技术学院模具设计与制造专业招生数、毕业生数均在全省排名第一，应届生平均就业率达99. 37%、平均就业竞争力指数达91%。综合以上分析，常州机电职业技术学院模具设计与制造专业面向汽车零部件制造行业。

（二）常州及周边地区模具企业岗位需求

随着车辆零部件模具工艺、装配的精密度和复杂性的进一步提高，模具设计与制造中使用的新技术、新工艺逐渐增多；车辆零部件模具工艺装备的操作综合程度的提高，也使技术操作呈现出多元化、多样化特点。企业迫切需要能够应用 CAD、CAE、CAM 技术进行车辆模具设计与制造，能够操作和维护先进模具制造设备，具备现代模具企业管理知识的高素质技术技能型人才。

从采集到的汽车模具行业企业的岗位需求信息来看，主要涉及模具设计开发、模具零件制造、模具零件质量检测、模具钳工装配、模具生产调试、模具项目管理等方面的岗位需求，如表 4-5 所示。

表 4-5 2019 年常州及周边地区汽车模具行业企业岗位需求情况表 单位：人

岗位名称		长三角地区	江苏省	常州市
模具设计开发	模具设计师	22 962	12 643	1 056
	模具工程师	11 813	6 865	697
	机械制图员	10 815	5 503	697
	CAE 分析工程师	1 272	329	47
模具零件制造	模具工艺员	30 364	16 316	1 491
	数控编程员	9 350	5 060	694
	智能生产线操作员	1 903	834	108
	机械加工工艺员	1 825	828	152
	CAM 编程工程师	409	250	1
模具零件质量检测	零部件质检员	8 144	4 292	428
	模具质检员	1 509	750	32
模具钳工装配	模具钳工	13 696	7 861	919
	模具维修工	22 012	7 619	587
	模具装配工	1 166	565	35
模具生产调试	冲压技术员	18 380	8 560	1 071
	注塑技术员	9 084	3 010	372
	压铸技术员	3 174	1 791	165
	模具调试工	751	305	49
模具项目管理	模具项目经理	403	168	16
	智能生产线管理员	158	104	4
	模具生产调度员	120	82	38
	模具车间主任	108	76	25

（三）岗位工作任务汇总及能力梳理

不同的岗位所承担的工作任务也不一样，即使是相同的岗位，其工作任务也会因企业产品的不同而有所区别。通过对汽车模具行业企业在模具设计开发、模具零件制造、模具零件质量检测、模具钳工装配、模具生产调试、模具项目管理等方面岗位需求信息的采集，并结合《中华人民共和国职业分类大典（2015 年版）》中对各职业主要工作任务的描述，进行各岗位工作任务的整理与汇总，同时梳理出各岗位要求的工作能力，如表 4-6 所示。

表 4-6 汽车模具行业岗位工作任务描述及工作能力要求

岗位名称		工作任务描述	工作能力要求
模具设计开发	模具设计师	负责模具分型设计；负责模具各机构设计；负责模具总装三维设计……	能够进行复杂精密模具的设计；熟悉机械制图相关知识；具备精益求精的工匠精神……
	模具工程师	制订模具的整体结构方案；制订抽芯机构、推出机构、成型、温度控制系统的设计方案；负责新模具试模，参与模具评审及模具验收……	能够独立完成对产品问题的分析和优化设计；精通模具设计的基础知识；熟悉机械制图相关知识……
	机械制图员	负责模具零件的二维工程图绘制；负责电极工程图绘制……	熟悉机械制图相关知识；精通 UG、AutoCAD 辅助设计软件；能够绘制模具零件图……
	CAE 分析工程师	进行塑料制品的模拟成型分析并形成报告；进行冲压制件的模拟成型分析并形成报告；进行压铸产品的模拟成型分析并形成报告……	熟悉常用的模塑 CAE 技术及操作；熟悉常用的冲压 CAE 技术及操作；熟悉常用的压铸 CAE 技术及操作……
模具零件制造	模具工艺员	根据产品的图纸设计加工方案，编制加工工艺；负责编制产品的工艺文件；负责产品的工艺调试……	熟悉各种模具结构知识；熟悉模具制造加工工艺；能够读懂设计图纸……
	数控编程员	对模具零件进行数字化编程操作；在数字化编程中进行参数设置；对零件程序进行优化编制……	能够选用与调整加工工艺参数；熟练使用 Mastercam、UG、PowerMILL 等 CAM 编程软件；掌握模具零件加工工艺知识……
	智能生产线操作员	进行智能生产线的 MES 管控操作；进行智能生产线机器人的运动示教操作；对智能生产线进行日常维护……	能够进行机器人示教编程；熟悉智能制造 MES 系统；精通智能生产线上加工中心、电火花等机床的操作……

续表

岗位名称		工作任务描述	工作能力要求
模具零件制造	机械加工工艺员	负责模具零件的普通机械加工工艺编制；负责模具零件加工工艺文件的制定及管理……	能够读懂设计图纸；具备基本的制图能力；熟悉模具制造加工工艺……
	CAM 编程工程师	制定模具的编程文件；负责加工零件的质量、刀具参数等应用研究；根据图纸要求独立进行加工刀路编程……	熟练使用 Mastercam、UG 等 CAM 编程软件；能够合理设计、选用刀具及加工参数；熟悉模具结构、加工工艺……
模具零件质量检测	零部件质检员	进行模具成型零件的质量检验并形成质检报告；进行模具配合零件的质量检验并形成质检报告……	熟悉常用检测量具的使用；熟悉三坐标检测仪的使用；具有一定的检测技术知识……
	模具质检员	负责模具生产质量评估；负责模具质量文件的制定及管理……	具有精密检测技术知识；熟悉模具结构；工作踏实认真，沟通能力强，富有责任心……
模具钳工装配	模具钳工	负责模具冷却水路孔的加工；负责模具紧固螺孔的加工；负责模具成型面的抛光处理……	熟悉钻床、铣床、磨床等设备的操作；懂机械制图，能看懂模具加工工艺图纸；具有强烈的安全生产意识……
	模具维修工	负责模具出现问题的原因分析；负责模具修理；负责模具的维护和保养……	具备试模、改模经验；能够监督检查模具日常的使用；能够进行模具相关耗材更换、管理……
	模具装配工	负责模具零件修配安装；负责模具整体安装及配模……	熟悉钻床、铣床、磨床等设备的操作；具有一定的机械常识和制图方面的知识；能够读懂设计图纸……
模具生产调试	冲压技术员	负责冲压设备参数设置；负责冲压设备操作，实施产品冲压；负责冲压成型中产品缺陷的解决……	具有一定的机械常识和制图方面的知识；熟练操作各种冲床；熟悉模具安装及调试；能够输出模具调试报告……
	注塑技术员	负责注塑机参数设置；负责注塑机操作，实施产品注塑；负责注塑成型中产品缺陷的解决……	熟悉各种常用塑胶原料的性能；能够确认塑料制件的缺陷；掌握塑料制件缺陷分析相关知识……
	压铸技术员	负责压铸机参数设置；负责压铸机操作，实施产品压铸；负责压铸成型中产品缺陷的解决……	熟练操作各种压铸机；熟悉模具安装及调试；掌握压铸件缺陷分析相关知识；能够分析塑料制件缺陷的成因……

续表

岗位名称		工作任务描述	工作能力要求
模具生产调试	模具调试工	负责对设备进行工艺参数的调取和设定；解决模具生产过程中出现的实际问题及提高生产效率……	精通模具调试；掌握模具设计与制造常用知识；能够准确分析制件缺陷的成因，并采取相应解决措施……
模具项目管理	模具项目经理	协调项目小组成员工作，完成前期项目文件；负责新品开发中与客户之间的技术和商务协调工作；对项目的整体进度进行控制……	能够熟练跟进塑胶、冲压等模具的开发过程，组织模具评审；熟悉产品生产流程、产品一致性控制；了解产品、模具的报价流程，并能分析成本……
	智能生产线管理员	负责智能生产线整体运行管理；负责智能生产线维护及调试管理……	能够看懂设计图纸；能够管控智能生产线运行；具备优秀的沟通、协调能力……
	模具生产调度员	负责模具生产流程的安排；负责模具生产人员的调配；负责模具生产进度的控制……	熟悉产品生产流程、产品一致性控制；能够看懂设计图纸；能够组织协调项目资源……
	模具车间主任	负责模具生产车间日常工作的安排；负责模具生产车间人员的管理……	熟悉5S现场管理知识；能够协同解决模具制造过程中的技术问题；熟悉模具品质控制流程……

（四）工作能力要求转化，形成专业能力素养集

将岗位工作能力要求以知识、能力、素养的形式进行转化，形成专业能力素养集，同时以模具行业岗位工作能力要求的重要度（出现频率高为重要）为衡量专业核心能力的依据。

（五）人才培养规格的确定

依据培养规格对接职业能力谱系，确定了2019年模具设计与制造专业精密塑料模具方向人才培养规格，如图4-3所示。

1. **知识**

1-1：掌握模具制图基本知识。

1-2：掌握零件公差配合知识。

1-3：了解零件的结构、工作原理、气动与液压知识。

1-4：掌握模具设计相关知识。

1-5：了解电工电子相关知识。

1-6：掌握机械加工、特种加工工艺知识。

1-7：掌握数控编程基本知识。

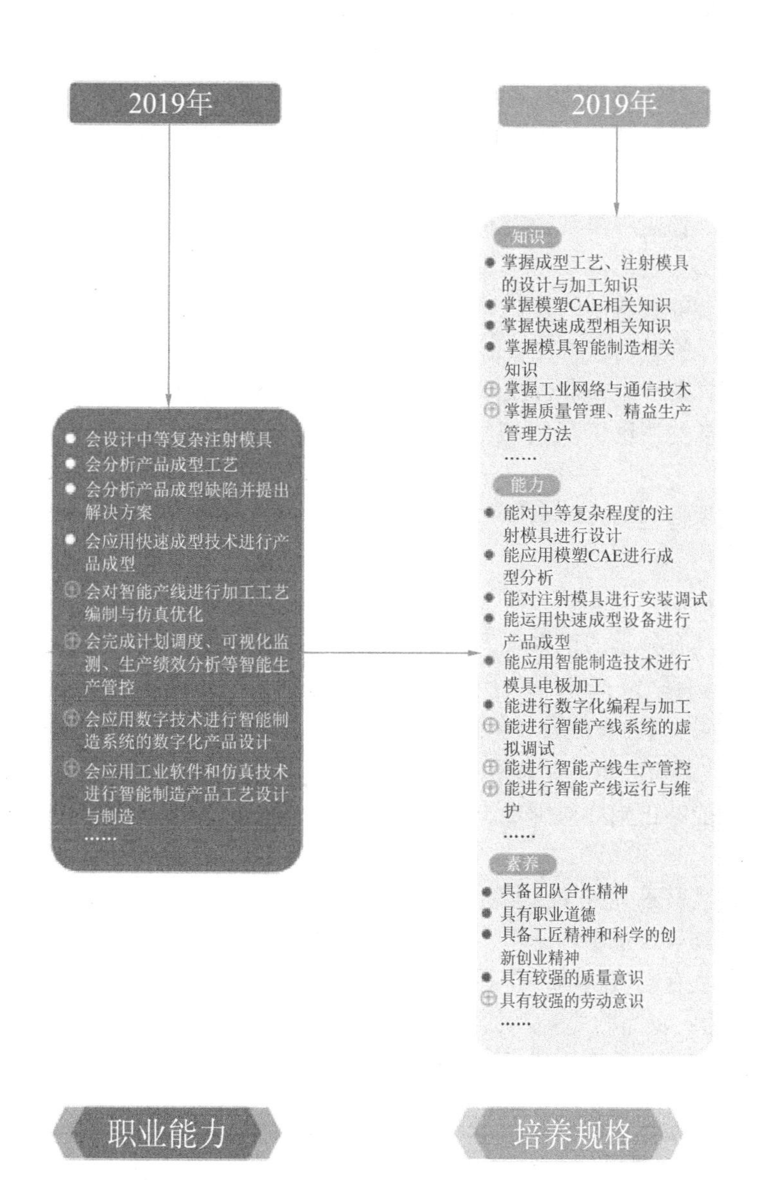

图 4-3 2019 年模具设计与制造专业精密塑料模具方向人才培养规格

1-8：了解工程材料的性能及加工知识。

1-9：掌握智能制造技术相关知识。

1-10：掌握塑料模具试模与产品缺陷分析基本知识。

1-11：掌握模具企业生产与技术管理相关知识。

2. 能力

2-1：能够对制件结构进行分析并提出优化的合理建议。

2-2：具备运用塑料模具结构和软件等知识，设计典型侧向抽芯注射模并绘制 2D、3D 图的能力。

2-3：能够运用计算机辅助分析软件进行模具成型分析并进行模具结构优化设计。

2-4：具备应用模具智能制造技术，合理编制模具工艺、独立加工模具零件的能力。

2-5：能够对编制的模具零件程序进行模拟分析和优化。

2-6：能够进行模具的安装、修配及调试。

2-7：具备对试模制件缺陷的成因进行分析并采取措施解决的能力。

2-8：掌握三维检测知识，能够进行塑料模具零件及产品检测的基本操作。

2-9：掌握逆向设计与快速成型知识，能够进行塑料产品逆向设计和快速成型。

3. 素养

3-1：具有科学的世界观、人生观和价值观及社会主义荣辱观；具有法律意识；具有坚定正确的政治方向，热爱祖国，拥护中国共产党的领导。

3-2：对文学、哲学、历史、艺术等人文社会科学有一定的了解，具有一定的文化品位、审美情趣和艺术修养。

3-3：能够正确面对困难、压力和挫折，具有积极进取、乐观向上的心理素质。

3-4：具有求真务实、精益求精的工匠精神。

3-5：具有自主学习、求实创新和不断进取的创新精神。

3-6：具有吃苦耐劳的作风和爱岗敬业的精神；具有良好的职业道德和社会责任心；具有自觉劳动的意识。

3-7：具有与他人沟通、合作及团队协作的能力。

二、依托培养规格对接职业能力谱系优化专业人才培养规格

常州汽车及汽车零部件产业快速发展，2018 年产值达 1 200 亿元。总投资 100 亿元的比亚迪华东新能源乘用车及核心零部件产业园基地项目于 2019 年 4 月正式落户常州国家高新区，现已覆盖发动机、传动系、制动系、转向系、电气仪表系、灯具、汽车车身、汽车内外饰件、电动工具等数十个系列，形成了较为完备的产业链。常州汽车模具行业也迅速发展，加快了与国外先进企业的技术合作，新工艺、新技术等全面融入，模具设计、模具制造等岗位的工作任务也随之发生变化。

依托培养规格对接职业能力谱系，不断完善“能力素养集”，以模具行业岗位职业能力为逻辑起点，对从“产品设计—工艺装备规划—装备设计

制造—零件数控加工—质量管理”的模具设计制造全流程典型岗位核心能力要求进行梳理，并将其转化为相对应的知识、能力、素养等岗位能力素养观测点，使模具相关专业复合型人才培养规格进一步优化与完善。

以常州机电职业技术学院模具设计与制造专业人才培养规格优化为例。2012 年，依据常州及苏南地区车辆零部件、IT、家电等产业的模具设计工程师、模具制造工程师、产品成型工程师等岗位设置，调研分析了各岗位的职业能力需求，发现这些岗位要求具备设计中等复杂注射模具、分析产品成型工艺、CNC 加工编程及操作等职业能力，在此基础上梳理总结出：掌握成型工艺、注射模具的设计与加工、模塑 CAE 等相关知识目标；能对中等复杂程度的注射模具进行设计、应用模塑 CAE 进行成型分析、进行 CNC 编程加工、对注射模具进行安装调试等相关能力目标；具备团队合作精神、具有职业道德等相关素养目标，通过对知识、能力、素养等内容的梳理，形成了模具设计工程师、模具制造工程师、产品成型工程师等岗位人才培养规格。2015 年，随着 3D 打印技术的全面融入，模具零件制造岗位对职业能力提出了新的需求，要求利用 3D 打印技术进行模具零件的快速成型制造，常州机电职业技术学院对模具设计与制造专业人才培养规格进行了优化，增加了掌握快速成型相关知识、具有运用快速成型设备进行产品成型的能力、具备工匠精神和科学的创新创业精神素养的要求。2017 年，随着地区产业的转型升级，新工艺、新技术的不断融入，智能制造工艺进入了模具行业，为了更好地适应模具行业人才需求，常州机电职业技术学院进一步对模具设计与制造专业人才培养规格实施了优化，增加了掌握模具智能制造相关知识、具有进行数字化编程与加工及应用智能制造技术进行模具电极加工的能力、具备较强的质量意识素养的要求。直至 2019 年，随着智能制造技术的全面推广，要求模具行业人才能应用智能制造技术管控智能产线并进行模具电极、零件的制造。为此，常州机电职业技术学院在模具设计与制造专业人才培养规格中增加了掌握工业网络与通信技术知识、具有进行智能产线生产管控的能力等的要求，实现了人才培养规格的不断优化。

常州机电职业技术学院依托培养规格对接职业能力谱系优化模具设计与制造专业人才培养规格的过程如图 4-4 所示。

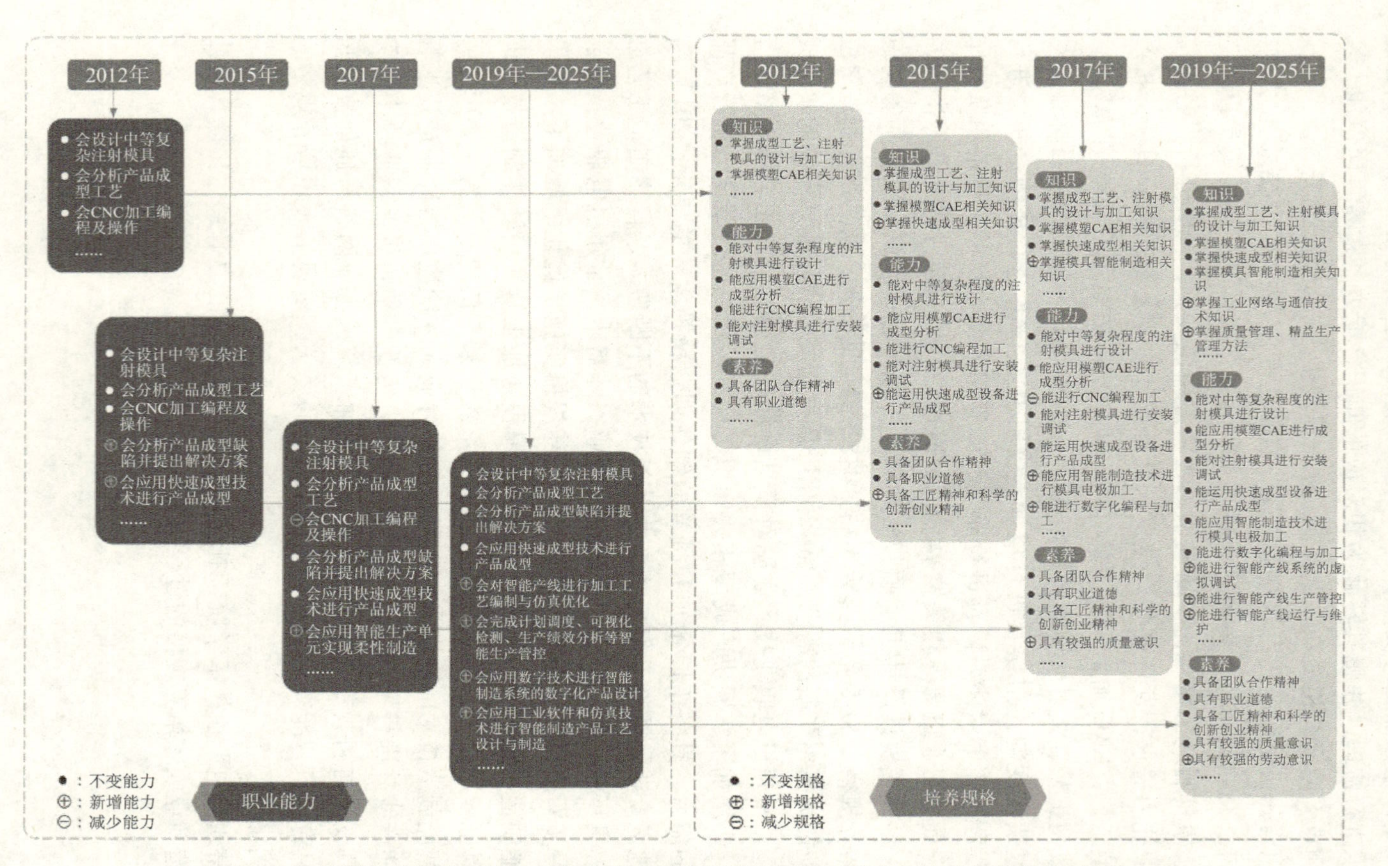

图 4-4　依托培养规格对接职业能力谱系优化模具设计与制造专业人才培养规格过程图

第三节　学习项目对接岗位任务谱系的应用

一、依据学习项目对接岗位任务谱系开发课程教学项目

岗位任务是从业人员在岗位工作中所从事的相应的有目的的职业活动。岗位的具体任务是整个工作过程所围绕的中心，根据任务的具体要求，开展相应的岗位工作，达到任务要求，实现工作目标。

为了有效实现高层次技能型、应用型人才的培养目标，职业教育教学将学习项目与岗位任务对接，以职业任务与职业行动为教学实施内容，依据需要掌握的相应职业能力，确立教学目标，并将理论知识与实际工作有机结合，通过让学生完成实际任务，培养其认知能力、动手操作能力和职业素养。

因此，教学项目以实际职业活动、岗位任务为背景，源于企业生产，是学习知识、训练能力的载体；也指以生产具有实际应用价值的具体产品为目的的工作任务，要求应尽可能覆盖所学的主要知识点和能力点，情境要真实，数据要具体。

下面以常州机电职业技术学院模具设计与制造专业开发课程教学项目为例。

（一）教学项目设计思路

通过对模具行业岗位工作任务的描述及工作能力要求的分析，梳理岗位工作任务流程（模具结构设计—模具零件制造—模具整体装配—模具安装调试），并根据模具设计与制造专业人才培养规格，充分考虑学生的知识结构和认知特点，以职业能力培养为重点，以企业的实际工作任务为引领，与企业合作进行课程教学项目的开发与设计。

（二）教学项目开发

通过对岗位工作任务的分析，按照学生的学习和认知过程进行改造。首先，按照岗位工作任务及要求，设计一个详细的、完整的项目工作过程，其中包括角色、数据、要求、工作情境、工作资料、工作步骤、各种可能的问题、验收标准等。其次，将教学要素全面考虑进去，包括教学的引入、教学环节的设定、教学媒体的选择、教学方法的应用、知识的讲授、结论的给出、学习效果和成绩的评定等，并注重教学过程的完整性。最后，根据工作任务和教学要求，化整为零，将项目分解到课程中，设计每个教学任务的教案，将工作过程有机融合到每次课的教学中。

常州机电职业技术学院依据学习项目对接岗位任务谱系开发 2015 年模具设计与制造专业“塑料模具项目创新规划与制造”课程教学项目实例，如图 4-5 和表 4-7 所示。

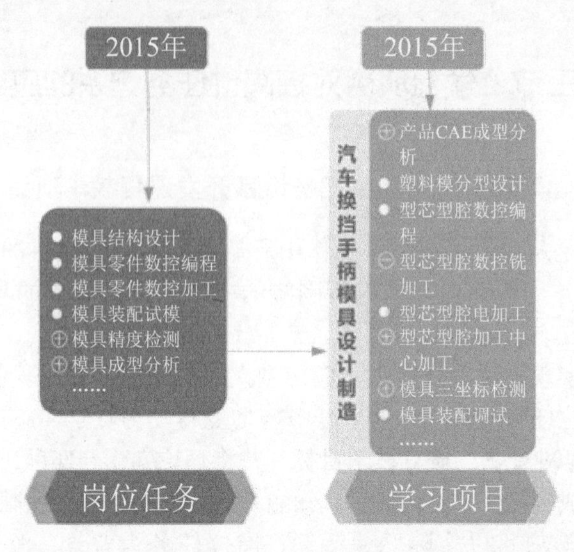

图 4-5 2015 年模具设计与制造专业“塑料模具项目创新规划与制造”课程学习项目

表 4-7 2015 年“塑料模具项目创新规划与制造”课程内容及参考学时

<table>
<tr><th rowspan="2">项目名称</th><th rowspan="2">教学内容</th><th rowspan="2">教学方法</th><th colspan="3">目标达成</th><th rowspan="2">参考学时</th></tr>
<tr><th>知识</th><th>能力</th><th>素养</th></tr>
<tr><td rowspan="2">项目一
模具规划</td><td>1. 模具结构设计
2. 模具 CAE 分析</td><td>讲授法、练习法、现场教学法、案例法</td><td>a21-1、a21-3、a21-4</td><td>b21-1、b21-3</td><td>c21-1、c21-2、c21-3</td><td>24</td></tr>
<tr><td colspan="6">项目描述：
本项目以汽车换挡手柄为载体，以运用 UG 软件进行注射模设计和 CAE 成型分析为主线，结合现有的模具，分步讲解塑件工艺分析、分型面的选择、型腔数目及排列方式的确定、推出机构设计、浇注系统设计、冷却系统设计、模架选择与标准件的选用、总装图及零件图的生成，使学生能够掌握注射模设计和 CAE 分析的流程，并能根据所学知识设计中等复杂程度的注射模</td></tr>
<tr><td>项目二
模具零件制造工艺规程的编制</td><td>1. 模具零件工艺分析
2. 模具零件的生产类型
3. 毛坯种类和尺寸的确定
4. 定位基准的选择
5. 主要表面加工方法的选择
6. 模具零件加工工艺路线的确定
7. 工序尺寸、公差及其技术要求的选择
8. 机床、工艺装备、切削用量及时间定额的确定
9. 工艺文件的编制</td><td>对比法、讲授法、练习法、案例法</td><td>a21-2</td><td>b21-2</td><td>c21-1、c21-2、c21-3</td><td>20</td></tr>
</table>

续表

项目名称	教学内容	教学方法	目标达成			参考学时
			知识	能力	素养	
项目二 模具零件制造工艺规程的编制	项目描述： 本项目以汽车换挡手柄为载体，以典型模具零件制造工艺规程编制流程为主线，结合现有的模具，分步讲解模具零件工艺分析，模具零件的生产类型，毛坯种类和尺寸的确定，定位基准的选择，主要表面加工方法的选择，模具零件加工工艺路线的确定，工序尺寸、公差及其技术要求的选择，机床、工艺装备、切削用量及时间定额的确定，工艺文件的编制，使学生能够掌握注射模典型模具零件制造工艺编制的流程，并能根据所学知识编制中等复杂程度的模具零件制造工艺规程					
项目三 模具零件的数控编程和加工	1. 模具零件数控加工工艺编制 2. 常用数控编程指令 3. 机床的面板操作 4. 常用的刀具、夹具、量具的选择与使用	现场教学法、对比法、讲授法、练习法、案例法	a21-3、a21-4	b21-3、b21-4	c21-1、c21-2、c21-3	25
	项目描述： 本项目以汽车换挡手柄为载体，以典型模具零件数控加工为主线，结合现有的模具，分步讲解模具零件数控加工工艺编制，CAM 编程，常用数控编程指令，机床的面板操作，常用的刀具、夹具、量具的选择与使用，使学生能够掌握注射模典型模具零件数控加工的过程，并能根据所学知识对中等复杂程度的模具零件进行 CAM 数控编程加工					
项目四 成型零件的电加工	1. 模具零件的电火花线切割加工 2. 模具零件的电火花成型加工	现场教学法、对比法、讲授法、练习法、案例法	a21-5、a21-6	b21-5、b21-6	c21-1、c21-2、c21-3	25
	项目描述： 本项目以汽车换挡手柄为载体，以典型模具零件的电加工过程为主线，结合现有的模具，分步讲解电加工设备的面板操作、参数的设定、穿丝技术、电极的设计与制造、工件与电极的找正、电加工的流程，使学生能够掌握注射模典型模具零件电加工的过程，并能根据所学知识进行中等复杂程度的模具零件电加工					
项目五 模具成型零件三坐标测量	1. 三坐标测量机测头校验 2. 建立零件坐标系 3. 测量特征 4. 尺寸评价 5. 检测报告的生成	现场教学法、对比法、讲授法、练习法、案例法	a22-1、a22-2、a22-3	b22-1、b22-2	c22-1、c22-2、c22-3、c22-4	18
	项目描述： 本项目以汽车换挡手柄模具成型零件为载体，完成零件三坐标测量脱机编程及上机调试的全过程，了解三坐标手动与自动检测过程，学会测头校验与坐标系建立的测量操作基本功及各类特征测量方法，熟悉 PC-DMIS 应用软件的使用方法，理解检测方案的制订过程，并能够出具最终检测报告					

续表

项目名称	教学内容	教学方法	目标达成			参考学时
			知识	能力	素养	
项目六 模具装配与调试	1. 模具零件的研磨与抛光加工 2. 注射模装配工艺规程的编制 3. 型芯的装配 4. 型腔的装配与修整 5. 浇口套的装配 6. 顶出机构的装配 7. 注射模的试模 8. 塑料模试模常见问题及调整	现场教学法、对比法、讲授法、练习法、案例法	a21-7、a21-8	b21-7、b21-8	c21-1、c21-2、c21-3	32
	项目描述： 本项目以汽车换挡手柄为载体，以典型注射模的装配流程为主线，结合现有的模具，分步讲解模具零件的研磨与抛光加工、注射模装配工艺规程的编制、型芯的装配、型腔的装配与修整、浇口套的装配、顶出机构的装配、注射模的试模、塑料模试模常见问题及调整，使学生能够掌握典型注射模的装配流程，并能根据所学知识进行中等复杂程度的注射模装配					
合计						144

二、依托学习项目对接岗位任务谱系优化课程教学项目

模具产业处于我国制造业产业链的前端，具有产值高、效益好、带动作用强的特点。随着生产制造向自动化、智能化方向发展，CAD/CAE/CAM一体化技术、三维设计技术等在机械制造行业的深度应用及物联网技术的发展，模具制造行业在设计及生产制造过程中提升新技术融合能力和软硬件一体化能力，推动生产制造向自动化、智能化方向发展，从而提高模具加工效率和制造精度。在现有技术水平与制造能力的基础上，模具制造行业正逐步通过通信技术、大数据技术、物联网技术的综合集成应用，实现高效化、自动化及智能化升级，全面提升产品设计能力、生产过程控制能力。

智能制造支持下的模具制造行业工作岗位与工作内容发生了深刻的变化：非技能型、条件差、高强度的工作岗位逐渐被智能设备代替，劳动力更多地从事新创造的、高技能型的工作岗位；工作内容由简单繁重的劳作逐渐变为管理、监督、协调等活动。

随着模具制造行业的转型升级，模具制造行业岗位发生了迁移，相应的岗位工作任务及要求也在逐渐发生改变。下面以常州机电职业技术学院模具设计与制造专业课程教学项目优化为例，如图4-6所示。

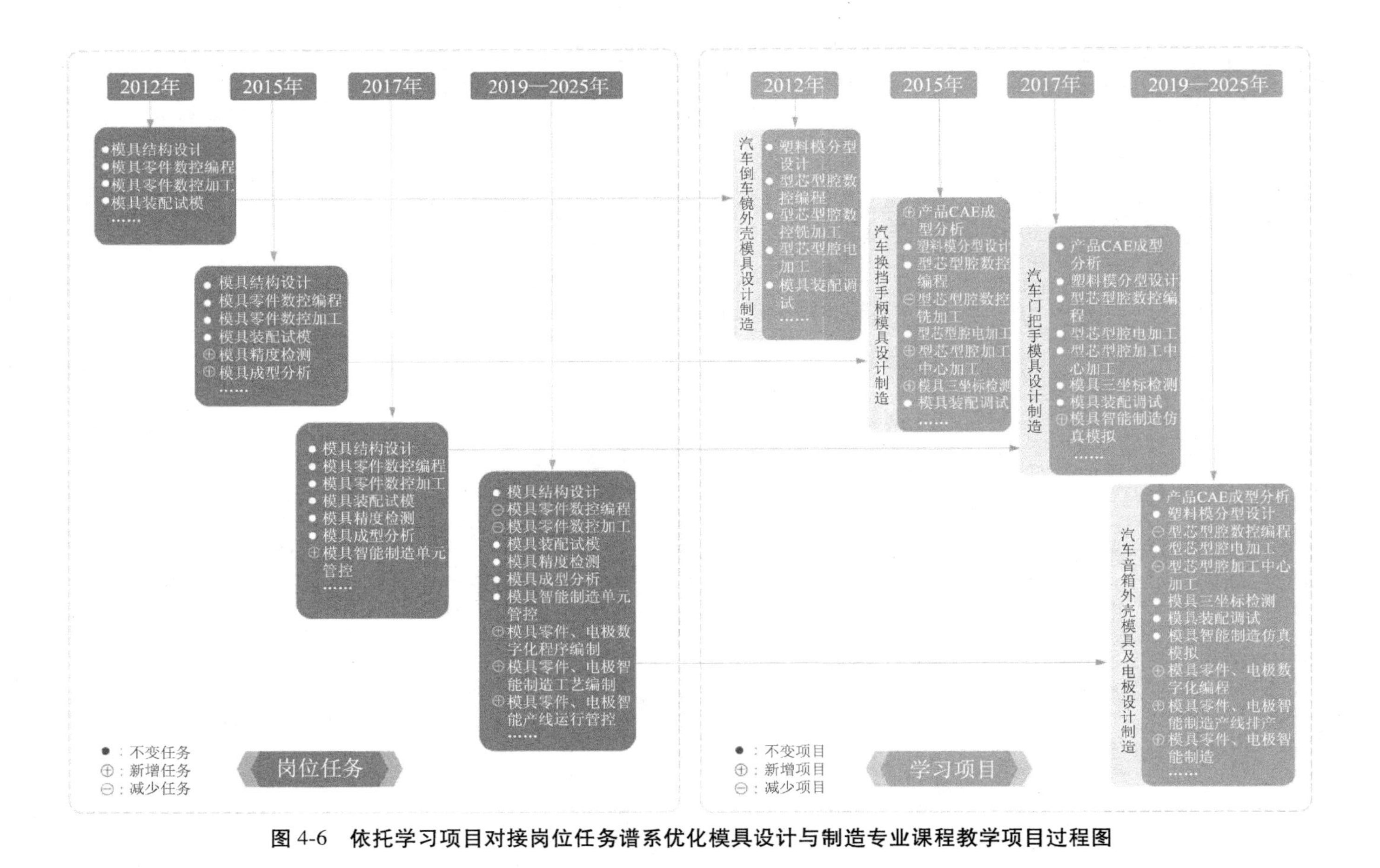

图 4-6　依托学习项目对接岗位任务谱系优化模具设计与制造专业课程教学项目过程图

2012 年，“塑料模具项目创新规划与制造”课程以汽车倒车镜外壳为载体，围绕岗位工作任务及要求，开发了塑料模分型设计、型芯型腔数控编程及加工、模具装配调试等教学项目。随着对产品质量要求的提升，对模具精密度的要求也越来越高，因此，2015 年课程以汽车换挡手柄为载体，增加了产品 CAE 成型分析、模具三坐标检测等内容，以优化教学项目。2017 年，随着智能制造的发展，课程以汽车门把手为载体，结合新技术、新工艺，增加了模具智能制造仿真模拟等内容，以实现教学项目的动态优化。2019 年，随着模具智能制造转型升级，原课程更名为“塑料模智能制造技术综合应用”，以汽车音箱外壳及电极为载体，增加了模具零件、电极数字化编程与智能制造等内容，实时动态优化教学项目，如表 4-8 所示。

表 4-8 2019 年“塑料模智能制造技术综合应用”课程内容及参考学时

<table>
<tr><th rowspan="2">项目名称</th><th rowspan="2">教学内容</th><th rowspan="2">教学方法</th><th colspan="3">目标达成</th><th rowspan="2">参考学时</th></tr>
<tr><th>知识</th><th>能力</th><th>素养</th></tr>
<tr><td rowspan="2">项目一
模具规划</td><td>模具结构设计</td><td>讲授法、练习法、现场教学法、案例法</td><td>a21-1、a21-3、a21-4</td><td>b21-1、b21-3</td><td>c21-1、c21-2、c21-3</td><td>20</td></tr>
<tr><td colspan="6">项目描述：
本项目以汽车音箱外壳及电极为载体，以运用 UG 软件进行注射模设计和 CAM 加工为主线，结合现有的模具，分步讲解塑件工艺分析、分型面的选择、型腔数目及排列方式的确定、推出机构设计、浇注系统设计、冷却系统设计、模架选择与标准件的选用、总装图及零件图的生成，使学生能够掌握注射模设计和 CAM 加工的流程，并能根据所学知识设计中等复杂程度的注射模</td></tr>
<tr><td>项目二
模具零件制造工艺规程的编制</td><td>1. 模具零件工艺分析
2. 模具零件的生产类型
3. 毛坯种类和尺寸的确定
4. 定位基准的选择
5. 主要表面加工方法的选择
6. 模具零件加工工艺路线的确定
7. 工序尺寸、公差及其技术要求的选择
8. 机床、工艺装备、切削用量及时间定额的确定
9. 工艺文件的编制</td><td>对比法、讲授法、练习法、案例法</td><td>a21-2</td><td>b21-2</td><td>c21-1、c21-2、c21-3</td><td>20</td></tr>
</table>

续表

<table>
<tr><th rowspan="2">项目名称</th><th rowspan="2">教学内容</th><th rowspan="2">教学方法</th><th colspan="3">目标达成</th><th rowspan="2">参考学时</th></tr>
<tr><th>知识</th><th>能力</th><th>素养</th></tr>
<tr><td>项目二
模具零件制造工艺规程的编制</td><td colspan="6">项目描述：
本项目以汽车音箱外壳及电极为载体，以典型模具零件制造工艺规程编制流程为主线，结合现有的模具，分步讲解模具零件工艺分析，模具零件的生产类型，毛坯种类和尺寸的确定，定位基准的选择，主要表面加工方法的选择，模具零件加工工艺路线的确定，工序尺寸、公差及其技术要求的选择，机床、工艺装备、切削用量及时间定额的确定，工艺文件的编制，使学生能够掌握注射模典型模具零件制造工艺编制的流程，并能根据所学知识编制中等复杂程度的模具零件制造工艺规程</td></tr>
<tr><td rowspan="2">项目三
模具零件的数控铣削编程与模拟仿真</td><td>1. 模具零件数控加工工艺编制
2. 常用数控编程指令
3. 机床的面板操作
4. 常用的刀具、夹具、量具的选择与使用</td><td>现场教学法、对比法、讲授法、练习法、案例法</td><td>a21-3、a21-4</td><td>b21-3、b21-4</td><td>c21-1、c21-2、c21-3</td><td>25</td></tr>
<tr><td colspan="6">项目描述：
本项目以汽车音箱外壳及电极为载体，以典型模具零件数控加工为主线，结合现有的模具，分步讲解模具零件数控加工工艺编制，CAM 编程，常用数控编程指令，机床的面板操作，常用的刀具、夹具、量具的选择与使用，使学生能够掌握注射模典型模具零件数控加工的过程，并能根据所学知识对中等复杂程度的模具零件进行 CAM 数控编程加工</td></tr>
<tr><td rowspan="2">项目四
模具零件的数控电加工、三坐标编程与模拟仿真</td><td>1. 模具零件的电火花线切割加工
2. 模具零件的电火花成型加工
3. 三坐标测量机测头校验
4. 建立零件坐标系
5. 测量特征
6. 尺寸评价
7. 检测报告的生成</td><td>现场教学法、对比法、讲授法、练习法、案例法</td><td>a21-5、a21-6</td><td>b21-5、b21-6</td><td>c21-1、c21-2、c21-3</td><td>20</td></tr>
<tr><td colspan="6">项目描述：
本项目以汽车音箱外壳及电极为载体，以典型模具零件的电加工过程、三坐标测量脱机编程为主线，结合现有的模具，分步讲解电加工设备和三坐标测量机的操作、参数的设定、穿丝技术、电极的设计与制造、工件与电极的找正、测头校验、坐标系建立、尺寸评价，使学生能够掌握注射模典型模具零件电加工、三坐标测量的过程，并能根据所学知识进行中等复杂程度的模具零件电加工、三坐标测量</td></tr>
</table>

续表

<table>
<tr><th rowspan="2">项目名称</th><th rowspan="2">教学内容</th><th rowspan="2">教学方法</th><th colspan="3">目标达成</th><th rowspan="2">参考学时</th></tr>
<tr><th>知识</th><th>能力</th><th>素养</th></tr>
<tr><td rowspan="2">项目五
模具零件的智能制造</td><td>1. Visual One 系统功能模块应用
2. 机器人抓紧和释放工件的编程
3. 智能线体制造单元的搭建与模拟
4. 组件的信号连接
5. MES 系统的工艺流程管控</td><td>现场教学法、对比法、讲授法、练习法、案例法</td><td>a22-1、
a22-2、
a22-3</td><td>b22-1、
b22-2</td><td>c22-1、
c22-2、
c22-3、
c22-4</td><td>29</td></tr>
<tr><td colspan="6">项目描述:
本项目以汽车音箱外壳及电极为载体，使用 Visual One 平台搭建智能制造产线并进行模拟，运用 MES 系统管控模具智能制造运行，理解智能制造装备的部署，理解电极与精密模具的制造工艺</td></tr>
<tr><td rowspan="2">项目六
模具装配与调试</td><td>1. 模具零件的研磨与抛光加工
2. 注射模装配工艺规程的编制
3. 型芯的装配
4. 型腔的装配与修整
5. 浇口套的装配
6. 顶出机构的装配
7. 注射模的试模
8. 塑料模试模常见问题及调整</td><td>现场教学法、对比法、讲授法、练习法、案例法</td><td>a21-7、
a21-8</td><td>b21-7、
b21-8</td><td>c21-1、
c21-2、
c21-3</td><td>30</td></tr>
<tr><td colspan="6">项目描述:
本项目以汽车音箱外壳及电极为载体，以典型注射模的装配流程为主线，结合现有的模具，分步讲解模具零件的研磨与抛光加工、注射模装配工艺规程的编制、型芯的装配、型腔的装配与修整、浇口套的装配、顶出机构的装配、注射模的试模、塑料模试模常见问题及调整，使学生能够掌握典型注射模的装配流程，并能根据所学知识进行中等复杂程度的注射模装配</td></tr>
<tr><td colspan="6">合计</td><td>144</td></tr>
</table>

第四节　考核标准对接职业标准谱系的应用

一、依据考核标准对接职业标准谱系开发考核标准并形成考核体系

国家职业技能标准是在职业分类的基础上，根据职业活动内容，对从业人员的理论知识和技能要求提出的综合性水平规定。它是开展职业教育培训和人才技能鉴定评价的基本依据。因此，职业教育学业考核标准（考核标准）对接国家职业技能标准（职业标准），能有效改善职业教育教学效果，提升学生胜任相关岗位的职业能力。

下面以常州机电职业技术学院模具设计与制造专业为例。

模具设计与制造专业基于对产业岗位工作任务、工作能力要求的分析，以岗位工作任务开展过程为依据，将学业考核标准与国家职业技能标准进行对接，构建了学生自评、教师主评、企业参评的多元主体考评体系。通过学生自评，强调学生对自己行为的反思、品味和调控，突出学生自我认知、自我调控、自我完善、自我发展等自我教育和自我管理能力的培养，同时使每个学生都能学会掌握标准、抓住特点，从不同角度评价自己、反思自己、体验自己，达到奋发向上、发展自己的目的。以教师主评为考评体系的核心，以岗位工作能力实现为中心，依据国家职业技能标准，匹配设置考评体系中各项标准的参数。不但要关注学生的学业成绩，还要能发掘和发挥学生多方面的潜能，从而促进学生自主学习和发展。

常州机电职业技术学院 2017 年模具设计与制造专业考核标准如图 4-7 所示。

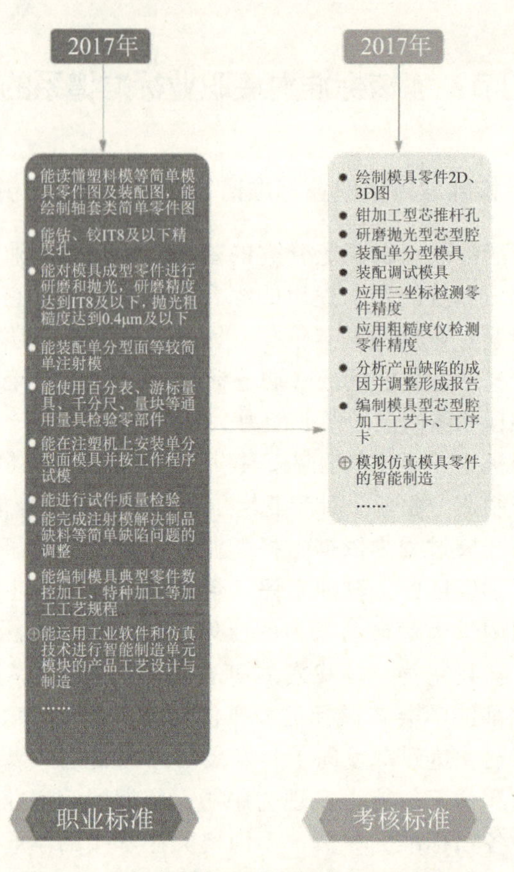

图 4-7 2017 年模具设计与制造专业考核标准

二、依托考核标准对接职业标准谱系优化考核标准并创新考核体系

《国家职业技能标准汇编（2019 年版）》收录了我国办事人员和有关人员，社会生产服务和生活服务人员，农、林、牧、渔业生产及辅助人员，生产制造及有关人员共 143 个职业（工种）的国家职业技能标准。每个国家职业技能标准均包括职业概况、基本要求、工作要求和权重表等方面的内容，对各职业的职业功能、工作内容、技能要求和相关知识要求做了明确规定。

以常州机电职业技术学院模具设计与制造专业为例，对接模具工国家职业技能标准（高级），要求具备掌握复杂模具图的识读方法、零件图的绘图方法、部件加工工艺、模具装配方法及读懂各类模具装配图，绘制模具零件图等相关知识和技能。模具设计与制造专业不断优化学业考核标准，明确了绘制模具零件 2D、3D 图，钳加工型芯推杆孔，研磨抛光型孔，装配单分型模具，手工检测模具零件精度，装配调试模具等相关知识和技能要求。随着产业的转型升级及《智能制造工程技术人员国家职业技术技能标准（2021 年版）》的颁布实施，模具设计与制造专业对接职业标准，要求具备运用工业软件和仿真技术进行智能制造单元模块的产品工艺设计与制造及掌握建模与仿真技术应用方法、CAD/CAE/CAM 工业软件使用方法等相关知识和技能，在原制定的学业考核标准中，增加了模拟仿真模具零件的智能制造，模具零件、电极智能产线运行及管控等相关知识和技能要求，使专业学业考核标准实时动态优化。

同时，以能力素养集为基准，以典型学习项目为载体，突破期末一张卷评价的片面性，创新了“学业报告+成果展评”的评价方法，解决了评价重结果轻方法过程、重知识轻素质技能的问题，形成了“过程追问、成果佐证”的评价模式，提高了评价的全面性和准确性；把“学习过程+考核过程”白箱化，将考核过程融入学习过程，实时反馈改进，学教互促，拓展了评价功能；校企共同评价，缩小学生能力画像与企业岗位需求偏离度，促进人岗适配，形成“目标—过程—结果—就业”质量评价闭环，促进岗学教评一致。

常州机电职业技术学院依托考核标准对接职业标准谱系优化模具设计与制造专业考核标准的过程如图 4-8 所示。

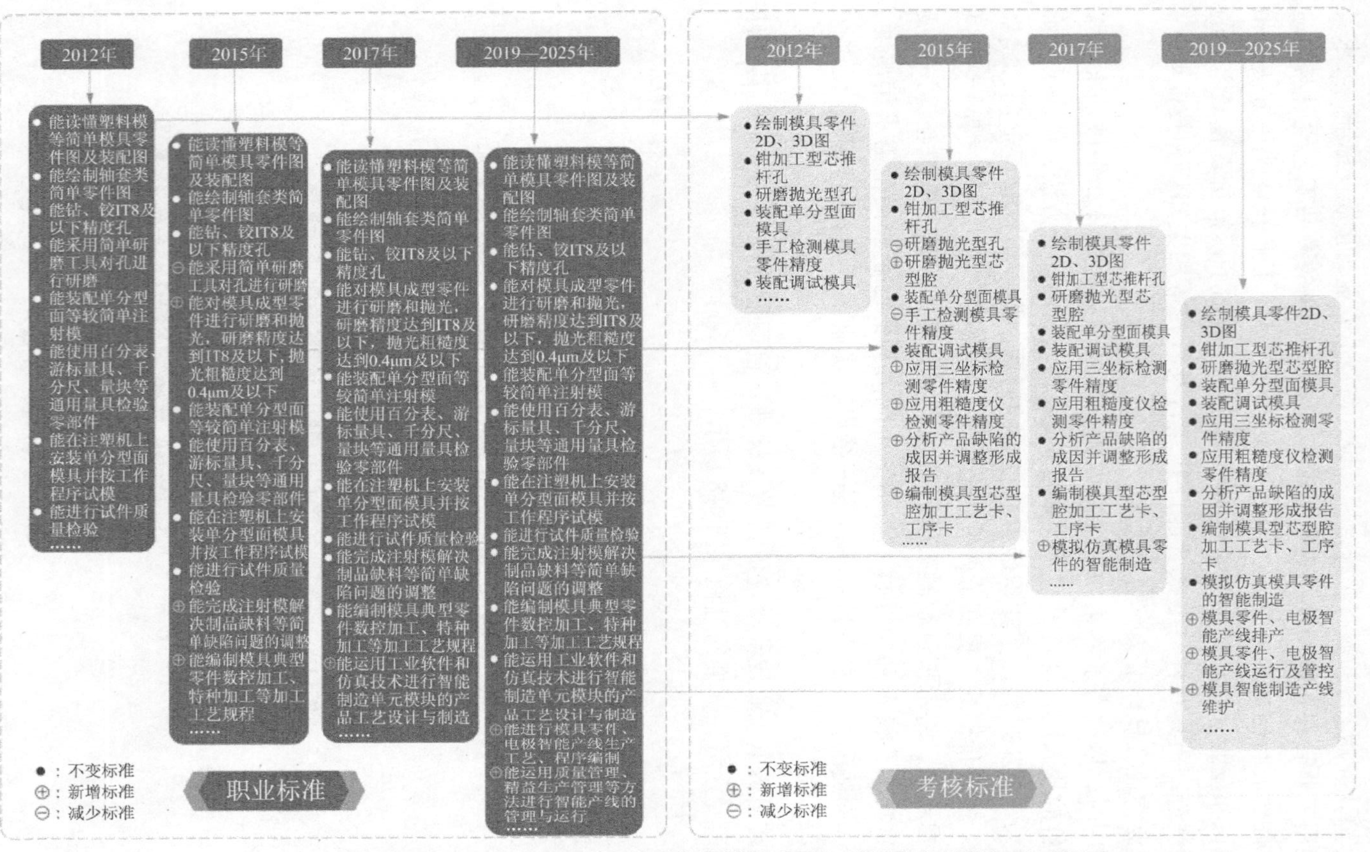

图 4-8　依托考核标准对接职业标准谱系优化模具设计与制造专业考核标准过程图

第五章

谱系学理论在智能制造人才培养中的创新成果

常州机电职业技术学院立足服务区域智能制造产业，践行全人教育理念，坚持产教融合、政行企校协同，精准定位产业链与专业群关键要素，研制产教对接谱系，揭示了专业群随动产业链变革的时间、内容的变化规律，创建了产教融合生态系统模型，如图 5-1 所示。产教对接谱系科学指导学校专业群组建、人才培养方案制订、能力素养集开发、全流程项目构建、评价体系设计，学校践行“立德与强技目标合一、学生与员工身份合一、学习与劳动项目合一”，形成了“产教对接谱系指引、岗学教评一致”的专业群人才培养模式（图 5-2），缩小了人才供需偏离度，为专业群人才培养契合产业链需求提供了理论指导和实践导向。

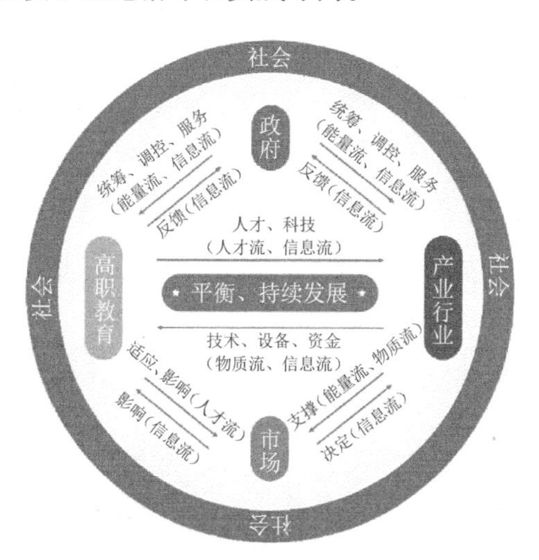

图 5-1　产教融合生态系统模型

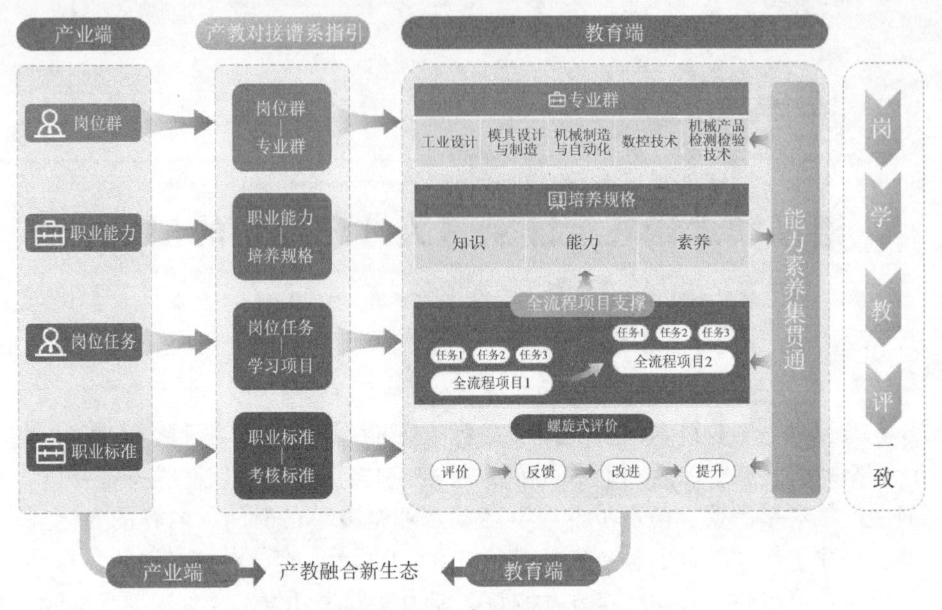

图 5-2　智能制造专业群人才培养模式

第一节　创新成果1：形成专业群人才培养方案

一、基本信息

本专业群包括工业设计、模具设计与制造、机械制造与自动化、数控技术、机械产品检测检验技术五个专业。

二、职业面向

本专业群面向的岗位主要有工业设计师、三维数字建模师、产品结构设计师、模型制作师、模具设计师、数字化编程员、模具装配与调试工、模具智能制造员、机床操作员、生产调度员、数控程序员、数控工艺员、CAD/CAM软件应用技术员、数控机床操作调整工、品管检验员、三坐标检验员、质量技术员、质检员、无损检测技术员等。下面列举部分岗位的工作任务、职业资格（技能）证书及核心工作能力要求。

（一）工业设计师

1. 工作任务

（1）消费者行为研究，产品及流行趋势分析。

（2）完成产品项目立项可行性调研，参与系统方案设计。

（3）负责产品概念设计和设计提案。

（4）负责产品开发阶段项目跟进与检讨修正，商品上市后用户反馈收集整理及产品改进。

（5）提出产品结构设计、零件加工工艺等方面的要求。

（6）负责产品 CMF 设计及材料与工艺创新。

（7）有较强的美术基础手绘表现能力，熟练掌握外观设计类 2D、3D 软件，擅用 Pro/E。

（8）沟通表达能力强，有团队合作精神，关注生活，洞察力敏锐，熟悉各前沿领域。

2. 职业资格（技能）证书

数字创意建模、AutoCAD、Alias、CATIA 证书。

3. 核心工作能力

（1）能根据项目需求撰写产品设计调研及流行趋势分析报告。

（2）熟练应用手绘板、马克笔等工具根据产品创意进行前期创意设计表现。

（3）善用人机工程学提出产品的合理人机方案。

（4）熟练运用 Rhino、Croe 软件快速进行三维建模及渲染，并根据模具、结构等工艺实时调整方案。

（5）能根据产品设计提出基本的 CMF 方案。

（二）三维数字建模师

1. 工作任务

（1）根据三视图、效果图或设计手绘稿完成产品模型的正向构建。

（2）根据油泥模型扫描数据完成产品模型的逆向构建。

（3）根据设计、工程的进一步输入完成数据模型的更新。

（4）在已有数据模型上完成数据的优化工作。

（5）与项目有关的其他数据工作。

（6）熟练运用参数化软件进行曲面建模。

2. 职业资格（技能）证书

数字创意建模证书。

3. 核心工作能力

（1）能运用三维建模软件进行产品三维数字建模。

（2）能根据草图和图纸进行产品三维数字建模。

（3）能利用已有扫描数据进行产品改型三维数字模型修改。

（4）能运用 KeyShot、C4D 等软件渲染产品设计方案效果图。

（三）产品结构设计师

1. 工作任务

（1）参与产品开发项目立项可行性调研，参与系统方案设计。

（2）制订结构设计方案和项目计划，研究开发新结构、新技术，提升产品性能和质量。

（3）承担产品结构、零件的详细设计。

（4）承担样机的研制、调试和相关技术。

（5）公差分析和 DFMA（面向制造和装配的设计）检查。

（6）与制造工程师进行模具检讨。

（7）模具样品检讨、设计更改和零件最终确认。

（8）为 EMI、ESD、安全和可靠性等各种测试提供机械支持。

（9）解决产品开发中的问题、问题跟踪及与客户讨论技术问题。

（10）为产品的量产提供技术支持。

2. 职业资格（技能）证书

数字创意建模、AutoCAD、Alias、CATIA 证书。

3. 核心工作能力

（1）能快速读懂效果图，理解设计师的意图。

（2）能设计产品零件。

（3）能设计与制造模具。

（4）能装配零件。

（5）能合理选择材料与工艺。

（四）模型制作师

1. 工作任务

（1）模型制作。

（2）模型表面处理。

（3）产品逆向扫描。

（4）配合设计师完善设计方案。

2. 核心工作能力

（1）具备较强的空间造型能力。

（2）能快速读懂效果图，理解设计师的意图。

（3）能操作数控加工设备，加工油泥模型。

（4）能根据评审需要，制作产品各个阶段的模型。

（5）能配合设计师完善产品造型。

（五）模具设计师

1. 工作任务

（1）对塑件产品的结构进行分析。

（2）运用计算机辅助设计软件进行产品造型、模具分型、模架选用等三维设计。

（3）运用计算机辅助设计软件进行模具零件工程图、模具总装图绘制。

（4）运用计算机辅助分析软件进行模具成型数字化分析。

2. 职业资格（技能）证书

模具设计师证书（江苏省模具行业协会）。

3. 核心工作能力

（1）能解决复杂模具设计问题并实施解决方案。

（2）能选择最佳模具设计方案。

（3）能分析产品需求并进行设计。

（六）数字化编程员

1. 工作任务

（1）识读模具零件图。

（2）根据模具零件要求制定零件加工工艺。

（3）选用合理的加工刀具及工艺参数。

（4）运用计算机辅助加工软件进行模具零件加工程序的编制及模拟仿真。

（5）使用计算机网络链接将命令从服务器传输到计算机数控（CNC）模块。

2. 职业资格（技能）证书

铣工、电切削工证书。

3. 核心工作能力

（1）能进行模具零件的 CAM 编程。

（2）能对编制的模具零件加工程序进行模拟分析。

（3）能选择最佳模具零件加工程序编制工艺方案。

（七）模具装配与调试工

1. 工作任务

（1）识读模具零件图和装配图。

（2）根据图纸要求制定装配工艺。

（3）使用精密测量设备进行模具零件、装配部件的检测。

（4）使用成型设备进行模具的调试。

（5）对模具试模制件进行形状、尺寸、外观等方面的检测分析。

2. 职业资格（技能）证书

钳工、模具工证书。

3. 核心工作能力

(1) 能对制件缺陷产生的原因进行分析并实施解决方案。

(2) 能选择最佳模具装配工艺方案。

(3) 能对制件的尺寸、形状进行检测分析。

(八) 模具智能制造员

1. 工作任务

(1) 识读模具零件图。

(2) 根据模具零件要求制定零件加工工艺流程。

(3) 编制机器人应用程序。

(4) 实施产线自动生产编排。

(5) 监视与调整生产过程的质量。

2. 核心工作能力

(1) 能对产线自动生产中出现问题的原因进行分析并实施解决方案。

(2) 能运用智能产线进行模具零件加工工艺的合理编排及实施。

(3) 能对模具零件的尺寸、形状进行产线上的自动检测分析。

(4) 能对智能产线执行例行维护，并确定何时维护及需要哪种维护。

(九) 三坐标检验员

1. 工作任务

(1) 负责三坐标测量，确保测量结果准确，记录测量数据，出具检测报告。

(2) 配合完成新零件测量程序编制。

(3) 制订三坐标测量计划，对三坐标设备进行日常点检及维护。

(4) 负责计量分析及数据统计，以及计量仪器的使用及维护。

(5) 协助制定计量与三坐标测量管理程序、操作规程。

2. 职业资格（技能）证书

操作员、检测工程师（中级）（海克斯康）及无损检测员（中级）证书。

3. 核心工作能力

(1) 熟悉加工原理。

(2) 熟练操作相关 3D 软件。

(3) 熟练操作 CMM 测量软件。

(4) 具备一定的测量数据的分析能力。

(5) 熟练运用 Office 系列办公软件。

（十）质量技术员

1. 工作任务

（1）协助质量经理完善公司的质量检验、供应商的质量管理等制度和流程。

（2）负责原材料、自制件、外协件检验数据的收集、汇总和分析。

（3）负责检验日报的统计与分析，并将报表发给质量经理。

（4）协助制造部门对加工和装配过程中出现的质量问题进行处理，将超出处理能力范围的质量问题立即反馈给质量经理。

（5）协助质量经理完成对重大质量事故的分析和处理。

（6）负责公司各项目冲压、装配过程的检验。

（7）负责对供应商供货实施检验并统计供应商交货一次合格率，把分析报告发给质量经理。

（8）负责不定期对供应商的分供方进行现场调查。

（9）收集、汇总供应商质量数据，并提交质量经理作为供应商考核评估的依据。

（10）及时更新质量看板。

（11）宣讲近期质量数据和培训质量意识。

（12）负责新员工的质量培训工作。

（13）完成上级交办的其他事宜。

2. 核心工作能力

（1）了解原材料、生产过程、质量控制、成本及其他使货物有效制造和产量最大化的技术。

（2）熟悉加工工艺和质量等方面的专业知识。

（3）对产品、服务或过程进行测试和检查，具有良好的分析、解决工件质量问题的能力，以评估质量或性能。

（4）善于内外部沟通、指导，具有独立工作的能力。

（5）熟练运用 Office 系列办公软件及 AutoCAD 软件或相关软件。

（十一）质检员

1. 工作任务

（1）负责产品的质量检验，根据产品质量控制标准，对产品进行首检、过程检验、末件检验，包括对外协件的检验，做好产品品质标识，并做好相关的检验记录。

（2）发现问题及时通知生产人员，协助整改并跟进确认效果，直至合格。

（3）保管与现场质量相关的样品。

（4）做好数据统计，保证记录真实、有效且完整。

2. 核心工作能力

（1）熟悉相关的检验标准与公差要求。

（2）熟悉机械制造工序。

（3）熟练操作CMM、游标卡尺、千分尺、角度尺等测量工具。

（4）能看懂机械图纸。

（5）熟练运用Office系列办公软件。

（十二）无损检测技术员

1. 工作任务

（1）根据适用的规范、标准、程序解释或评估检测结果。

（2）应用无损检测技术检查产品或材料，如飞机、火车、汽车零部件等。

（3）选择、校准或操作用于产品或材料无损检测的设备。

（4）记录无损检测方法、过程或结果。

（5）应用射线照相技术在胶片上形成物体的图像。

2. 核心工作能力

（1）能对金属材料工件进行渗透探伤。

（2）能对锻件及焊缝进行超声波探伤。

（3）能看懂X射线片。

（4）能对管材进行涡流探伤。

（5）能正确理解和运用相应的检测标准。

（6）能熟练并正确地编制检测工艺文件。

三、培养目标

本专业群培养具有社会主义核心价值观，德、智、体、美、劳全面发展，具有一定的科学文化水平，具备“政治素质、人文情怀、职业道德、工匠精神”，有较强的就业能力、可持续发展能力及一定的创新能力，掌握工业设计、模具设计与制造、机械制造与自动化、数控技术、机械产品检测检验技术专业相关知识和技能，面向汽车零部件制造行业，能够从事汽车零部件外观设计、结构设计、模型制作、产品塑料模具设计、夹具设计、智能制造、产品检测等工作的高素质、复合型、创新型技术技能人才。学生毕业3年后，应该承担工业设计、塑料模具设计、模具智能制造、模具项目管理等职责，达到项目工程师水平。

四、培养规格

（一）专业通用培养规格

1. **知识**

0-1-1：掌握机械制图和计算机基本操作知识。

0-1-2：掌握机械设计基础理论和基本知识。

0-1-3：掌握公差配合与技术测量、误差分析与数据处理的基础理论和基本知识。

0-1-4：掌握钳工基本操作方法。

0-1-5：掌握汽车发动机、底盘和车身各组成系统零部件的结构。

0-1-6：掌握人工智能的搜索技术及相关应用。

0-1-7：掌握电工电子技术基础理论和基本知识。

2. **能力**

0-2-1：能够识读及绘制机械零件图和装配图。

0-2-2：能够解析机械装备的工作过程及各传动、各零部件的作用。

0-2-3：能够进行锯、锉等钳工操作。

0-2-4：能够运用标准、规范、手册、图册等有关技术资料。

0-2-5：能够使用通用计量器具开展测量。

0-2-6：能够使用各种电工电子仪表，安全用电。

0-2-7：能够分析汽车零部件之间的相互作用关系。

0-2-8：能够进行人工智能的知识表示。

3. **素养**

0-3-1：具有质量意识、环保意识、安全意识、信息素养、工匠精神、创新思维。

（二）专业专项培养规格

1. **工业设计专业培养规格**

（1）知识。

1-1-1：了解美学基本规律。

1-1-2：掌握设计的基本原理及方法。

1-1-3：掌握市场分析和用户研究方法。

1-1-4：熟悉工程技术知识及其应用。

1-1-5：熟悉产品结构设计基础知识。

1-1-6：熟悉材料与工艺基础知识。

1-1-7：掌握模型制作方法及流程。

1-1-8：熟悉产品制造与装配基础知识。

1-1-9：了解人机交互技术及其应用。

1-1-10：了解成本预算与控制相关知识。

1-1-11：掌握文案和报告撰写的基本规范。

（2）能力。

1-2-1：运用手绘表现技法，绘制构思草图。

1-2-2：善用软件工具，构建设计方案的数字化模型和效果图。

1-2-3：制作产品的实物模型。

1-2-4：评价产品或设计方案的优劣。

1-2-5：创新产品的形式与功能。

1-2-6：创新产品的材料与工艺。

1-2-7：规划产品的结构。

1-2-8：分析市场，研究用户。

1-2-9：撰写提案报告。

1-2-10：设计人机交互界面。

（3）素养。

1-3-1：具有良好的创新意识。

1-3-2：具有严谨的工作作风。

1-3-3：具有与上下游工作伙伴及上下级沟通、团队协作意识。

1-3-4：具有科学的探索精神。

1-3-5：具有一定的科学素养、人文涵养和艺术审美能力。

1-3-6：具有社会责任感，爱岗敬业，懂得尊重、关爱和帮助他人。

2. 模具设计与制造专业培养规格

（1）知识。

2-1-1：了解气动与液压知识。

2-1-2：掌握模具设计相关知识。

2-1-3：掌握机械加工、特种加工工艺知识。

2-1-4：掌握数控编程基本知识。

2-1-5：了解工程材料的性能及加工知识。

2-1-6：掌握智能制造技术相关知识。

2-1-7：掌握塑料模具试模与产品缺陷分析基本知识。

2-1-8：掌握模具企业生产与技术管理相关知识。

（2）能力。

2-2-1：能够对制件结构进行分析并提出优化的合理建议。

2-2-2：具备运用塑料模具结构和软件等知识，设计典型侧向抽芯注射模并绘制 2D、3D 图的能力。

2-2-3：能够运用计算机辅助分析软件进行模具成型分析并进行模具结构优化设计。

2-2-4：具备应用模具智能制造技术，合理编制模具工艺、独立加工模具零件的能力。

2-2-5：能够对编制的模具零件程序进行模拟分析和优化。

2-2-6：能够进行模具的安装、修配及调试。

2-2-7：具备对试模制件缺陷的成因进行分析并采取措施解决的能力。

2-2-8：掌握三维检测知识，能够进行塑料模具零件及产品检测的基本操作。

2-2-9：掌握逆向设计与快速成型知识，能够进行塑料产品逆向设计和快速成型。

（3）素养。

2-3-1：具有科学的世界观、人生观和价值观及社会主义荣辱观；具有法律意识；具有坚定正确的政治方向，热爱祖国，拥护中国共产党的领导。

2-3-2：对文学、哲学、历史、艺术等人文社会科学有一定的了解，具有一定的文化品位、审美情趣和艺术修养。

2-3-3：能够正确面对困难、压力和挫折，具有积极进取、乐观向上的心理素质。

2-3-4：具有求真务实、精益求精的工匠精神。

2-3-5：具有自主学习、求实创新和不断进取的创新精神。

2-3-6：具有吃苦耐劳的作风和爱岗敬业的精神；具有良好的职业道德和社会责任心；具有自觉劳动的意识。

2-3-7：具有与他人沟通、合作及团队协作能力。

3. 机械制造与自动化专业培养规格

（1）知识。

3-1-1：掌握机械工程材料基本知识。

3-1-2：掌握普通机床和数控机床操作基本知识。

3-1-3：掌握典型零件加工工艺的编制，机床、刀具、量具、工装夹具的选择和设计的基本知识。

3-1-4：掌握数控编程相关知识。

3-1-5：掌握液压与气动控制、电工电子技术、PLC 编程的基本知识。

3-1-6：掌握必备的企业管理相关知识。

3-1-7：了解机械制造方面的最新发展动态和前沿加工技术。

（2）能力。

3-2-1：能够熟练运用一种三维数字化设计软件进行零件、机构和工装的造型与设计。

3-2-2：能够进行机械零件制造工艺编制、数控程序编制与工艺实施。

3-2-3：能够依据操作规范，对普通机床、数控机床、自动化生产线等设备进行操作使用和维护保养。

3-2-4：能够进行机械零件的常用和自动化工装夹具设计。

3-2-5：能够对机械零件加工质量进行检测、判断和统计分析。

3-2-6：能够依据企业的生产情况，制定和实施合理的管理制度。

（3）素养。

3-3-1：坚定拥护中国共产党的领导，在习近平新时代中国特色社会主义思想的指引下，践行社会主义核心价值观，具有深厚的爱国情感和民族自豪感。

3-3-2：崇尚宪法、遵纪守法、崇德向善、诚实守信、尊重生命、热爱劳动，履行道德准则和行为规范，具有社会责任感和社会参与意识。

3-3-3：具有质量意识、环保意识、安全意识、信息素养、工匠精神、创新思维。

3-3-4：具有探究学习、终身学习、分析问题和解决问题的能力。

3-3-5：具有良好的语言文字表达能力和沟通能力。

4. 数控技术专业培养规格

（1）知识。

4-1-1：了解数控相关设备及零部件硬件知识，掌握数控程序相关知识。

4-1-2：掌握机器和工具的设计、使用、维修、保养等知识。

4-1-3：掌握算术、代数、几何、微积分、统计知识及其应用。

4-1-4：了解原材料、生产过程、质量控制、成本及其他使货物有效生产和产量最大化的技术。

4-1-5：了解机械工程图和模型设计的技术、工具和原理的知识。

4-1-6：了解工程科学技术的实际应用知识，将原理、技术、程序和设备应用于各种商品和服务的设计与生产。

4-1-7：了解与业务和管理有关的战略规划、资源分配、人力资源建模、领导技巧、生产方法及人员和资源的协调。

（2）能力。

4-2-1：能够根据工艺要求编制零件加工程序。

4-2-2：能够监视和评估自己、他人或组织的绩效，以进行改进或采取纠正措施；了解新信息对当前和未来的问题解决与决策的影响。

4-2-3：能够识别复杂问题并查看相关信息，以开发和评估选项并实施解决方案。

4-2-4：能够考虑选择最合适的潜在行动的相对成本和收益，使用逻辑推理来识别替代解决方案或解决问题的方法的优缺点。

4-2-5：能够观察量规或其他指示器，以确保机器正常工作；控制设备或系统的操作；确定操作错误的原因并确定如何解决；对设备执行例行维护，并确定何时维护及需要哪种维护。

4-2-6：能够对产品、服务或过程进行测试和检查，以评估质量或性能。

（3）素养。

4-3-1：具有在近距离看到细节的能力，想象事物在移动后或部件移动或重新排列时的外观的能力，分辨出什么时候出错或可能出错的能力。

4-3-2：具有根据特定规则或一组规则以某种顺序或模式排列、组合事物或动作的能力，将一般规则应用于特定问题以产生有意义的答案的能力。

4-3-3：具有聆听和理解通过口头语言表达的信息与想法的能力；能够阅读和理解以书面形式表达的信息与想法；具有以书面形式交流信息和思想的能力，以便他人理解。

4-3-4：具有快速正确地进行加、减、乘、除的能力，选择正确的数学方法或公式来解决问题的能力。

4-3-5：身康心健，品行端正，具有社会责任感，能够有效管理和调控自己的情绪与压力，在一段时间内专注于一项任务而不会分心。

5. 机械产品检测检验技术专业培养规格

（1）知识。

5-1-1：掌握工程材料及热加工的基础理论和基本知识。

5-1-2：掌握产品零件形状数据采集、3D 建模与增材制造的相关知识。

5-1-3：掌握三坐标检测技术应用的相关知识，熟悉在线检测、自动化测量等现代检测技术及其应用的相关知识。

5-1-4：熟悉无损检测等检测技术的基本原理与方法。

5-1-5：掌握机械加工工艺分析的基本知识。

5-1-6：掌握检具设计与加工的相关知识。

5-1-7：了解工业机器人、数控机床、传感器等智能制造领域的相关检测技术及其应用。

（2）能力。

5-2-1：具有基本的机械产品、检具设计与制造的能力。

5-2-2：具有机械产品数据采集、3D 建模与增材制造的能力。

5-2-3：能够快速判断出机械加工的方法并选择合适的检测手段。

5-2-4：能够对机械产品的硬度、疲劳强度等机械性能进行检测。

5-2-5：能够对机械产品的加工质量进行检测、分析和处理并撰写检测报告。

5-2-6：能够熟练使用现代测量设备对常用机械产品进行检测。

5-2-7：能够应用无损检测技术进行检测。

5-2-8：能够结合智能制造领域，应用在线检测、自动化测量等新技术进行检测。

（3）素养。

5-3-1：坚定拥护中国共产党的领导，在习近平新时代中国特色社会主义思想的指引下，践行社会主义核心价值观，具有深厚的爱国情感和民族自豪感。

5-3-2：崇尚宪法、遵纪守法、崇德向善、诚实守信、尊重生命、热爱劳动，履行道德准则和行为规范，具有社会责任感和社会参与意识。

5-3-3：具有质量意识、环保意识、安全意识、信息素养、工匠精神、创新思维。

5-3-4：勇于奋斗、乐观向上，具有自我管理的能力和职业生涯规划的意识，以及较强的集体意识和团队合作精神。

5-3-5：具有健康的体魄、心理和健全的人格，掌握基本运动知识和1—2项运动技能，养成良好的健身与卫生习惯及良好的行为习惯。

5-3-6：具有一定的审美情趣和人文素养，能够形成1—2项艺术特长或爱好。

五、课程设置及要求

（一）课程对培养规格的支撑

1. 专业基础课程对培养规格的支撑(表5-1)

表5-1 专业基础课程对培养规格的支撑

序号	课程名称	课程目标	培养规格
1	机械制图	1. 熟知与机械制图相关的国家标准和规范 2. 能理解正投影理论及三视图的形成原理 3. 能进行空间想象和思维，能运用形体分析法绘制组合体三视图 4. 能识读合理表达机件内外结构形状的各种方法 5. 能识读简单机械零件图（图形、尺寸、技术要求等） 6. 能绘制简单机械零件图（图形、尺寸、技术要求等） 7. 能识读简单装配结构 8. 能爱岗敬业、履行职责、养成情感、磨砺意志，具有良好的劳动素养	0-1-1 0-2-1 0-3-1

续表

序号	课程名称	课程目标	培养规格
2	电工电子技术基础	1. 熟知直流电路的基本概念，能用多种方法分析简单直流电路，会识读基本电路图 2. 熟知正弦交流电路的基本概念和各种表示方法，会分析计算 RLC 串联交流电路中的各个参数，具备安全用电常识 3. 熟悉二极管、三极管的性质及其模型，会对单级共射放大电路进行分析计算 4. 熟知基本逻辑门电路的逻辑关系及表示方法 5. 能熟练使用各种电工电子仪表，对常用电子器件有一定的检测能力，养成良好的电路求解习惯 6. 能爱岗敬业，具有良好的劳动素养	0-1-7 0-2-6 0-3-1
3	机械设计基础	1. 善用规定的符号表达平面机构和简单机械装置的工作原理 2. 熟练掌握机械装置中常用机构的工作原理、类型、特点，通用机械零件的工作原理、特点、结构、标准 3. 善用规定的符号表达各个参数，会进行相关计算 4. 能对机构、机械装置进行运动分析和受力分析，能分析实际生产中所用机构的特点、特性，能分析各传动、零件应用的合理性 5. 能遵守国家标准，能运用标准、规范、手册、图册等有关技术资料，合理选用常用机构、通用机械零件 6. 具有工匠精神和劳动素养，能爱岗敬业、遵章守纪 7. 能分析通用机械零件常见失效原因 8. 知道常用机构、通用机械零件的设计过程，具有自主学习能力和机械创新意识	0-1-2 0-2-1 0-3-1
4	公差配合与技术测量	1. 能知晓什么是互换性，正确解读实现互换性的条件 2. 能熟用极限与配合国家标准，正确识读尺寸公差标注 3. 能熟用几何公差国家标准，正确识读几何公差标注 4. 能熟用表面粗糙度国家标准，正确识读表面粗糙度标注 5. 能熟练使用普通计量器具，开展机械精度测量 6. 能善用国家标准，解决机械精度实践问题 7. 遵章守纪，具有自主、创新的工匠精神 8. 能与团队其他成员进行良好的协调合作，具有自觉劳动的意识	0-1-3 0-2-4 0-2-5 0-3-1

续表

序号	课程名称	课程目标	培养规格
5	钳工实训	1. 能自觉执行标准操作程序和安全操作规程 2. 能正确使用钳工常用量具，测量数据准确 3. 会正确使用画线工具，按图进行平面画线、敲样冲眼 4. 能以正确的姿势及方法按要求进行材料锯削 5. 能以正确的姿势及方法按要求进行平面锉削 6. 能按照图纸要求，在普通材料上完成钻孔和攻丝 7. 能在实训中遵守7S管理制度	0-1-4 0-2-3 0-3-1
6	AutoCAD集训	1. 熟知与机械制图相关的国家标准和规范 2. 熟练使用该软件常用绘图命令及编辑命令 3. 能进行各类尺寸及其公差标注 4. 能用该软件完成中等复杂程度零件图的绘制 5. 能正确标注表面结构符号和几何公差代号 6. 能进行空间想象和思维，能绘制零件所需视图 7. 能撰写零件图中的技术要求，能完整填写标题栏	0-1-1 0-2-1 0-3-1
7	人工智能概论	1. 熟知人工智能的时代意义、研究内容及应用价值 2. 会进行人工智能的知识表示 3. 能理解并描述人工智能的推理方法及思想 4. 能理解人工智能的搜索技术及相关应用 5. 能理解人工智能的常用算法思想及应用 6. 能熟悉机器学习技术及应用 7. 能熟悉人工神经网络及深度学习理论的思想 8. 具有严谨的工作作风，能建立客观的评价标准 9. 具有正确的价值观，能树立技术强国的专业理想 10. 具有自主学习的能力和持续学习的习惯，以及终身学习的意识 11. 具有全局观念和团队协同工作的能力 12. 能树立创新理念，运用基本的创新方法，有一定的创新或创业意识和能力	0-1-6 0-2-8 0-3-1
8	汽车构造	1. 熟知汽车的总体构造，区分不同类型的汽车及其布置形式 2. 熟知汽车发动机两大机构的结构组成，了解各机构的工作原理 3. 熟知汽车发动机五大系统的结构组成，了解各系统的工作原理 4. 熟知汽车传动系统的结构组成，了解汽车传动原理 5. 熟知汽车行驶系统的结构组成，了解汽车行驶原理 6. 熟知汽车转向系统的结构组成，了解汽车转向原理 7. 熟知汽车制动系统的结构组成，了解汽车制动原理 8. 熟知汽车车身各部分的结构及其附属设备 9. 具有工匠精神、团队意识、爱岗敬业、遵守纪律等良好的职业素养	0-1-5 0-2-7 0-3-1

2. 专业专项课程对培养规格的支撑(表 5-2 至表 5-6)

表 5-2　工业设计专业专项课程对培养规格的支撑

序号	课程名称	课程目标	培养规格
1	产品设计手绘表现技法	1. 掌握产品设计手绘基本知识和操作方法 2. 能使用马克笔、色粉笔、彩铅等工具，表达产品的色彩、光影、材料与工艺 3. 能在产品手绘完成时，清理桌面，履行设计师的职业操守 4. 能通过设计表达产品的创意、构思转化图形，并综合运用所学的知识手绘，实现产品手绘表达 5. 利用小组设计养成团队协作的习惯	1-1-1 1-1-2 1-2-1 1-3-1 1-3-5
2	专业认知考察	1. 熟知工业设计公司现在的服务对象及服务内容 2. 熟知企业中工业设计部门的工作职责和工作流程 3. 熟知工业设计工作流程中所需的技术及设备 4. 熟知工业设计公司人员构成及职能要求 5. 熟知工业设计产业区域分布情况和发展特点 6. 能正确认识工业设计的专业特色	1-1-2 1-2-8 1-3-4
3	计算机辅助工业设计	1. 掌握二维、三维软件基础操作知识 2. 了解产品材质与工艺基础知识 3. 熟用二维软件表达产品材质与工艺 4. 善用三维软件建立数字模型 5. 掌握渲染软件，将数字模型渲染出图 6. 综合运用三个软件设计表达产品效果图 7. 具有自主学习与创新意识	1-1-1 1-1-2 1-2-2 1-3-2
4	油泥模型实训	1. 区辨视觉模型、展示模型、功能模型在工业设计中的作用及制作流程 2. 善用工业油泥、油泥刮刀等造型耗材及工具，将产品设计平面草案制作成立体造型 3. 能用逆向扫描设备对油泥造型进行逆向扫描操作 4. 具有严谨、规范、求精的工匠精神	1-1-5 1-1-6 1-1-8 1-2-3 1-3-2 1-3-3
5	专题设计 1 汽车球头设计	1. 掌握产品造型设计的基础理论和基本知识 2. 具有良好的手绘草图能力 3. 具有产品概念设计能力 4. 善用计算机软件工具，能对设计方案建模渲染 5. 能就设计方案制作油泥模型 6. 具有与他人沟通、合作及团队协作的能力	1-1-1～ 1-1-11 1-2-1～ 1-2-3 1-2-9 1-3-1

续表

序号	课程名称	课程目标	培养规格
6	数字化产品设计	1. 熟悉数字化产品设计基本知识，掌握数字化产品设计的基本程序与方法 2. 熟用 CATIA 软件二维草图绘制命令，实现产品零件二维草绘 3. 熟用 CATIA 软件实体特征创建及编辑命令，实现产品零件三维数字化建模 4. 熟用 CATIA 软件工程图生成命令，实现由产品零件三维数字化模型生成工程图 5. 掌握产品零件的基本概念，实现产品典型零件的数字化设计 6. 分组完成简单产品零件设计项目，并完成现场答辩	1-1-2 1-2-2 1-3-1 1-3-2
7	产品形态研究	1. 掌握产品形态的要素，包括点、线、面、体、色彩、材质、肌理等 2. 掌握产品造型设计的基础理论和基本知识 3. 掌握产品造型设计材料与工艺的基本知识 4. 具有良好的手绘草图能力 5. 具有完成从草图到三维渲染一应俱全的设计表现能力 6. 具有良好的模型制作技能 7. 能把理论知识与应用性较强的实例有机结合，提高专业实践能力	1-1-1 1-1-2 1-2-1 1-2-5 1-3-5
8	专题设计 2 汽车轮毂设计	1. 掌握产品造型设计的基础理论和基本知识 2. 具有良好的手绘草图能力 3. 具有产品概念设计能力 4. 善用计算机软件工具，能对设计方案建模渲染 5. 能就设计方案制作油泥模型 6. 具有与他人沟通、合作及团队协作的能力	1-1-1 1-1-2 1-1-11 1-2-1~ 1-2-3 1-3-1
9	专题设计 3 汽车钥匙设计	1. 掌握产品造型设计的基础理论和基本知识 2. 具有良好的手绘草图能力 3. 具有产品概念设计能力 4. 善用计算机软件工具，能对设计方案建模渲染 5. 能就设计方案制作油泥模型 6. 具有与他人沟通、合作及团队协作的能力	1-1-1 1-1-2 1-1-4 1-1-7 1-2-1~ 1-2-3 1-3-1
10	专题设计 4 汽车格栅设计	1. 掌握产品造型设计的基础理论和基本知识 2. 具有良好的手绘草图能力 3. 具有产品概念设计能力 4. 善用计算机软件工具，能对设计方案建模渲染 5. 能就设计方案制作油泥模型 6. 具有与他人沟通、合作及团队协作的能力	1-1-1 1-1-2 1-1-5 1-1-8 1-2-1~ 1-2-3 1-3-1

续表

序号	课程名称	课程目标	培养规格
11	材料与工艺	1. 正确认识工业设计与材料、工艺之间的关系 2. 熟悉常用材料的特性并合理选择其加工制造工艺 3. 熟悉常用材料表面处理工艺 4. 掌握常用材料的制造与装配结构设计相关知识	1-1-6 1-2-6 1-2-7 1-3-1 1-3-4
12	专题设计 5 汽车座椅 设计	1. 掌握产品造型设计的基础理论和基本知识 2. 具有良好的手绘草图能力 3. 具有产品概念设计能力 4. 善用计算机软件工具，能对设计方案建模渲染 5. 能就设计方案制作油泥模型 6. 具有与他人沟通、合作及团队协作的能力	1-1-1 1-1-2 1-1-5 1-1-9 1-2-2 1-2-5 1-2-6 1-3-1
13	人机交互设计	1. 熟知人机交互设计的流程和操作方法 2. 善用软件绘制界面图标 3. 熟知界面逻辑关系，实现界面排布的可读性 4. 熟用交互设计理论，实现人机界面中图标的合理运用 5. 能准确测量人体尺寸，设计简单的符合人机界面的产品 6. 利用小组设计养成团队协作的习惯	1-1-2 1-1-9 1-2-8 1-2-10 1-3-5
14	专题设计 6 汽车中控 设计	1. 掌握产品造型设计的基础理论和基本知识 2. 具有良好的手绘草图能力 3. 具有产品概念设计能力 4. 善用计算机软件工具，能对设计方案建模渲染 5. 能就设计方案制作油泥模型 6. 具有与他人沟通、合作及团队协作的能力	1-1-1 1-1-11 1-2-1 1-2-10 1-3-1~ 1-3-6
15	专题设计 7 汽车大灯 设计	1. 掌握产品造型设计的基础理论和基本知识 2. 具有良好的手绘草图能力 3. 具有产品概念设计能力 4. 善用计算机软件工具，能对设计方案建模渲染 5. 能就设计方案制作油泥模型 6. 具有与他人沟通、合作及团队协作的能力	1-1-1 1-1-2 1-1-9 1-2-8 1-2-10 1-3-1 1-3-3
16	毕业设计 （论文）	1. 掌握产品造型设计的基础理论和基本知识 2. 掌握产品从设计制造到走向市场的全过程知识 3. 具有良好的手绘草图能力 4. 具有完成从草图到三维渲染一应俱全的设计表现能力 5. 具有良好的模型制作技能 6. 具有良好的用户、品牌、市场分析能力 7. 具有与他人合作、沟通及团队协作的能力	1-1-1~ 1-1-11 1-2-1~ 1-2-10 1-3-1~ 1-3-6

续表

序号	课程名称	课程目标	培养规格
17	顶岗实习	1. 掌握产品造型设计的基础理论和基本知识 2. 掌握产品从设计制造到走向市场的全过程知识 3. 具有良好的手绘草图能力 4. 具有完成从草图到三维渲染一应俱全的设计表现能力 5. 具有良好的模型制作技能 6. 具有良好的用户、品牌、市场分析能力	1-1-1~ 1-1-11 1-2-1~ 1-2-10 1-3-1~ 1-3-6

表 5-3 模具设计与制造专业专项课程对培养规格的支撑

序号	课程名称	课程目标	培养规格
1	工程力学	1. 能把简单的工程实际问题抽象为力学模型 2. 能在物系中恰当地选取研究对象，正确地画出受力图 3. 能求解简单物体系统的平衡问题 4. 能正确判断杆件的基本变形形式 5. 能用截面法计算基本变形下杆件的内力并绘制内力图 6. 能对基本变形下的杆件进行应力分析及计算 7. 能对工程中产生基本变形的杆件进行强度计算 8. 具有工匠精神，能爱岗敬业、遵章守纪、履行职责	2-1-1 2-2-1 2-3-1 2-3-4 2-3-6
2	产品三维造型设计	1. 能用 UG 软件进行零件草图绘制 2. 能用 UG 软件进行三维造型 3. 能用 UG 软件创建装配图 4. 能用 UG 软件创建工程图 5. 能解决模具设计与制造专业技术领域的建模技术问题 6. 具有工匠精神，能爱岗敬业、遵章守纪、履行职责 7. 具备全局观念，能与团队其他成员进行良好的协调合作 8. 能运用自主学习的方法，有持续学习的习惯，树立终身学习理念 9. 能运用基本的创新方法，有一定的创新或创业意识和能力	2-1-2 2-2-1 2-3-1 2-3-5 2-3-6

续表

序号	课程名称	课程目标	培养规格
3	工程材料与热加工	1. 熟知工程材料的分类和力学性能 2. 熟知金属学基础知识和金属热处理基本原理 3. 熟知常用工程材料的种类，合金钢的基本牌号、性能及用途 4. 掌握铸造、锻造、焊接、热处理的基本原理、操作技能及设备结构、使用、维护与保养知识 5. 能使用硬度计、拉伸试验仪等设备检测金属材料的力学性能 6. 具备根据材料要求和性能选择热处理技术方法和制定热处理工艺的能力 7. 能快速查阅相关标准、手册、图册等技术资料 8. 具备全局观念，能与团队其他成员进行良好的协调合作 9. 能运用自主学习的方法，有持续学习的习惯，树立终身学习理念 10. 具有工匠精神，能爱岗敬业、遵章守纪、履行职责	2-1-5 2-2-1 2-3-1 2-3-5 2-3-6
4	机械加工综合实训	1. 能自觉执行标准操作程序和安全操作规程，具备防范事故发生的能力 2. 能合理选择车床常用刀具，并会正确安装 3. 会车削端面、外圆 4. 会在外圆柱面上车槽、车半圆球、钻孔、铰孔 5. 能熟练操作普通铣床铣平面 6. 能正确使用游标卡尺、外径千分尺进行零件精度的检测 7. 具有严谨的学习态度、良好的学习习惯 8. 具有质量控制意识 9. 具有良好的职业素养	2-1-3 2-1-5 2-2-4 2-3-4 2-3-6
5	液压与气动技术	1. 熟知液压与气动技术的基础知识 2. 熟知液压与气动元件的工作原理、结构 3. 熟知液压与气动基本回路的组成、工作原理、应用等相关知识 4. 能熟练选用、维修液压与气动元件 5. 具有严谨的工作作风，能自觉执行标准操作程序和安全操作规程 6. 具有工匠精神，能爱岗敬业、遵章守纪、履行职责 7. 能组装液压与气动基本回路并进行调试，能分析、排除一般液压与气动故障 8. 能熟练阅读液压系统原理图，能分析典型液压系统 9. 能根据工况要求，自行设计液压系统原理图，并进行组装与调试 10. 具备全局观念，能与团队其他成员进行良好的协调合作 11. 能运用常用的创新方法，有液压与气动技术领域的创新意识	2-1-1 2-2-1 2-2-4 2-3-5 2-3-7

续表

序号	课程名称	课程目标	培养规格
6	塑料成型工艺及设备应用	1. 熟练掌握塑料成型原理、设备操作及维护的基本技能 2. 掌握塑料成型模具的安装、调试、拆卸及塑料制品的成型 3. 掌握塑料成型的工艺流程、工艺条件、成型特点及应用 4. 初步掌握塑料成型制品的常见缺陷分析与问题解决方法 5. 能快速查阅相关标准、手册、图册等技术资料 6. 具备全局观念，能与团队其他成员进行良好的协调合作 7. 能运用自主学习的方法，有持续学习的习惯，树立终身学习理念 8. 具有工匠精神，能爱岗敬业、遵章守纪、履行职责	2-1-7 2-2-1 2-2-6 2-3-4 2-3-5 2-3-7
7	模具 CAD/CAM	1. 能用 UG 软件进行零件草图绘制 2. 能用 UG 软件进行三维造型 3. 能用 UG 软件创建装配图 4. 能用 UG 软件创建工程图 5. 能用 UG 软件设计中等复杂程度的模具 6. 能用 UG 软件进行数控加工编程 7. 具有工匠精神，能爱岗敬业、遵章守纪、履行职责 8. 能解决模具设计与制造专业技术领域的建模技术问题 9. 具备全局观念，能与团队其他成员进行良好的协调合作 10. 能运用自主学习的方法，有持续学习的习惯，树立终身学习理念 11. 能运用基本的创新方法，有一定的创新或创业意识和能力	2-1-4 2-2-1~ 2-2-3 2-3-4~ 2-3-7
8	模具钳工实训	1. 能自觉执行标准操作程序和安全操作规程 2. 会编写零件加工流程 3. 能手工制作简单模具零件 4. 会对简单冷冲模机构进行装配 5. 会对自己的工作进行简单的评估和总结	2-1-2 2-2-1 2-2-6 2-3-6
9	塑料模设计	1. 具有精密的塑料模数字化设计意识 2. 能进行一般难度塑料制品的典型塑料模结构设计、说明书编写、工程图绘制 3. 能自觉执行塑料模设计流程 4. 能对自我身心需求进行适应调节和情绪管理 5. 具有工匠精神，能爱岗敬业、遵章守纪、履行职责 6. 能识别、分析、解决塑料模设计领域的一般实务技术问题 7. 具备全局观念，能与团队其他成员进行良好的协调合作 8. 能运用自主学习的方法，有持续学习的习惯，树立终身学习理念	2-1-1~ 2-1-3 2-2-1~ 2-2-3 2-3-4~ 2-3-6

续表

序号	课程名称	课程目标	培养规格
10	先进注射模技术	1. 具有精密的注射模数字化设计意识 2. 能进行一般难度塑料制品的先进注射模结构设计 3. 具有严谨的工作作风，能自觉执行注射模设计流程 4. 具有工匠精神，能爱岗敬业、遵章守纪、履行职责 5. 能确认、分析、识别、解决注射模设计领域的实务技术问题 6. 能对自我身心需求进行适应调节和情绪管理 7. 具备全局观念，能与团队其他成员进行良好的协调合作 8. 能运用自主学习的方法，有持续学习的习惯，树立终身学习理念 9. 能运用基本的创新方法，有一定的创新或创业意识和能力	2-1-2 2-2-1 2-3-4～ 2-3-7
11	模具精密检测技术	1. 掌握检验指导书与检验表的制作要求 2. 能阐述三坐标测量机的工作原理、结构、分类、组成、应用领域 3. 能合理选择大小合适的测针、辅助夹具完成检测前的辅助工作 4. 能完成测头的安装与校准 5. 能遵循零件检测原则，遵守实验实训设备仪器操作规范完成检测任务 6. 能依据检测数据判断零件的性质，通过数据分析推导问题产生的原因 7. 能根据零件检测的质量情况，小组协作撰写报告 8. 能运用“微知库”app 持续自主学习	2-1-1 2-1-2 2-2-8 2-3-5 2-3-7
12	模具制造技术	1. 具有良好的学习和行为习惯，以及精密的塑料模数字化设计与先进制造意识 2. 掌握模具零件钻、车、铣、磨削、电火花成型、线切割、光整加工的工艺原理、工艺特点及应用 3. 掌握冷冲模与注塑模的装配及试模调试工艺 4. 熟练编制典型模具零件的加工工艺过程卡片、加工工艺卡片、加工工序卡片 5. 熟练编制典型冷冲模与注塑模的装配工艺规程 6. 能进行典型冷冲模与注塑模的装配 7. 能解决模具制造现场及管理方面的问题	2-1-1～ 2-1-3 2-1-5 2-1-6 2-2-4 2-2-6 2-3-3 2-3-7

续表

序号	课程名称	课程目标	培养规格
13	电加工实训	1. 理解电火花加工的基本原理及工艺 2. 掌握电火花机床的基本结构、类型 3. 掌握电规准的一般选择原则 4. 掌握电火花线切割加工程序编制 5. 了解电加工安全操作规程 6. 掌握凸、凹模加工工艺 7. 掌握电火花成型机床操作面板功能 8. 做到正确熟练穿丝并找正 9. 会操作线切割机床进行中等复杂模具零件加工 10. 会操作成型机床进行中等复杂模具零件加工 11. 会熟练安装电极并找正 12. 会对加工过程中出现的断丝现象进行正确处理 13. 具有自我保护的能力和防范事故发生的能力 14. 会编制程序进行放电加工 15. 具有刻苦钻研、勤奋好学的工匠品质 16. 具有吃苦耐劳、奋勇争先的精神 17. 具有互帮互助、团结合作的精神 18. 培养生产现场 7S 管理意识	2-1-1~ 2-1-3 2-2-4 2-3-4~ 2-3-7
14	数控铣削实训	1. 能自觉执行安全操作规程 2. 认识数控铣床、加工中心 3. 能进行平面类零件的铣削加工 4. 能进行外轮廓类零件的铣削加工 5. 能进行凹槽类零件的综合铣削加工	2-1-1 2-1-2 2-1-4 2-2-4 2-2-5 2-3-4 2-3-7
15	三维扫描检测	1. 能阐述三维扫描仪的分类与组成 2. 能选择和运用三维扫描仪获取实物模型的三维数据 3. 能完成中等复杂实物模型的逆向设计和一般难度机械产品的三维扫描检测 4. 具有严谨的工作作风，能自觉执行标准操作程序和安全操作规程 5. 具有工匠精神，能爱岗敬业、遵章守纪、履行职责 6. 能解决模具设计与制造专业技术领域的实务技术问题 7. 具备全局观念，能与团队其他成员进行良好的协调合作 8. 能运用自主学习的方法，有持续学习的习惯，树立终身学习理念 9. 能运用基本的创新方法，有一定的创新或创业意识和能力	2-1-1 2-1-2 2-1-7 2-2-8 2-2-9 2-3-5 2-3-6

续表

序号	课程名称	课程目标	培养规格
16	模具企业生产与技术管理	1. 能运用管理的基本原理解决实际问题 2. 能运用管理原则和方法安排任务 3. 能运用管理的原则、工具、方法解决管理问题 4. 具有严谨的工作作风，能自觉执行标准操作程序和安全操作规程 5. 具有工匠精神，能爱岗敬业、遵章守纪、履行职责 6. 能解决模具企业生产与技术领域的实务管理问题 7. 具备全局观念，能与团队其他成员进行良好的协调合作 8. 能运用自主学习的方法，有持续学习的习惯，树立终身学习理念 9. 能运用基本的创新方法，有一定的创新或创业意识和能力	2-1-1 2-1-2 2-1-6~ 2-1-8 2-2-4 2-3-5 2-3-7
17	毕业设计	1. 具有良好的学习和行为习惯，以及精密的塑料模数字化设计与先进制造意识 2. 能掌握产品成型工艺设计的相关知识 3. 能掌握塑料（冲压）模具结构设计与制造方面的专业知识 4. 能对较复杂塑料件（冲压件）进行成型工艺分析，优化结构设计并制定产品成型工艺，编制工艺规程 5. 能运用数字化软件进行成型分析和设计 6. 能合理制定模具零件加工工艺，编制模具零件加工工艺规程 7. 能解决产品成型、模具设计等方面的问题并具有一定的设计创新能力	2-1-1~ 2-1-3 2-1-7 2-2-1~ 2-2-3 2-2-5 2-2-7 2-3-1 2-3-3 2-3-5 2-3-7
18	顶岗实习	1. 熟悉所从事工作岗位的业务范围、相关技术资料、标准及考核办法 2. 熟悉所从事工作岗位的作业方法、步骤等过程知识 3. 能进行产品结构分析、模具结构分析及设计 4. 能熟练进行模具零件的加工工艺分析及编制 5. 能熟练进行模具零件的数字化程序编制 6. 能进行模具的装配工艺分析、成型工艺分析及装配调试 7. 能进行模具项目的管理，对实际问题提出解决方案	2-1-1~ 2-1-3 2-1-7 2-2-1~ 2-2-3 2-2-5 2-2-7 2-3-1~ 2-3-3 2-3-5~ 2-3-7

表 5-4　机械制造与自动化专业专项课程对培养规格的支撑

序号	课程名称	课程目标	培养规格
1	机械制造基础	1. 会使用游标卡尺 2. 会识读常见机床型号的意义 3. 掌握车刀的装夹方法 4. 掌握外圆车削长度与直径的控制方法 5. 会用量角仪测量刀具角度 6. 能根据零件加工要求选择整体热处理工艺方法 7. 能识读机床的传动系统图，并能进行相关计算 8. 能正确选择各种精度的外圆加工方法 9. 会使用千分尺 10. 能根据零件加工要求选择化学热处理工艺方法 11. 能编制齿轮加工工艺 12. 会使用内径百分表测内径 13. 能根据孔加工要求选择孔加工方法及设备 14. 掌握平口钳校正方法 15. 掌握分度头使用方法 16. 熟悉平面精度检验方法 17. 能根据平面加工要求选择平面加工方法及设备 18. 会正确安装镗刀 19. 能根据零件生产工艺要求选择刨削加工与镗削加工设备	3-1-1 3-1-3 3-1-7
2	液压与气动技术	1. 掌握液压与气动技术的基本知识 2. 掌握液压与气动元件的工作原理、结构 3. 能系统地学习和掌握液压与气动基本回路的组成、工作原理、应用等相关知识 4. 掌握液压与气动元件的结构及使用方法，具有选用、维修液压与气动元件的能力 5. 能组装液压基本回路并进行调试，具有分析、排除一般液压故障的能力 6. 能熟练地阅读液压系统原理图，具有典型液压系统的分析能力	3-1-1~3-1-5
3	机械制造工艺技术	1. 掌握典型零件加工工艺的编制方法 2. 掌握常用机床、刀具、量具选择的基本知识 3. 掌握机械加工零件质量控制及检测方法 4. 了解先进加工工艺及现代工艺装备的知识 5. 了解机械装配工艺的基本知识	3-1-1 3-1-3 3-1-6 3-1-7 3-2-5 3-2-6 3-3-1~3-3-5

续表

序号	课程名称	课程目标	培养规格
4	工艺技术应用	1. 熟悉机械加工工艺编制的过程 2. 掌握工艺编制的基本原则 3. 掌握机械加工工艺手册等资料的应用 4. 掌握机械加工工艺参数的选择及质量控制 5. 了解新技术、新工艺的应用	3-1-1～3-1-3 3-1-6 3-1-7 3-2-5 3-2-6 3-3-1～3-3-5
5	机床夹具设计	1. 掌握工件六点定位原则及四种定位形式的应用 2. 掌握夹具设计中定位元件、夹紧元件等标准件及非标准件的选用与设计 3. 熟悉机床夹具设计的过程 4. 掌握机床夹具总装图绘制、标注、精度控制等知识 5. 了解最新机床夹具的应用	3-1-1～3-1-3 3-1-6 3-1-7 3-2-1 3-2-4 3-2-5 3-3-1～3-3-5
6	自动化生产线	1. 掌握机械驱动式机械手的控制 2. 掌握间歇进给机构的下料控制 3. 掌握检测单元的控制与自动化生产线的 MCGS 组态与联网控制	3-1-1～3-1-5 3-1-7
7	工艺与装备课程设计	1. 掌握典型零件加工工艺的编制方法 2. 掌握常用机床、刀具、量具选择的基本知识 3. 能运用机械加工零件质量控制及检测方法 4. 能编制机械制造工艺，完成一整套工艺文件 5. 掌握机床夹具设计的过程 6. 掌握机床夹具总装图绘制、标注、精度控制等知识 7. 能根据要求设计一整套机床夹具图	3-1-1～3-1-3 3-1-6 3-1-7 3-2-1 3-2-4～3-2-6 3-3-1～3-3-5
8	机加工实训	具备车、铣削加工的初步操作技能	3-1-2 3-1-3 3-2-3 3-3-2～3-3-4

续表

序号	课程名称	课程目标	培养规格
9	CAD/CAM应用	1. 能用UG软件进行二维曲线的绘制与编辑 2. 能用UG软件进行三维实体建模 3. 能用UG软件进行曲面建模 4. 能用UG软件进行工程制图 5. 能用UG软件进行虚拟装配 6. 能用UG软件进行计算机辅助设计	3-1-1~3-1-5 3-1-7 3-2-2 3-3-4 3-3-5
10	电气控制与PLC	1. 熟悉常用低压电器的基本结构、原理、型号、规格、用途和选用原则 2. 掌握低压电器元件的文字、图形符号及电路图识读规则 3. 熟练掌握典型电气控制环节的工作原理与分析方法 4. 熟悉PLC的发展、组成和工作原理 5. 熟悉PLC基本位逻辑指令的编程方法 6. 熟悉PLC常用功能指令的编程方法 7. 学习PLC控制系统设计、调试的相关知识 8. 了解电气线路维修的基本方法、原则、步骤	3-1-4 3-1-5 3-1-7 3-2-3
11	数控车削技术	1. 能根据零件要求制订数控加工工艺方案 2. 熟练应用典型数控系统编制零件加工程序 3. 能操作数控车床加工合格零件	3-1-1~3-1-4 3-2-4~3-2-6 3-3-1~3-3-5
12	智能制造实践	1. 掌握典型自动化生产线的作用、运行特性、技术特点 2. 能进行西门子PLC指令系统的综合应用 3. 掌握自动化生产线组成单元的结构、工作过程 4. 能进行自动化生产线的调试、分析、查找、排故	3-1-5 3-1-7 3-2-3~3-2-6
13	机械拆装与测绘实训	能进行机械拆装与测绘	3-1-1 3-1-3~3-1-7 3-2-1~3-2-6

续表

序号	课程名称	课程目标	培养规格
14	毕业设计	运用专业知识和能力设计完成实际工程项目或模拟工程项目的解决方案与详细措施，形成规范的专业技术文件	3-1-1~3-1-7 3-2-1~3-2-5 3-3-1~3-3-5
15	顶岗实习	检验、巩固、丰富所学专业技术理论，提升专业技能熟练程度和水平，以适应岗位工作要求，高质量地完成工作任务，正确、创造性地解决实际问题，提高独立学习的能力	3-1-1~3-1-7 3-2-1~3-2-5 3-3-1~3-3-4

表 5-5　数控技术专业专项课程对培养规格的支撑

序号	课程名称	课程目标	培养规格
1	液压与气动技术	1. 掌握液压与气动的基本知识 2. 能参照说明书读懂液压与气动系统的原理图 3. 能操作液压与气动设备 4. 能选配液压与气动元件 5. 具备对一般复杂程度的液压设备及简单的气动设备故障进行分析与排除的能力	4-1-2 4-1-4~4-1-6 4-2-3~4-2-5 4-3-1
2	CAD/CAM应用	1. 能用 UG 软件进行二维曲线的绘制与编辑 2. 能用 UG 软件进行三维实体建模 3. 能用 UG 软件进行曲面建模 4. 能用 UG 软件进行工程制图 5. 能用 UG 软件进行虚拟装配 6. 能用 UG 软件进行计算机辅助设计	4-1-5 4-1-7 4-3-4 4-3-5
3	工业机器人系统编程实训	掌握工业机器人的基本操作、控制程序的编制方法、编程软件的使用等	4-1-1 4-2-1 4-2-3 4-2-5
4	电气控制与 PLC	1. 掌握常用低压电器、继电器-接触器控制线路的基本原理、线路分析 2. 掌握 PLC 的构成、工作过程及基本指令与编程方法	4-1-4~4-1-6 4-2-3~4-2-5

续表

序号	课程名称	课程目标	培养规格
5	数控加工工艺与装备	1. 能利用相关手册编写零件数控加工工艺文件 2. 具备与数控机床操作工职业相关的数控工艺设计能力	4-1-3~4-1-6 4-2-4 4-3-2~4-3-4
6	数控车削技术	1. 能根据零件要求制订数控加工工艺方案 2. 熟练应用典型数控系统编制零件加工程序 3. 能操作数控车床加工合格零件	4-1-1 4-1-3~4-1-6 4-2-1 4-2-4~4-2-6 4-3-1 4-3-5
7	数控铣削与加工中心技术	1. 掌握运用典型系统数控铣床、加工中心编程方法来设计和调试零件数控加工程序、手动和自动操作数控铣床或加工中心加工零件 2. 能用UG软件进行二维线框铣加工 3. 能用UG软件进行平面铣加工 4. 能用UG软件进行三维定轴铣加工 5. 能用UG软件进行点位加工 6. 能用UG软件进行多轴加工 7. 掌握UG软件的机床后置处理技术和程序仿真验证的方法与技巧 8. 能用UG软件进行计算机辅助制造	4-1-1 4-1-3 4-1-4 4-1-6 4-2-1 4-2-4~4-2-6 4-3-1 4-3-5
8	多轴数控加工	具备数控车铣复合机床、数控四轴加工中心、数控五轴加工中心数控程序编制和工艺编制能力	4-1-1 4-1-4 4-1-6 4-1-7 4-2-1 4-2-3~4-2-6 4-3-1 4-3-5

续表

序号	课程名称	课程目标	培养规格
9	数控机床维护	1. 能分析数控机床的技术参数和结构特点 2. 具备数控机床维护的基本知识和操作技能	4-1-1 4-1-2 4-1-6 4-2-1 4-2-3~ 4-2-6 4-3-1
10	智能制造技术	1. 掌握智能生产与 MES 管控 2. 掌握典型零件数字化设计与编程、智能生产工艺分析、智能产线设备选型、仿真搭建、工业机器人安装调试和编程、智能检测单元安装与调试、智能制造控制系统安装与调试	4-1-1 4-1-4~ 4-1-7 4-2-1 4-2-3 4-2-6 4-3-2
11	数控综合实训	1. 掌握数控铣床操作 2. 能使用数控铣床加工中等复杂零件	4-2-1 4-2-4~ 4-2-6 4-3-1
12	数控加工工艺课程设计	能合理编写机械加工工艺过程卡片、数控加工工序卡片、数控加工刀具卡片等工艺文件	4-2-2~ 4-2-4 4-3-2~ 4-3-4
13	多轴加工实训	具备数控车铣复合机床编程加工、数控四轴加工中心数控程序编制、数控五轴加工中心数控程序编制、数控五轴加工中心操作、数控五轴加工中心运行加工等能力	4-2-1 4-2-3~ 4-2-6 4-3-1
14	智能制造实训	具备产线工艺分析、产线仿真搭建、智能产线集成、智能生产与 MES 管控等方面的能力	4-2-1 4-2-3~ 4-2-6 4-3-1

续表

序号	课程名称	课程目标	培养规格
15	毕业设计	运用专业知识和能力设计完成实际工程项目或模拟工程项目的解决方案与详细措施，形成规范的专业技术文件	4-2-1～4-2-4 4-3-2～4-3-5
16	顶岗实习	检验、巩固、丰富所学专业技术理论，提升专业技能熟练程度和水平，以适应岗位工作要求，高质量地完成工作任务，正确、创造性地解决实际问题，提高独立学习的能力	4-1-7 4-2-1～4-2-6 4-3-1～4-3-5

表 5-6 机械产品检测检验技术专业专项课程对培养规格的支撑

序号	课程名称	课程目标	培养规格
1	工程材料与热加工	1. 熟知工程材料的分类和力学性能 2. 熟知金属学基础知识和金属热处理基本原理 3. 熟知常用工程材料的种类，合金钢的基本牌号、性能及用途 4. 掌握铸造、锻造、焊接、热处理的基本原理、操作技能及设备结构、使用、维护与保养知识 5. 能使用硬度计、拉伸试验仪等设备检测金属材料的力学性能 6. 具备根据材料要求和性能选择热处理技术方法和制定热处理工艺的能力 7. 能快速查阅相关标准、手册、图册等技术资料 8. 具备全局观念，能与团队其他成员进行良好的协调合作 9. 能运用自主学习的方法，有持续学习的习惯，树立终身学习理念 10. 具有工匠精神，能爱岗敬业、遵章守纪、履行职责	5-1-1 5-1-2 5-1-5 5-2-4 5-3-1 5-3-2

续表

序号	课程名称	课程目标	培养规格
2	三维扫描检测	1. 能阐述三维扫描仪的分类与组成 2. 能选择和运用三维扫描仪获取实物模型的三维数据 3. 能完成中等复杂实物模型的逆向设计和一般难度机械产品的三维扫描检测 4. 具有严谨的工作作风，能自觉执行标准操作程序和安全操作规程 5. 具有工匠精神，能爱岗敬业、遵章守纪、履行职责 6. 能解决机械产品检测检验技术专业技术领域的实务技术问题 7. 具备全局观念，能与团队其他成员进行良好的协调合作 8. 能运用自主学习的方法，有持续学习的习惯，树立终身学习理念 9. 能运用基本的创新方法，有一定的创新或创业意识和能力	5-1-2 5-1-3 5-2-3 5-2-6 5-2-8 5-3-1～ 5-3-4
3	机械零件加工质量检测	1. 能阐述量块的基本性能及用途 2. 能合理选择轴径和孔径的各种检测方法并进行数据处理 3. 能完成中等复杂机械零件的检测 4. 能规范执行行业标准和国家标准 5. 能进行表面粗糙度的检测及数据处理 6. 具备全局观念，能与团队其他成员进行良好的协调合作 7. 能运用基本的创新方法，有一定的创新或创业意识和能力	5-1-2 5-1-3 5-1-5 5-2-3 5-2-5 5-2-6 5-3-1～ 5-3-4
4	模具创新思维及应用	1. 掌握模具产品创新思维的理论知识 2. 掌握模具产品创新技术 3. 具有模具产品创新设计的能力 4. 具有能言善辩、分析问题与解决问题的能力	5-1-1 5-1-2 5-3-3 5-3-4
5	产品三维造型设计	1. 能用 UG 软件进行零件草图绘制 2. 能用 UG 软件进行三维造型 3. 能用 UG 软件创建装配图 4. 能用 UG 软件创建工程图 5. 具有自主学习与创新意识 6. 能爱岗敬业，具有劳动素养	5-1-2 5-2-1 5-2-2 5-3-1～ 5-3-4

续表

序号	课程名称	课程目标	培养规格
6	检具设计与加工	1. 能阐述机械加工检具的分类与组成 2. 能合理选择常用定位方式、夹紧方式进行检具设计 3. 能完成中等复杂机械加工检具的设计 4. 能规范执行行业标准和国家标准 5. 能评价机械加工检具设计的合理性 6. 具备全局观念，能与团队其他成员进行良好的协调合作 7. 能运用基本的创新方法，有一定的创新或创业意识和能力	5-1-2 5-1-6 5-2-1 5-2-2 5-3-1～5-3-4
7	智能检测技术	1. 掌握机器人传感器的用途 2. 掌握智能检测技术的特点及内涵 3. 掌握工业机器人离线编程 4. 能结合智能装备和智能检测技术检测应用实例 5. 掌握智能检测中传感器的信号转换 6. 具有自主学习与创新意识 7. 能爱岗敬业，具有劳动素养	5-1-7 5-2-6 5-2-8 5-3-1～5-3-4
8	无损检测	1. 能理解超声波检测原理及操作方法 2. 能根据缺陷的性质及种类合理选择常用的探伤方法 3. 能正确编制检测工艺卡 4. 能规范执行行业标准和国家标准 5. 能评价检测方法的合理性 6. 具备全局观念，能与团队其他成员进行良好的协调合作 7. 能运用基本的创新方法，有一定的创新或创业意识和能力	5-1-1 5-1-2 5-1-4 5-2-4 5-2-6 5-3-1～5-3-4
9	现代检测技术应用	1. 能阐述三坐标的两个工作原理、分类与组成 2. 能初步编制机械零件的检测规划 3. 能熟练完成三坐标测头定义、校验等检测前期准备工作 4. 能使用三种方法完成测量工件坐标系的建立 5. 能操作三坐标设备在规定时间内完成 DEMO 零件中指定的六个指标的评价报告 6. 能完成回转类、板块类、模具类、检具类、箱体类、薄壁类等各类典型中等复杂机械零件三坐标脱机编程的检测 7. 具备依据标准与规范解决一般机械零件的几何量检测检验技术专业领域的实务技术问题的能力 8. 具备计量基本素质，做到细致、严谨、诚实、实事求是 9. 具备全局观念，能与团队其他成员进行良好的协调合作 10. 能运用基本的创新方法，有一定的创新或创业意识和能力	5-1-2 5-1-3 5-1-7 5-2-1 5-2-6 5-2-8 5-3-1～5-3-4

续表

序号	课程名称	课程目标	培养规格
10	机械产品检测技术综合应用	1. 具备分析零件的能力 2. 具备根据零件选择检测方法和制定检测工艺的能力 3. 掌握传统检具与现代检具的使用方法 4. 具备相关检测设备操作和日常维护的能力 5. 具备正确读取检测报告的能力 6. 能正确面对困难、压力和挫折，具有积极进取、乐观向上的心理素质 7. 具有与他人沟通、合作及团队协作的能力 8. 能运用基本的创新方法，有一定的创新或创业意识和能力	5-1-1～5-1-7 5-2-1～5-2-8 5-3-1～5-3-4
11	毕业设计（论文）	1. 能阐述并运用机械产品检测检验技术专业所学的知识 2. 能熟悉并运用机械零件质量检测检验的工艺方法 3. 能熟练操作相关检测检验设备进行各类要素的检测 4. 能规范执行行业标准和国家标准 5. 能撰写机械产品检测检验毕业设计说明书（论文） 6. 具备全局观念，能与团队其他成员进行良好的协调合作 7. 能运用基本的创新方法，有一定的创新或创业意识和能力	5-1-1～5-1-7 5-2-1～5-2-8 5-3-1～5-3-6
12	顶岗实习	1. 能初步制订解决岗位工作问题的方案、方法、步骤 2. 能服从领导安排，按岗位标准及考核办法，熟练完成岗位工作，提高技能水平 3. 能规范执行行业标准和国家标准 4. 熟悉相关企业规章制度和企业文化 5. 能用语言、文字表达岗位工作的业务范围、相关专业知识 6. 具备全局观念，能与团队其他成员进行良好的协调合作 7. 会不断积累知识和经验，熟悉人文环境，以求不断创新、提高和进步，做出更大贡献	5-1-1～5-1-7 5-2-1～5-2-8 5-3-1～5-3-6

（二）公共基础课程设置及要求（表5-7至表5-10）

表5-7 思政课程设置及要求

序号	课程名称	课程目标	主要内容	教学要求
1	思想道德修养与法律基础	引导学生提高思想道德素质和法治素养，成长为自觉担当民族复兴大任的时代新人	人生观、理想信念、中国精神、社会主义核心价值观、道德、法治	针对大学生成长过程中面临的思想道德和法律困惑，开展马克思主义世界观、人生观、价值观、道德观、法治观教育
2	形势与政策	提高学生运用马克思主义理论分析国内、国际形势与政策的能力和学生思想政治素养	依据每年教育部关于大学生“形势与政策”教育指导性文件，有针对性地对大学生深入开展形势与政策教育	按中国特色社会主义建设总体布局的要求，以政治、经济、文化、社会、生态为主要框架，囊括国内与国际两方面内容，紧跟当前政治形势开展教学
3	毛泽东思想和中国特色社会主义理论体系概论	让学生始终坚定中国特色社会主义“四个自信”，努力成为中国特色社会主义事业的建设者和接班人，自觉为实现中华民族伟大复兴的中国梦而奋斗	毛泽东思想、邓小平理论、“三个代表”重要思想、科学发展观、习近平新时代中国特色社会主义思想	要求大学生掌握党的基本理论，坚定马克思主义信仰，深刻领会马克思主义中国化理论成果的精神实质

表5-8 素质课程设置及要求

序号	课程名称	课程目标	主要内容	教学要求
1	大学生职业生涯规划	新生通过学习，能认识自我，尽快地调整自己并适应环境；帮助新生认识专业，树立正确的专业学习态度和专业思想；使新生具备职业意识，树立科学的价值观与人生观，为自己的大学生涯铺平道路，为将来的职业生涯奠定良好的基础	职业兴趣分析、职业能力盘点、自我性格探索、职业价值观澄清、专业认知探索、职业地图探索、职业目标确定、职业生涯规划制订、专业访谈、招聘会观摩、职业规划书展示	理论与实践相结合；融入“课程思政”的内容；采用多种有助于实现教学目标的教学方法；注重过程性评价

续表

序号	课程名称	课程目标	主要内容	教学要求
2	军事技能训练	掌握基本军事技能，增强国防观念，弘扬爱国主义精神，提高学生综合国防素质	“共同条令”教育与训练、射击与战术训练、防卫技能与战时防护训练、战备基础与应用训练	养成良好的军事素养、战斗素养，提高安全防护能力，培养团结奋进、顽强拼搏的过硬作风
3	军事理论	了解军事基础，增强国防观念、国家安全意识和忧患危机意识，弘扬爱国主义精神，传承红色基因，提高学生综合国防素质	中国国防基本知识、国家安全形势、军事思想、信息化装备和高技术武器装备	理解国防的内涵和国防历史，树立正确的国防观；正确把握和认识国家安全的内涵，理解我国总体国家安全观，增强忧患意识；了解军事思想的内涵及形成与发展历程；理解新军事革命的内涵和发展演变，树立打赢信息化战争的信心
4	大学生心理健康与发展	知道心理健康的标准，了解学校适应、自我认识、消费心理、人际关系、异性交往、情绪管理、挫折应对中常见的心理问题，并了解相应的调适方法	心理健康与大学生、大学生适应心理辅导、大学生自我意识辅导、大学生消费心理辅导、大学生人际心理辅导、大学生恋爱心理辅导、大学生情绪管理辅导、大学生生命成长辅导	理论与实践相结合；融入“课程思政”的内容；采用多种有助于实现教学目标的教学方法；注重形成性评价
5	体育	初步了解球类体育、时尚体育、民族传统体育等基本知识和技能，增强体质，加强组织性、纪律性，弘扬爱国主义、集体主义精神，磨炼意志品质，激发战胜困难的信心和勇气，培养努力拼搏、吃苦耐劳的作风，提高综合素质，为国家培养社会主义事业的建设者和接班人打好良好的身体基础	体育健康理论知识、各项运动技能学习、职业身体素质练习、体质健康标准测试与评估	向大学生传授体育项目技术技能知识的同时，重视大学生的个性发展、体育兴趣培养和个人体育能力的提高；全面发展大学生的身体素质，每次课均设有一定比重的素质练习；在教学大纲和教学计划的总体框架下，充分发挥教师的主导作用，鼓励教师探索先进新颖的教学方法；《国家学生体质健康标准》测试达到合格及以上

续表

序号	课程名称	课程目标	主要内容	教学要求
6	就业指导与职业素养提升	了解当年就业形势，就业政策、法规等基本知识；掌握求职渠道等基本信息；学习合同陷阱，注意职场中自身劳动保障等相关权益；了解职业道德、职业安全、职业理想、职场人际沟通等基本要点；熟悉简历制作的要点，会制作精美实用的个人简历；掌握学习与工作的不同、学校与职场的区别，提高心理调适能力；熟悉面试基本礼仪，提高面试通过率；树立正确的职业观，自觉遵守职业道德，增强职业责任，养成良好的职业习惯；树立正确的世界观、人生观、价值观，制订个人职业发展规划，有良好的职业理想；较快适应社会，能够处理与单位领导、同事等各方面的关系，注意培育职场情商	就业信息搜集：分析就业基本形势，了解就业信息，掌握就业信息搜集、就业信息分析和利用的方法。简历与面试：简历制作基本要求，如何制作优秀的简历；面试礼仪、注意事项。求职心理调适：求职中的心理困惑、自我调适的方法。就业流程与权益保护：就业基本流程；常见的侵权行为；就业协议与劳动合同；违约责任与劳动争议。职业过渡：学校与职场；初入职场的困惑；从学生到职业人的过渡；职业安全。职业发展：职业道德与理想；工作态度和行为；职场人际关系	理论与实践相结合；融入“课程思政”的内容；采用多种有助于实现教学目标的教学方法；注重形成性评价

表 5-9　创新创业课程设置及要求

课程名称	课程目标	主要内容	教学要求
创业教育	清晰认识到创新的重要性，掌握一些基本的创新技法，并能在学习、生活中积极主动地去创新；学会创业机会甄别和分析的基本方法；在模拟企业运营过程中形成分析问题、概括和解决问题的能力，提升信息获取与利用、团队合作的能力；培养创业意识和创业素养，树立正确的创业观	认识创新和创新思维、创新思维的培养、创业机会识别的技巧；认识商业模式、创业团队的组建、创业资金的筹集、创业调查、创业计划书的撰写	理论与实践相结合；融入“课程思政”的内容；采用多种有助于实现教学目标的教学方法；注重过程性评价

表 5-10　文化基础课程设置及要求

序号	课程名称	课程目标	主要内容	教学要求
1	英语	能运用一定的策略完成基于典型日常情景的交际任务，理解跨文化差异，尊重多元文化，树立文化自信	与人际关系、问路、购物、娱乐、兴趣、健康、节假日等典型的日常话题相关的内容	达到《高职高专教育英语课程教学基本要求（试行）》规定的要求
2	高等数学	了解复数、无穷小与无穷大、函数连续性、导数几何意义、高阶导数、数学模型等概念，理解函数及其极限、函数的导数、极值和最值的概念，掌握函数的相关计算、极限的运算方法、导数的基本公式、求导法则、函数的单调性与极值的求法和解决最优化问题的方法；能求税前和税后工资，能用极限的思想分析问题，能用复利进行价值投资，能求提前还贷情况下的还款总额，能分析函数的性态和解决简单的优化问题；会建立一般实际问题的函数模型，会求简单的函数极限、函数的导数、极值和最值；具有良好的数学运算和数据分析能力、数学抽象概括能力、逻辑推理能力、建立数学模型的能力和团结协作能力，培养持续学习的能力，培育和践行社会主义核心价值观	复数的概念，函数及其性质，函数关系的建立及应用；函数极限，无穷大与无穷小，极限的运算，函数的连续性；导数的概念，函数的求导法则，导数的应用，函数的单调性、极值与最值；五险一金；银行利息的计算；住房贷款；最优化问题	基本达到专业人才培养方案要求的水平
3	计算机应用基础	能熟练使用计算机获取、分析、处理、应用、传输信息，能使用 Office 2016 办公软件实现文档编辑、数据处理、信息展示	Windows 10 操作系统和 Office 2016 办公软件的操作方法和操作技巧，以及使用 Internet 进行信息检索、获取、交流的方法和技巧	达到《高职高专教育计算机公共基础课程教学基本要求》规定的要求

续表

序号	课程名称	课程目标	主要内容	教学要求
4	职场交际英语	能运用一定的策略完成基于典型职场情景的交际任务，了解职场文化，提升基本职业素养	与求职面试、工作场所、商务接待、产品介绍、商务用餐、商务会议、客户投诉、创业等典型的职场话题相关的内容	达到《高职高专教育英语课程教学基本要求（试行）》规定的要求

（三）专业群专业（技能）课程设置及要求（表5-11至表5-21）

表5-11　专业基础课程设置及要求

序号	课程名称	课程目标	主要内容	教学要求
1	机械制图	熟悉与机械制图相关的国家标准及其他有关规定，掌握机件的各种表达方法及其合理应用，掌握典型机械零件图及装配图的识读与绘制方法	以制造大类专业人才培养方案中职业岗位及职业能力分析表中的机械零件加工、检测及装配技能为主要的教学内容，以形体的视图绘制、零件图的识读与绘制、简单装配图的识读等为具体的内容安排，以具有代表性的典型机械零件图的识读及绘制过程为载体组织项目课程内容	在教学过程中融入“思政”元素，注重培养学生读图与绘图能力
2	机械设计基础	1. 善用规定的符号表达平面机构和简单机械装置的工作原理 2. 熟练指出机械装置中的常用机构、通用机械零件的类型和作用 3. 善用规定的符号表达各个参数，会计算相关几何尺寸和传动比 4. 能分析实际生产中所用机构的特点、特性，能分析各传动应用的合理性 5. 能遵守国家标准，合理选用标准机械零件 6. 能分析通用机械零件常见失效原因 7. 能运用常用的创新方法，具有机械创新意识	平面机构的结构分析；平面连杆机构；凸轮机构；带传动和链传动；齿轮传动；蜗杆传动；齿轮系；连接；轴承；轴；其他常用零件	能达到专业人才培养方案要求的水平

续表

序号	课程名称	课程目标	主要内容	教学要求
3	钳工实训	围绕企业中钳工操作的特点和能力要求，通过具体项目使学生熟知钳工操作规程和工艺知识，熟练掌握钳工基本技能（平面画线、锯削、锉削、钻孔、攻丝）和安全操作方法，培养学生的实际动手能力	熟知钳工操作规程和工艺知识；熟练掌握钳工基本技能（平面画线、锯削、锉削、钻孔、攻丝）和安全操作方法	融入“课程思政”的内容；将演示法与练习法相结合，做到学做合一
4	人工智能概论	通过对人工智能的基本概念、知识表示、搜索技术、常用算法、人工神经网络及深度学习等内容的学习，建立起人工智能思想，熟悉人工智能技术应用的基本方法，激发自主学习新知识、新技术的积极性，树立技术强国的专业理想，培养工匠精神和创新精神，激励学成报国的专业志向	绪论；知识表示；确定性推理方法；不定性推理方法；搜索求解策略；遗传算法及其应用；人工神经网络及其应用	融入“课程思政”的内容；在教学过程、课程评价、教学资源开发等方面突出以学生为主体的思想，注重学生应用能力的培养
5	汽车构造	1. 熟知汽车的总体构造，区分不同类型的汽车及其布置形式 2. 熟知汽车发动机两大机构的结构组成，了解各机构的工作原理 3. 熟知汽车发动机五大系统的结构组成，了解各系统的工作原理 4. 熟知汽车传动系统的结构组成，了解汽车传动原理	1. 汽车总体构造的认知 2. 汽车发动机两大机构的结构组成及其工作原理 3. 汽车发动机五大系统的结构组成及其工作原理 4. 汽车传动系统的结构组成及其工作原理 5. 汽车行驶系统的结构组成及其工作原理 6. 汽车转向系统的结构组成及其工作原理	融入“课程思政”的内容；在教学过程、课程评价、教学资源开发等方面突出以学生为主体的思想，注重学生应用能力的培养

续表

序号	课程名称	课程目标	主要内容	教学要求
5	汽车构造	5. 熟知汽车行驶系统的结构组成，了解汽车行驶原理 6. 熟知汽车转向系统的结构组成，了解汽车转向原理 7. 熟知汽车制动系统的结构组成，了解汽车制动原理 8. 熟知汽车车身各部分的结构及其附属设备 9. 培养工匠精神，培养爱岗敬业、遵守纪律、团队意识等良好的职业素养	7. 汽车制动系统的结构组成及其工作原理 8. 汽车车身的结构及其附属设备	融入“课程思政”的内容；在教学过程、课程评价、教学资源开发等方面突出以学生为主体的思想，注重学生应用能力的培养
6	AutoCAD集训	1. 熟知与机械制图相关的国家标准和规范 2. 熟练使用该软件常用绘图命令及编辑命令 3. 能进行各类尺寸及其公差标注 4. 能用该软件完成中等复杂程度零件图的绘制 5. 能正确标注表面结构符号和几何公差代号 6. 能进行空间想象和思维，能绘制零件所需视图 7. 能撰写零件图中的技术要求，能完整填写标题栏 8. 能爱岗敬业、履行职责、养成情感、磨砺意志，有良好的劳动素养	1. AutoCAD 软件基本知识与操作 2. 基本绘图命令 3. 高级编辑命令 4. 尺寸及各项标注 5. 综合应用 6. 劳动教育	融入“课程思政”的内容；在教学过程、课程评价、教学资源开发等方面突出以学生为主体的思想，注重学生应用能力的培养

续表

序号	课程名称	课程目标	主要内容	教学要求
7	公差配合与技术测量	能使学生掌握技术人员所必备的公差配合与技术测量方面的基础知识和一定的实际工作技能	互换性、极限与配合、测量技术、几何公差、表面粗糙度及普通螺纹	融入“课程思政”的内容；采用案例式教学方法，理论联系实践；充分利用在线开放课程，采用线上线下混合教学方法；注重过程评价；注重学生应用能力和创新意识的培养
8	电工电子技术基础	1. 熟知直流电路的基本概念，能用多种方法分析简单直流电路，会识读基本电路图 2. 熟知正弦交流电路的基本概念和各种表示方法，会分析计算 RLC 串联交流电路中的各个参数，具备安全用电常识 3. 熟悉二极管、三极管的性质及其模型，会对单级共射放大电路进行分析计算 4. 熟知基本逻辑门电路的逻辑关系及表示方法 5. 能熟练使用各种电工电子仪表，对常用电子器件有一定的检测能力，养成良好的电路求解习惯 6. 能爱岗敬业，具有良好的劳动素养	1. 直流电路 2. 正弦交流电路 3. 模拟电路 4. 数字电路	理论与实践相结合；融入“课程思政”的内容；采用多种有助于实现教学目标的教学方法；注重过程评价

表 5-12 工业设计专业核心课程设置及要求

序号	课程名称	课程目标	主要内容	教学要求
1	计算机辅助工业设计	1. 掌握二维、三维软件基础操作知识 2. 了解产品材质与工艺基础知识 3. 熟用二维软件表达产品材质与工艺 4. 善用三维软件建立三维模型 5. 掌握渲染软件，将三维模型渲染出图 6. 综合运用二维、三维软件创建产品设计效果图 7. 具有自主学习与创新意识	1. 运用计算机软件辅助工业设计中产品设计方案的表达 2. 二维效果图制作（PS+AI） 3. 三维效果图制作（Rhino+V-Ray）	在教学过程中融入“思政”元素，注重案例教学法在课程教学中的应用，挖掘适合课程教学内容的典型案例
2	产品形态研究	1. 掌握产品形态的要素，包括点、线、面、体、色彩、材质、肌理等 2. 掌握产品造型设计的基础理论和基本知识 3. 掌握产品造型设计材料与工艺的基本知识 4. 具有良好的手绘草图能力 5. 具有完成从草图到三维渲染一应俱全的设计表现能力 6. 具有良好的模型制作技能 7. 能把理论知识与应用性较强的实例有机结合，提高专业实践能力	1. 产品形态要素 2. 产品造型设计的基础理论和基本知识 3. 产品造型设计材料与工艺的基本知识 4. 产品造型设计的设计表现能力	在教学过程中融入“思政”元素，着重培养学生对形态的感知能力，通过一定的形态训练，使学生初步具备产品形态创新能力

续表

序号	课程名称	课程目标	主要内容	教学要求
3	材料与工艺	1. 正确认识工业设计与材料、工艺之间的关系 2. 熟悉常用材料的特性并合理选择其加工制造工艺 3. 熟悉常用材料表面处理工艺 4. 掌握常用材料的制造与装配结构设计相关知识	1. 塑料、金属、陶瓷、玻璃等常用材料的特性 2. 常用材料的加工制造工艺 3. 材料与结构的关系 4. 材料的表面处理工艺	1. 在教学过程中注重采用多媒体教学视频演示代替讲授，以提高知识传授效果 2. 在教学过程中融入“思政”元素 3. 注重案例教学法在课程教学中的应用，挖掘适合课程教学内容的典型案例
4	人机交互设计	1. 熟知人机交互设计的流程和操作方法 2. 善用软件绘制界面图标 3. 熟知界面逻辑关系，实现界面排布的可读性 4. 熟用交互设计理论，实现人机界面中图标的合理运用 5. 能准确测量人体尺寸，设计简单的符合人机界面的产品 6. 利用小组设计养成团队协作的习惯	1. 人机交互设计概述 2. 人机交互设计的流程及方法 3. 图标及其在人机界面中的运用 4. 人体测量及其在设计中的应用	1. 基于“翻转课堂”“OBE成果导向”“课程思政”等教育教学改革理念，对教学内容进行合理化设计，有效融入“思政”元素 2. 注重案例教学法在课程教学中的应用，挖掘适合课程教学内容的典型案例
5	专题设计	1. 掌握产品造型设计的基础理论和基本知识 2. 掌握产品从设计制造到走向市场的全过程知识 3. 具有良好的手绘草图能力 4. 具有完成从草图到三维渲染一应俱全的设计表现能力 5. 具有良好的模型制作技能 6. 具有良好的用户、品牌、市场分析能力 7. 具有与他人沟通、合作及团队协作的能力	1. 产品设计的流程及方法 2. 产品设计的表达方式 3. 产品设计的评价 4. 产品设计的展示	1. 基于“翻转课堂”“OBE成果导向”“课程思政”等教育教学改革理念，对教学内容进行合理化设计，有效融入“思政”元素 2. 注重案例教学法在课程教学中的应用，挖掘适合课程教学内容的典型案例

表 5-13 工业设计专业综合课程设置及要求

序号	课程名称	课程目标	主要内容	教学要求
1	产品设计手绘表现技法	1. 掌握基本的透视，各种线条、几何图形的设计表现技法 2. 能系统地学习简单、一般和复杂产品的设计表现技法，合理流畅的线条运用，准确的比例结构，正确的轴线表达 3. 能系统地掌握产品设计表现中色彩快速表现技法，运用马克笔、硫酸纸、色粉笔等进行产品色彩表现 4. 能自如地运用所学的知识，综合各种表现方法去创作，具备把设计构思转化为设计草图方案的能力	1. 家居类产品设计手绘表现技法 2. 文化用品类产品设计手绘表现技法 3. 五金类产品设计手绘表现技法 4. 3C电子类产品设计手绘表现技法 5. 交通工具类产品设计手绘表现技法 6. 产品手绘快题表现	1. 在教学过程中融入“课程思政”的内容 2. 着重培养学生独立绘制草图的能力，实现从临摹到独立创作的转变
2	专业认知考察	1. 了解行业发展概况 2. 熟悉工作岗位职业能力要求 3. 了解具有地域特色的工艺品制作工艺流程	1. 国内知名工业设计公司实地考察 2. 国内知名制造企业（汽车主机厂等）实地调研 3. 传统工艺品（紫砂壶等）制作工艺调研与实践	理论与实践相结合；融入“课程思政”的内容；采用现场考察、人物访谈等方法
3	油泥模型实训	1. 区辨视觉模型、展示模型、功能模型在工业设计中的作用及制作流程 2. 善用工业油泥、油泥刮刀等造型耗材及工具，将产品设计平面草案制作成立体造型 3. 能用逆向扫描设备对油泥造型进行逆向扫描操作 4. 具有严谨、规范、求精的工匠精神	1. 实物模型的分类 2. 油泥模型的作用 3. 油泥模型制作的流程 4. 油泥模型制作的方法及技巧	1. 在教学过程中融入“课程思政”的内容 2. 着重培养学生独立制作产品模型的能力，实现从创意方案到实物的转变

续表

序号	课程名称	课程目标	主要内容	教学要求
4	数字化产品设计	1. 熟悉数字化产品设计基本知识，掌握数字化产品设计的基本程序与方法 2. 熟用 CATIA 软件实体特征创建及编辑命令，实现产品零件三维数字化建模 3. 熟用 CATIA 软件曲面特征创建及编辑命令，实现产品外观造型的高级曲面建模 4. 熟用 CATIA 软件工程图生成命令，实现由产品零件三维数字化模型生成工程图 5. 分组完成简单产品零件设计项目，并完成现场答辩	1. 数字化产品设计的基本程序与方法 2. CATIA 软件的参数化建模命令及其操作 3. 用 CATIA 软件生成工程图	1. 注重采用案例教学法提升教学效果 2. 在教学过程中融入“思政”元素 3. 在教学过程中强调数字化产品设计的流程及规范，促进学生养成良好的职业素养
5	毕业设计（论文）	1. 掌握产品造型设计的基础理论和基本知识 2. 掌握产品从设计制造到走向市场的全过程知识 3. 具有良好的手绘草图能力 4. 具有完成从草图到三维渲染一应俱全的设计表现能力 5. 具有良好的模型制作技能 6. 具有良好的用户、品牌、市场分析能力 7. 具有与他人沟通、合作及团队协作的能力	1. 产品设计的基本流程及方法 2. 产品设计的重要思想及理念 3. 产品设计的核心技能	理论联系实际，能综合运用所学的专业知识；工作量和难度要适中；按进度开展

续表

序号	课程名称	课程目标	主要内容	教学要求
6	顶岗实习	1. 能通过企业入职培训 2. 能胜任企业专业技术岗位 3. 熟悉企业运作和管理模式 4. 熟悉企业的产品开发及其生产制造 5. 能建立团队合作精神 6. 能了解企业、品牌、产品、市场之间的关系	1. 企业与企业管理 2. 企业形象、品牌形象、产品形象三者之间的关系 3. 现代企业产品开发模式 4. 企业与市场之间的关系 5. 产品成本计算 6. 设计师对企业的责任与担当	注重帮助学生实现由学生到企业职员的角色转变

表 5-14　模具设计与制造专业核心课程设置及要求

序号	课程名称	课程目标	主要内容	教学要求
1	塑料模设计	掌握典型单分型面、双分型面注射模及斜导柱、斜顶侧向抽芯注射模的设计，并能编写模具设计说明书、绘制工程图	典型单分型面、双分型面注射模及斜导柱、斜顶侧向抽芯注射模的设计的相关知识；通过软件进行模具的三维设计和工程图绘制	1. 注重采用案例教学法提升教学效果 2. 在教学过程中融入“思政”元素 3. 在教学过程中强调塑料模设计的流程及规范，促进学生养成良好的职业素养
2	模具 CAD/CAM	能用 UG 或 Pro/E 软件进行产品三维造型，模具三维装配设计、工程图绘制；掌握模具成型零件数控加工编程	1. 模具零件草图绘制 2. 三维模型创建 3. 模具装配图创建 4. 模具零件工程图创建 5. 模具设计 6. 模具成型零件数控加工编程	1. 注重采用案例教学法提升教学效果 2. 在教学过程中融入“思政”元素 3. 在教学过程中强调绘图的流程及规范，促进学生养成良好的职业素养
3	模具数字化编程与加工	掌握模具零件的数控铣削编程及加工方法	模具零件的数控铣削加工	1. 注重采用案例教学法提升教学效果 2. 在教学过程中融入“思政”元素 3. 在教学过程中强调模具数字化编程与加工的流程及规范，促进学生养成良好的职业素养

续表

序号	课程名称	课程目标	主要内容	教学要求
4	模塑 CAE	掌握浇口位置分析、充填分析、冷却分析、翘曲分析方法，能综合应用 CAE 技术进行注射成型分析	1. 注塑件最佳浇口位置分析 2. 注射成型工艺参数优化分析 3. 注射成型充填、冷却、流动、翘曲分析	1. 注重采用案例教学法提升教学效果 2. 在教学过程中融入“思政”元素 3. 在教学过程中强调模塑 CAE 的流程及规范，促进学生养成良好的职业素养
5	模具制造技术	掌握模具零件加工工艺的编制及塑料模具的装配工艺	1. 轴套类零件加工工艺编制 2. 板块类零件加工工艺编制 3. 型芯零件的加工 4. 型腔零件的加工 5. 注射模的装配与调试	1. 注重采用案例教学法提升教学效果 2. 在教学过程中融入“思政”元素 3. 在教学过程中强调模具制造技术规范，促进学生养成良好的职业素养
6	塑料模具智能制造技术综合应用	掌握应用智能制造技术进行模具零件加工，能正确装配、调试塑料模具	1. 模具智能设计 2. 模具零件智能制造排产 3. 模具零件 CAM 加工 4. 模具零件电加工 5. 模具装配与试模	1. 注重采用案例教学法提升教学效果 2. 在教学过程中融入“思政”元素 3. 在教学过程中强调塑料模具智能制造技术规范，促进学生养成良好的职业素养

表 5-15 模具设计与制造专业综合课程设置及要求

序号	课程名称	课程目标	主要内容	教学要求
1	毕业设计（论文）	培养学生材料成型工艺设计、解决材料成型工艺问题的能力；通过完成一项实际工程项目或模拟工程项目，让学生运用现有专业知识解决实际工程问题或模拟工程问题，为就业后从事专业技术工作夯实基础	1. 产品创新设计与 3D 打印 2. 制件的模具创新设计与制作	理论联系实际，能综合运用所学的专业知识；工作量和难度要适中；按进度开展

续表

序号	课程名称	课程目标	主要内容	教学要求
2	顶岗实习	熟悉所从事工作岗位解决实际问题的方案、方法、步骤等过程知识；能按岗位标准及考核办法，熟练完成岗位工作，提高技能水平；培养良好的身心素质、适应工作环境和社会生活的能力	1. 了解企业概况 2. 分岗实习	注重帮助学生实现由学生到企业职员的角色转变

表 5-16 机械制造与自动化专业核心课程设置及要求

序号	课程名称	课程目标	主要内容	教学要求
1	机械制造工艺技术	1. 掌握典型零件加工工艺的编制方法 2. 掌握常用机床、刀具、量具选择的基本知识 3. 掌握机械加工零件质量控制及检测方法 4. 了解先进加工工艺及现代工艺装备的知识 5. 了解机械装配工艺的基本知识	1. 轴类零件的机械加工工艺技术准备 2. YG021 单纱强力机传动轴零件的机械加工工艺编制 3. YG004 单纤维强力仪齿轮轴零件的机械加工工艺编制 4. 套筒类零件的机械加工工艺技术准备 5. YG025 缕纱强力机导向套零件的机械加工工艺编制 6. YG023 全自动强力机定位轴套零件的机械加工工艺编制 7. 箱体类零件的机械加工工艺技术准备 8. YG086 缕纱测长机蜗轮箱零件的机械加工工艺编制 9. YG004 单纤维强力仪下导轮座零件的机械加工工艺编制	1. 注重采用案例教学法提升教学效果 2. 在教学过程中融入“思政”元素 3. 在教学过程中强调机械制造工艺技术规范，促进学生养成良好的职业素养

续表

序号	课程名称	课程目标	主要内容	教学要求
2	工艺技术应用	1. 熟悉机械加工工艺编制的过程 2. 掌握工艺编制的基本原则 3. 掌握机械加工工艺手册等资料的应用 4. 掌握机械加工工艺参数的选择及质量控制 5. 了解新技术、新工艺的应用	1. 圆柱齿轮类零件的机械加工工艺技术准备 2. YG086 缕纱测长机传动齿轮零件的机械加工工艺编制 3. YG025 缕纱强力机伞齿轮零件的机械加工工艺编制 4. 传动轴零件的机械加工工艺分析 5. 传动轴零件的机械加工工艺编制 6. 蜗轮箱零件的机械加工工艺分析 7. 导轮座零件的机械加工工艺编制	1. 注重采用案例教学法提升教学效果 2. 在教学过程中融入“思政”元素 3. 在教学过程中强调工艺技术规范，促进学生养成良好的职业素养
3	机床夹具设计	1. 掌握工件六点定位原则及四种定位形式的应用 2. 掌握夹具设计中定位元件、夹紧元件等标准件及非标准件的选用与设计 3. 熟悉机床夹具设计的过程 4. 掌握机床夹具总装图绘制、标注、精度控制等知识 5. 了解最新机床夹具的应用	1. 工件的定位 2. 工件的夹紧 3. 钻夹具的特点及分类 4. 轴套钻孔夹具图纸设计 5. 车夹具的特点及分类 6. 一面二销定位方案设计 7. 支架座车孔夹具图纸设计 8. 铣夹具的特点及分类 9. 专用夹具设计的全过程 10. 专用夹具设计全过程实例 11. 联板零件铣槽夹具图纸设计 12. 机器人抓手夹具设计	1. 注重采用案例教学法提升教学效果 2. 在教学过程中融入“思政”元素 3. 在教学过程中强调机床夹具设计的流程及规范，促进学生养成良好的职业素养

续表

序号	课程名称	课程目标	主要内容	教学要求
4	电气控制与PLC	1. 熟悉常用低压电器的基本结构、原理、型号、规格、用途和选用原则 2. 掌握低压电器元件的文字、图形符号及电路图识读规则 3. 熟练掌握典型电气控制环节的工作原理与分析方法 4. 熟悉PLC的发展、组成和工作原理 5. 熟悉PLC基本位逻辑指令的编程方法 6. 熟悉PLC常用功能指令的编程方法 7. 学习PLC控制系统设计、调试的相关知识 8. 了解电气线路维修的基本方法、原则、步骤	1. 机床主轴点动控制 2. 机床主轴启停、旋向及其他控制 3. 机床整机电气维修 4. PLC概况及硬件接线 5. PLC常用指令编程	1. 注重采用案例教学法提升教学效果 2. 在教学过程中融入“思政”元素 3. 在教学过程中强调电气控制与PLC设计的流程及规范，促进学生养成良好的职业素养
5	自动化生产线	1. 掌握机械驱动式机械手的控制 2. 掌握间歇进给机构的下料控制 3. 掌握检测单元的控制与自动化生产线的MCGS组态与联网控制	1. 步进电机与其驱动器的连接 2. 步进电机的PLC控制及机械驱动式机械手的PLC控制与调试 3. 单元机械机构 4. 下料单元的PLC控制与调试 5. 有关检测传感器 6. 检测单元的PLC控制与调试 7. MCGS组态软件 8. MCGS工程实例详解	1. 注重采用案例教学法提升教学效果 2. 在教学过程中融入“思政”元素 3. 在教学过程中强调自动化生产线技术规范，促进学生养成良好的职业素养

表 5-17 机械制造与自动化专业综合课程设置及要求

序号	课程名称	课程目标	主要内容	教学要求
1	工艺与装备课程设计	1. 会典型零件加工工艺的编制方法 2. 会常用机床、刀具、量具选择的基本知识 3. 能运用机械加工零件质量控制及检测方法 4. 能编制机械制造工艺，完成一整套工艺文件 5. 掌握机床夹具设计的过程 6. 掌握机床夹具总装图绘制、标注、精度控制等知识 7. 能根据要求设计一整套机床夹具图	1. 传动轴零件的机械加工工艺分析 2. 传动轴零件的机械加工工艺编制 3. 蜗轮箱零件的机械加工工艺分析 4. 导轮座零件的机械加工工艺编制 5. 专用夹具设计的全过程 6. 专用夹具设计全过程实例 7. 联板零件铣槽夹具图纸设计 8. 机器人抓手夹具设计	理论与实践相结合；融入“课程思政”的内容；采用多种有助于实现教学目标的教学方法；注重过程评价
2	毕业设计（论文）	通过完成一项实际工程项目或模拟工程项目，让学生制订解决实际问题的方案、方法、步骤等；学会查阅有关技术资料、设计手册并进行工程计算和图纸设计；能较熟练运用AutoCAD软件进行机械设计	根据选题查阅相关技术资料，编制机械加工工艺，进行工程计算，绘制工程图，设计有关工装夹具	理论联系实际，能综合运用所学的专业知识；工作量和难度要适中；按进度开展
3	顶岗实习	熟悉所从事工作岗位解决实际问题的方案、方法、步骤等过程知识；能按岗位标准及考核办法，熟练完成岗位工作，提高技能水平；培养良好的身心素质、适应工作环境和社会生活的能力	1. 了解企业概况 2. 分岗实习	注重帮助学生实现由学生到企业职员的角色转变

表 5-18 数控技术专业核心课程设置及要求

序号	课程名称	课程目标	主要内容	教学要求
1	数控加工工艺与装备	1. 能利用相关手册编写零件数控加工工艺文件 2. 具备与数控机床操作工职业相关的数控工艺设计能力	零件工艺过程分析、刀具选择、切削用量选用、夹具设计、进给路线绘制等	1. 注重采用案例教学法提升教学效果 2. 在教学过程中融入“思政”元素 3. 在教学过程中强调数控加工工艺规范，促进学生养成良好的职业素养
2	数控车削技术	1. 能根据零件要求制订数控加工工艺方案 2. 熟练应用典型数控系统编制零件加工程序 3. 能操作数控车床加工合格零件	分析数控车床的加工能力；数控车削阶梯轴类零件、数控车削曲面轴类零件、数控车削轴套类零件、数控车削二次曲面类零件	1. 注重采用案例教学法提升教学效果 2. 在教学过程中融入“思政”元素 3. 在教学过程中强调数控车削技术规范，促进学生养成良好的职业素养
3	数控铣削与加工中心技术	1. 掌握运用典型系统数控铣床、加工中心编程方法来设计和调试零件数控加工程序、手动和自动操作数控铣床或加工中心加工零件 2. 能用 UG 软件进行二维线框铣加工、平面铣加工、三维定轴铣加工、点位加工、多轴加工 3. 掌握 UG 软件的机床后置处理技术和程序仿真验证的方法与技巧 4. 能用 UG 软件进行计算机辅助制造	分析数控镗铣床的加工能力；数控铣削平面类零件、数控铣削零件成型槽、数控铣削平面凸模类零件、数控铣削平面凹模类零件、数控铣削级进模、数控铣削特形模、数控镗铣孔盘类零件、数控铣削二次曲面类零件、数控镗铣箱体类零件；利用 UG 软件进行二维线框铣加工、平面铣加工、三维定轴铣加工、点位加工；UG 软件的机床后置处理技术和程序仿真验证的方法与技巧	1. 注重采用案例教学法提升教学效果 2. 在教学过程中融入“思政”元素 3. 在教学过程中强调数控铣削与加工中心技术规范，促进学生养成良好的职业素养

续表

序号	课程名称	课程目标	主要内容	教学要求
4	多轴数控加工	具备数控车铣复合机床、数控四轴加工中心、数控五轴加工中心数控程序编制和工艺编制能力	四轴加工编程与工艺安排、车铣复合加工编程与工艺安排、五轴联动加工编程与工艺安排等	1. 注重采用案例教学法提升教学效果 2. 在教学过程中融入“思政”元素 3. 在教学过程中强调多轴数控加工技术规范，促进学生养成良好的职业素养
5	数控机床维护	1. 能分析数控机床的技术参数和结构特点 2. 具备数控机床维护的基本知识和操作技能	以典型数控机床维护工作任务为导向，根据数控机床的电气图、机械结构图、数控系统说明书等技术资料进行数控机床日常维护，使学生具备常用数控机床维护的基本技能	1. 注重采用案例教学法提升教学效果 2. 在教学过程中融入“思政”元素 3. 在教学过程中强调数控机床维护技术规范，促进学生养成良好的职业素养
6	智能制造技术	1. 掌握智能生产与MES管控 2. 掌握典型零件数字化设计与编程，智能产线工艺分析、设备选型、仿真搭建，工业机器人安装调试和编程，智能检测单元安装与调试，智能制造控制系统安装与调试	以项目为单元组织教学，将智能产线分解到各个单元中，在每个单元的教学过程中融入产线工艺分析、产线仿真搭建、数控设备安装与调试、工业机器人安装调试和编程、智能检测单元安装与调试、智能生产与MES管控等相关知识和技能	1. 注重采用案例教学法提升教学效果 2. 在教学过程中融入“思政”元素 3. 在教学过程中强调智能制造技术规范，促进学生养成良好的职业素养
7	数控综合实训	1. 掌握数控铣床操作 2. 能使用数控铣床加工中等复杂零件	讲授所用数控机床的基础知识及其所配的数控系统的基本知识，针对所用的数控机床及其所配的数控系统讲解数控机床的操作，通过实际操作练习，使学生能操作所用的数控机床，能进行中等复杂零件的加工	1. 注重采用案例教学法提升教学效果 2. 在教学过程中融入“思政”元素 3. 在教学过程中强调数控技术规范，促进学生养成良好的职业素养

续表

序号	课程名称	课程目标	主要内容	教学要求
8	数控加工工艺课程设计	能合理编写机械加工工艺过程卡片、数控加工工序卡片、数控加工刀具卡片等工艺文件	数控加工刀具选择、切削用量确定、工艺卡片编写	1. 注重采用案例教学法提升教学效果 2. 在教学过程中融入“思政”元素 3. 在教学过程中强调数控加工工艺技术规范，促进学生养成良好的职业素养
9	多轴加工实训	具备数控车铣复合机床编程加工、数控四轴加工中心数控程序编制、数控五轴加工中心数控程序编制、数控五轴加工中心操作、数控五轴加工中心运行加工等能力	数控车铣复合编程、数控四轴加工中心编程与操作、数控五轴加工中心编程与操作	1. 注重采用案例教学法提升教学效果 2. 在教学过程中融入“思政”元素 3. 在教学过程中强调多轴加工技术规范，促进学生养成良好的职业素养
10	智能制造实训	具备产线工艺分析、产线仿真搭建、智能产线集成、智能生产与 MES 管控等方面的能力	产线工艺分析、产线仿真搭建、数控设备安装与调试、工业机器人安装调试和编程、智能检测单元安装与调试、智能生产与 MES 管控等相关知识和技能	1. 注重采用案例教学法提升教学效果 2. 在教学过程中融入“思政”元素 3. 在教学过程中强调智能制造技术规范，促进学生养成良好的职业素养

表 5-19 数控技术专业综合课程设置及要求

序号	课程名称	课程目标	主要内容	教学要求
1	毕业设计（论文）	运用专业知识和能力设计完成实际工程项目或模拟工程项目的解决方案与详细措施，形成规范的专业技术文件	优选企业典型零件工程图，进行三维建模、三维图转二维工程图、机械加工工艺设计、专用加工设备和刀量具方案设计、夹具设计、数控加工程序设计等	理论联系实际，能综合运用所学的专业知识；工作量和难度要适中；按进度开展

续表

序号	课程名称	课程目标	主要内容	教学要求
2	顶岗实习	检验、巩固、丰富所学专业技术理论，提升专业技能熟练程度和水平，以适应岗位工作要求，高质量地完成工作任务，正确、创造性地解决实际问题，提高独立学习的能力	了解企业的文化、运作、规章制度等；结合专业特点养成良好的职业素养［职业道德、职业思想（意识）、职业行为习惯、职业技能］；积累工作经验，基本胜任本岗位工作；尽可能多了解本企业、本专业其他岗位工作	注重帮助学生实现由学生到企业职员的角色转变

表 5-20　机械产品检测检验技术专业核心课程设置及要求

序号	课程名称	课程目标	主要内容	教学要求
1	机械零件加工质量检测	1. 能阐述量块的基本性能及用途 2. 能合理选择轴径和孔径的各种检测方法并进行数据处理 3. 能完成中等复杂机械零件的检测 4. 能规范执行行业标准和国家标准 5. 能进行表面粗糙度的检测及数据处理	1. 零件长度误差检测 2. 零件角度误差检测 3. 零件几何误差检测 4. 零件表面粗糙度检测 5. 螺纹误差检测 6. 齿轮误差检测	1. 注重采用案例教学法提升教学效果 2. 在教学过程中融入“思政”元素 3. 在教学过程中强调机械零件加工质量检测技术规范，促进学生养成良好的职业素养
2	现代检测技术应用	1. 能阐述三坐标的两个工作原理、分类与组成 2. 能初步编制机械零件的检测规划 3. 能熟练完成三坐标测头定义、校验等检测前期准备工作 4. 能使用三种方法完成测量工件坐标系的建立 5. 能操作三坐标设备在规定时间内完成DEMO零件中指定的六个指标的评价报告 6. 能完成回转类、板块类、模具类、检具类、箱体类、薄壁类等各类典型中等复杂机械零件三坐标脱机编程的检测	1. DEMO零件的检测 2. 模具成型零件的检测 3. 机械零件的检测 4. 箱体工件的检测 5. 薄壁类零件的检测	1. 注重采用案例教学法提升教学效果 2. 在教学过程中融入“思政”元素 3. 在教学过程中强调现代检测技术规范，促进学生养成良好的职业素养

续表

序号	课程名称	课程目标	主要内容	教学要求
3	无损检测	1. 能理解超声波检测原理及操作方法 2. 能根据缺陷的性质及种类合理选择常用的探伤方法 3. 能正确编制检测工艺卡 4. 能规范执行行业标准和国家标准 5. 能评价检测方法的合理性	1. 机械零件的超声波检测 2. 机械零件的射线检测 3. 机械零件的磁粉检测 4. 机械零件的渗透检测 5. 机械零件的涡流检测	1. 注重采用案例教学法提升教学效果 2. 在教学过程中融入“思政”元素 3. 在教学过程中强调无损检测技术规范，促进学生养成良好的职业素养
4	智能检测技术	1. 掌握机器人传感器的用途 2. 掌握智能检测技术的特点及内涵 3. 掌握工业机器人离线编程 4. 能结合智能装备和智能检测技术检测应用实例 5. 掌握智能检测中传感器的信号转换	1. 阶梯轴零件的自动检测 2. 箱体类零件的智能检测 3. 石墨电极的智能检测	1. 注重采用案例教学法提升教学效果 2. 在教学过程中融入“思政”元素 3. 在教学过程中强调智能检测技术规范，促进学生养成良好的职业素养
5	三维扫描检测	1. 能阐述三维扫描仪的分类与组成 2. 能选择和运用三维扫描仪获取实物模型的三维数据 3. 能完成中等复杂实物模型的逆向设计和一般难度机械产品的三维扫描检测	1. 三维扫描仪使用 2. 鼠标逆向建模 3. 汽车门把手检测	1. 注重采用案例教学法提升教学效果 2. 在教学过程中融入“思政”元素 3. 在教学过程中强调三维扫描检测技术规范，促进学生养成良好的职业素养

续表

序号	课程名称	课程目标	主要内容	教学要求
6	检具设计与加工	1. 能阐述机械加工检具的分类与组成 2. 能合理选择常用定位方式、夹紧方式进行检具设计 3. 能完成中等复杂机械加工检具的设计 4. 能规范执行行业标准和国家标准 5. 能评价机械加工检具设计的合理性	1. 轴类零件的检具设计 2. 块类零件的检具设计 3. 齿轮类零件的检具设计 4. 其他零件的检具设计	1. 注重采用案例教学法提升教学效果 2. 在教学过程中融入“思政”元素 3. 在教学过程中强调检具设计与加工技术规范，促进学生养成良好的职业素养
7	机械产品检测技术综合应用	1. 具备分析零件的能力 2. 具备根据零件选择检测方法和制定检测工艺的能力 3. 掌握传统检具与现代检具的使用方法 4. 具备相关检测设备操作和日常维护的能力 5. 具备正确读取检测报告的能力	1. 产品检测工艺设计 2. 产品检测技术应用	1. 注重采用案例教学法提升教学效果 2. 在教学过程中融入“思政”元素 3. 在教学过程中强调机械产品检测技术规范，促进学生养成良好的职业素养

表 5-21　机械产品检测检验技术专业综合课程设置及要求

序号	课程名称	课程目标	主要内容	教学要求
1	毕业设计（论文）	1. 能阐述并运用机械产品检测检验技术专业所学的知识 2. 能熟悉并运用机械零件质量检测检验的工艺方法 3. 能熟练操作相关检测检验设备进行各类要素的检测 4. 能规范执行行业标准和国家标准 5. 能撰写机械产品检测检验毕业设计说明书（论文）	让学生运用现有专业知识解决实际工程问题或模拟工程问题，在规定时间内完成一项机械产品检测检验工艺的设计，并撰写机械产品检测检验毕业设计说明书（论文）	理论联系实际，能综合运用所学的专业知识；工作量和难度要适中；按进度开展

续表

序号	课程名称	课程目标	主要内容	教学要求
2	顶岗实习	1. 能初步制订解决岗位工作问题的方案、方法、步骤 2. 能服从领导安排，按岗位标准及考核办法，熟练完成岗位工作，提高技能水平 3. 能规范执行行业标准和国家标准 4. 熟悉相关企业规章制度和企业文化 5. 能用语言、文字表达岗位工作的业务范围、相关专业知识	1. 了解企业概况 2. 分岗实习	注重帮助学生实现由学生到企业职员的角色转变

六、教学周次分配

（一）工业设计专业教学周次分配（表5-22）

表5-22　工业设计专业教学周次分配　　单位：周

周数		学期						小计
		1	2	3	4	5	6	
项目	按学时安排教学	11	18	18	18	18	4	87
	按整周安排教学	4	0	0	0	0	0	4
	毕业设计	0	0	0	0	0	4	4
	顶岗实习	0	0	0	0	0	8	8
	考试	1	1	1	1	1	0	5
	机动、放假	1	1	1	1	1	0	5
总计		17	20	20	20	20	16	113

备注：一年级暑假安排 4 周社会实践。

（二）模具设计与制造专业教学周次分配（表 5-23）

表 5-23　模具设计与制造专业教学周次分配　　单位：周

周数		学期						小计
		1	2	3	4	5	6	
项目	按学时安排教学	13	13	17	7	0	9	59
	按整周安排教学	2	5	1	11	0	9	28
	毕业设计	0	0	0	0	8	0	8
	顶岗实习	0	0	0	0	8	0	8
	考试	1	1	1	1	0	1	5
	机动、放假	1	1	1	1	0	1	5
总计		17	20	20	20	16	20	113

备注：一年级暑假安排__4__周社会实践。

（三）机械制造与自动化专业教学周次分配（表 5-24）

表 5-24　机械制造与自动化专业教学周次分配　　单位：周

周数		学期						小计
		1	2	3	4	5	6	
项目	按学时安排教学	13	16	14	14	6	0	63
	按整周安排教学	2	2	4	4	12	0	24
	毕业设计	0	0	0	0	0	8	8
	顶岗实习	0	0	0	0	0	8	8
	考试	1	1	1	1	1	1	6
	机动、放假	1	1	1	1	1	1	6
总计		17	20	20	20	20	18	115

备注：一年级暑假安排__4__周社会实践。

（四）数控技术专业教学周次分配（表 5-25）

表 5-25　数控技术专业教学周次分配　　单位：周

周数		学期						小计
		1	2	3	4	5	6	
项目	按学时安排教学	13	15	14	12	0	0	54
	按整周安排教学	2	3	4	6	18	0	33
	毕业设计	0	0	0	0	0	8	8

续表

周数		学期						小计
		1	2	3	4	5	6	
项目	顶岗实习	0	0	0	0	0	8	8
	考试	1	1	1	1	1	0	5
	机动、放假	1	1	1	1	1	0	5
总计		17	20	20	20	20	16	113

备注：一年级暑假安排__4__周社会实践。

（五）机械产品检测检验技术专业教学周次分配（表5-26）

表5-26　机械产品检测检验技术专业教学周次分配　　单位：周

周数		学期						小计
		1	2	3	4	5	6	
项目	按学时安排教学	13	17	15	16	16	0	77
	按整周安排教学	2	1	3	2	2	0	10
	毕业设计	0	0	0	0	0	8	8
	顶岗实习	0	0	0	0	0	28	28
	考试	1	1	1	1	1	0	5
	机动、放假	1	1	1	1	1	0	5
总计		17	20	20	20	20	36	133

备注：一年级暑假安排__4__周社会实践。

七、课程结构与学时学分分配

（一）工业设计专业课程结构与学时学分分配（表 5-27）

表 5-27　工业设计专业课程结构与学时学分分配

<table>
<tr><th colspan="7">课程模块与学时学分</th><th colspan="3">课程信息</th><th colspan="6">学分分配</th></tr>
<tr><th colspan="3" rowspan="2">课程模块</th><th colspan="2">应修学分</th><th colspan="2">应修学时</th><th rowspan="2">课程名称</th><th rowspan="2">学分</th><th rowspan="2">学时</th><th colspan="2">第一学年</th><th colspan="2">第二学年</th><th colspan="2">第三学年</th></tr>
<tr><th>学分</th><th>学分比</th><th>学时</th><th>学时比</th><th>1</th><th>2</th><th>1</th><th>2</th><th>1</th><th>2</th></tr>
<tr><td rowspan="12">必修课程</td><td rowspan="12">公共基础课程</td><td rowspan="3">思政模块</td><td rowspan="3">9</td><td rowspan="3">6. 08%</td><td rowspan="3">144</td><td rowspan="3">5. 65%</td><td>思想道德修养与法律基础</td><td>3</td><td>48</td><td>3</td><td></td><td></td><td></td><td></td><td></td></tr>
<tr><td>毛泽东思想和中国特色社会主义理论体系概论</td><td>4</td><td>64</td><td></td><td>4</td><td></td><td></td><td></td><td></td></tr>
<tr><td>形势与政策</td><td>2</td><td>32</td><td>0. 5</td><td>0. 5</td><td>0. 5</td><td>0. 5</td><td></td><td></td></tr>
<tr><td rowspan="8">素质模块</td><td rowspan="8">16. 5</td><td rowspan="8">11. 15%</td><td rowspan="8">286</td><td rowspan="8">11. 22%</td><td>大学生职业生涯规划</td><td>1</td><td>16</td><td>1</td><td></td><td></td><td></td><td></td><td></td></tr>
<tr><td>军事技能训练</td><td>2</td><td>48</td><td>2</td><td></td><td></td><td></td><td></td><td></td></tr>
<tr><td>军事理论</td><td>2</td><td>36</td><td>2</td><td></td><td></td><td></td><td></td><td></td></tr>
<tr><td>大学生心理健康与发展</td><td>2</td><td>32</td><td>1</td><td>1</td><td></td><td></td><td></td><td></td></tr>
<tr><td>体育</td><td>7</td><td>114</td><td>2</td><td>2. 5</td><td>2. 5</td><td></td><td></td><td></td></tr>
<tr><td>劳动教育</td><td>1</td><td>16</td><td></td><td></td><td>0. 5</td><td>0. 5</td><td></td><td></td></tr>
<tr><td>就业指导与职业素养提升</td><td>1. 5</td><td>24</td><td></td><td></td><td></td><td></td><td>1. 5</td><td></td></tr>
<tr><td>创业教育</td><td>1</td><td>16</td><td></td><td></td><td>1</td><td></td><td></td><td></td></tr>
</table>

续表

课程模块与学时学分							课程信息			学分分配					
课程模块			应修学分		应修学时		课程名称	学分	学时	第一学年		第二学年		第三学年	
			学分	学分比	学时	学时比				1	2	1	2	1	2
必修课程	公共基础课程	文化基础	13.5	9.12%	216	8.47%	英语	4	64	4					
							职场交际英语	3.5	56		3.5				
							计算机应用基础	3	48		3				
							高等数学	3	48	3					
	专业基础课程		16	10.81%	272	10.67%	机械制图	3	48	3					
							机械设计基础	3	48			3			
							汽车构造	1	16		1				
							钳工实训	1	24		1				
							AutoCAD 集训	1	24			1			
							电工电子技术基础	3	48			3			
							人工智能概论	2	32					2	
							公差配合与技术测量	2	32				2		
	专业核心课程		46	31.08%	736	28.86%	计算机辅助工业设计	5	80		5				
							产品形态研究	2	32			2			
							材料与工艺	2	32				2		

续表

课程模块与学时学分						课程信息			学分分配					
课程模块		应修学分		应修学时		课程名称	学分	学时	第一学年		第二学年		第三学年	
		学分	学分比	学时	学时比				1	2	1	2	1	2
必修课程	专业核心课程	46	31.08%	736	28.86%	人机交互设计	3	48					3	
						专题设计 1　汽车球头设计	3	48		3				
						专题设计 2　汽车轮毂设计	4	64			4			
						专题设计 3　汽车格栅设计	8	128				8		
						专题设计 5　汽车座椅设计	8	128				8		
						专题设计 6　汽车中控设计	5	80					5	
						专题设计 7　汽车大灯设计	6	96					6	
	专业综合课程	26	17.57%	560	21.96%	产品设计手绘表现技法	3	48	3					
						专业认知考察	1	24	1					

续表

课程模块与学时学分						课程信息			学分分配					
课程模块		应修学分		应修学时		课程名称	学分	学时	第一学年		第二学年		第三学年	
		学分	学分比	学时	学时比				1	2	1	2	1	2
必修课程	专业综合课程	26	17.57%	560	21.96%	油泥模型实训	1	24		1				
						数字化产品设计	5	80			5			
						毕业设计（论文）	8	192						8
						顶岗实习	8	192						8
选修课程	公共基础选修课程	8	5.41%	128	5.02%	艺术类	1	16	（2）					
						人文类	1	16	（2）					
						创新创业类	1	16	（2）					
						思政类	1	16	（1）					
						劳动类	1	16	（1）					
						科技素养类	2	32						
						其他通识类	3	48						
	专业选修课程	12	8.10%	192	7.52%	专业类课程	2	32			（6）			
总计		148	100%	2 550	100%									

（二）模具设计与制造专业课程结构与学时学分分配（表 5-28）

表 5-28　模具设计与制造专业课程结构与学时学分分配

课程模块与学时学分							课程信息			学分分配					
课程模块			应修学分		应修学时		课程名称	学分	学时	第一学年		第二学年		第三学年	
			学分	学分比	学时	学时比				1	2	1	2	1	2
必修课程	公共基础课程	思政模块	9	6.21%	144	5.59%	思想道德修养与法律基础	3	48	3					
							毛泽东思想和中国特色社会主义理论体系概论	4	64		4				
							形势与政策	2	32	0.5	0.5	0.5	0.5		
		素质模块	16.5	11.38%	286	11.11%	大学生职业生涯规划	1	16	1					
							军事技能训练	2	48	2					
							军事理论	2	36	2					
							大学生心理健康与发展	2	32	1	1				
							体育	7	114	2	2.5	2.5			
							劳动教育	1	16			0.5	0.5		
							就业指导与职业素养提升	1.5	24					1.5	
		创新创业	1	0.69%	16	0.62%	创业教育	1	16				1		
		文化基础	14	9.66%	224	8.70%	英语	4	64	4					
							职场交际英语	4	64		4				

续表

课程模块与学时学分							课程信息			学分分配					
课程模块			应修学分		应修学时		课程名称	学分	学时	第一学年		第二学年		第三学年	
			学分	学分比	学时	学时比				1	2	1	2	1	2
必修课程	公共基础课程	文化基础	14	9.66%	224	8.70%	计算机应用基础	3	48		3				
							高等数学	3	48	3					
	专业基础课程		39	26.90%	696	27.04%	汽车构造	1	16	1					
							机械制图	6	96	3	3				
							电工电子技术基础	2	32	2					
							产品三维造型设计	2	32		2				
							工程材料与热加工	3	48		3				
							机械设计基础	3	48		3				
							钳工实训	1	24		1				
							机械加工综合实训	3	72		3				
							公差配合与技术测量	2	32			2			
							模具钳工实训	1	24			1			
							AutoCAD 集训	1	24			1			
							人工智能概论	2	32			2			
							电加工实训	1	24				1		

续表

课程模块与学时学分						课程信息			学分分配					
课程模块		应修学分		应修学时		课程名称	学分	学时	第一学年		第二学年		第三学年	
		学分	学分比	学时	学时比				1	2	1	2	1	2
必修课程	专业基础课程	39	26.90%	696	27.04%	数控铣削实训	2	48				2		
						模具创新思维及应用	2	32				2		
						工程力学	2	32			2			
						模具精密检测技术	2	32			2			
						逆向工程与快速成型技术	3	48				3		
	专业核心课程	29.5	20.34%	504	19.58%	模具 CAD/CAM	3	48			3			
						塑料模设计	4	64			4			
						冷冲模设计	4	64			4			
						模具制造技术	3	48			3			
						模具数字化编程与加工	3	48				3		
						塑料成型 CAE 技术及应用（模塑 CAE）	2	32				2		
						塑料模具智能制造技术综合应用	6.5	104					6.5	
						模具企业实践	4	96					4	

续表

课程模块与学时学分						课程信息			学分分配					
课程模块		应修学分		应修学时		课程名称	学分	学时	第一学年		第二学年		第三学年	
		学分	学分比	学时	学时比				1	2	1	2	1	2
必修课程	专业综合课程	16	11.03%	384	14.92%	毕业设计（论文）	8	192						8
						顶岗实习	8	192						8
选修课程	公共基础选修课程	8	5.52%	128	4.97%	艺术类	1	16	(2)					
						人文类	1	16	(2)					
						创新创业类	1	16	(2)					
						思政类	1	16	(1)					
						劳动类	1	16			(1)			
						科技素养类	2	32						
						其他通识类	3	48						
	专业选修课程	12	8.27%	192	7.47%	专业类课程	2	32			(6)			
总计		145	100%	2 574	100%									

（三）机械制造与自动化专业课程结构与学时学分分配（表5-29）

表5-29　机械制造与自动化专业课程结构与学时学分分配

课程模块与学时学分							课程信息			学分分配					
课程模块			应修学分		应修学时		课程名称	学分	学时	第一学年		第二学年		第三学年	
			学分	学分比	学时	学时比				1	2	1	2	1	2
必修课程	公共基础课程	思政模块	9	6.43%	144	5.76%	思想道德修养与法律基础	3	48	3					
							毛泽东思想和中国特色社会主义理论体系概论	4	64		4				
							形势与政策	2	32	0.5	0.5	0.5	0.5		
		素质模块	16.5	11.79%	284	11.36%	大学生职业生涯规划	1	16	1					
							军事技能训练	2	48	2					
							军事理论	2	36	2					
							大学生心理健康与发展	2	32	1	1				
							体育	7	112	2	2.5	2.5			
							劳动教育	1	16			0.5	0.5		
							就业指导与职业素养提升	1.5	24					1.5	
		创新创业	1	0.71%	16	0.64%	创业教育	1	16				1		
		文化基础	13.5	9.64%	216	8.64%	英语	4	64	4					
							职场交际英语	3.5	56		3.5				

续表

课程模块与学时学分							课程信息			学分分配					
课程模块			应修学分		应修学时		课程名称	学分	学时	第一学年		第二学年		第三学年	
			学分	学分比	学时	学时比				1	2	1	2	1	2
必修课程	公共基础课程	文化基础	13.5	9.64%	216	8.64%	计算机应用基础	3	48		3				
							高等数学	3	48		3				
	专业基础课程		30.5	21.79%	544	21.76%	机械制图	3	48	3					
							AutoCAD 集训	1	24	1					
							电工电子技术基础	2	32	2					
							机械设计基础	3	48		3				
							机械制造基础	3	48		3				
							汽车构造	1	16			1			
							公差配合与技术测量	2	32		2				
							钳工实训	1	24	1					
							机加工实训	1	24		1				
							机械拆装与测绘实训	2	48				2		
							汽车零部件精度检测	4.5	72					4.5	
							机械零件课程设计	2	48			2			
							人工智能概论	2	32				2		
							液压与气动技术	3	48			3			

续表

课程模块与学时学分						课程信息			学分分配					
课程模块		应修学分		应修学时		课程名称	学分	学时	第一学年		第二学年		第三学年	
		学分	学分比	学时	学时比				1	2	1	2	1	2
必修课程	专业核心课程	29.5	21.07%	496	19.84%	机械制造工艺与装备	4	64			4			
						电气控制与 PLC	3	48			3			
						CAD/CAM 应用	3	48			3			
						数控车削技术	4.5	72				4.5		
						工业机械手技术	6	96				6		
						自动化生产线应用技术	6	96					6	
						工装夹具课程设计	2	48				2		
						工业机器人系统编程实训	1	24				1		
	专业综合课程	20	14.29%	480	19.20%	自动化生产线综合实践	4	96					4	
						毕业设计（论文）	8	192						8
						顶岗实习	8	192						8
选修课程	公共选修课程	8	5.71%	128	5.12%	艺术类	1	16	(2)					
						人文类	1	16	(2)					
						创新创业类	1	16	(2)					
						思政类	1	16	(1)					

续表

课程模块与学时学分						课程信息			学分分配					
课程模块		应修学分		应修学时		课程名称	学分	学时	第一学年		第二学年		第三学年	
		学分	学分比	学时	学时比				1	2	1	2	1	2
选修课程	公共选修课程	8	5.71%	128	5.12%	劳动类	1	16			（1）			
						科技素养类	2	32						
						其他通识类	3	48						
	专业选修课程	12	8.57%	192	7.68%	专业类课程	2	32				（6）		
总计		140	100%	2 500	100%									

（四）数控技术专业课程结构与学时学分分配（表 5-30）

表 5-30　数控技术专业课程结构与学时学分分配

课程模块与学时学分							课程信息			学分分配					
课程模块			应修学分		应修学时		课程名称	学分	学时	第一学年		第二学年		第三学年	
			学分	学分比	学时	学时比				1	2	1	2	1	2
必修课程	公共基础课程	思政模块	9	6.45%	144	5.71%	思想道德修养与法律基础	3	48	3					
							毛泽东思想和中国特色社会主义理论体系概论	4	64		4				
							形势与政策	2	32	0.5	0.5	0.5	0.5		
		素质模块	16.5	11.83%	284	11.25%	大学生职业生涯规划	1	16	1					
							军事技能训练	2	48	2					
							军事理论	2	36	2					
							大学生心理健康与发展	2	32	1	1				
							体育	7	112	2	2.5	2.5			
							劳动教育	1	16			0.5	0.5		
							就业指导与职业素养提升	1.5	24					1.5	
		创新创业	1	0.72%	16	0.63%	创业教育	1	16			1			
		文化基础	14	10.04%	224	8.87%	英语	4	64	4					
							职场交际英语	4	64		4				

续表

课程模块与学时学分							课程信息			学分分配					
课程模块			应修学分		应修学时		课程名称	学分	学时	第一学年		第二学年		第三学年	
			学分	学分比	学时	学时比				1	2	1	2	1	2
必修课程	公共基础课程	文化基础	14	10.04%	224	8.87%	计算机应用基础	3	48		3				
							高等数学	3	48	3					
	专业基础课程		33	23.66%	576	22.82%	机械制图	3	48	3					
							电工电子技术基础	2	32	2					
							钳工实训	1	24		1				
							AutoCAD 集训	1	24		1				
							机械制造基础	3	48		3				
							机械设计基础	2	32			2			
							CAD/CAM 应用	3	48			3			
							机加工实训	2	48			2			
							数控机床编程与操作	4	64			4			
							液压与气动技术	3	48			3			
							公差配合与技术测量	2	32			2			
							人工智能概论	2	32				2		
							电气控制与 PLC	3	48				3		
							工业机器人系统编程实训	2	48					2	

续表

课程模块与学时学分						课程信息			学分分配					
课程模块		应修学分		应修学时		课程名称	学分	学时	第一学年		第二学年		第三学年	
		学分	学分比	学时	学时比				1	2	1	2	1	2
必修课程	专业核心课程	30	21.51%	576	22.82%	数控加工工艺与装备	4	64			2	2		
						数控综合实训	4	96				4		
						数控机床维护	2	32				2		
						多轴数控加工	3	48				3		
						多轴加工实训	2	48				2		
						智能制造技术	3	48					3	
						智能制造单元装调与维护	3	48					3	
						智能制造单元运营与管控	3	48					3	
						数控加工工艺课程设计	2	48					2	
						智能制造实训	4	96					4	
	专业综合课程	16	11.47%	384	15.21%	毕业设计（论文）	8	192						8
						顶岗实习	8	192						8
选修课程	公共基础选修课程	8	5.73%	128	5.07%	艺术类	1	16	（2）					
						人文类	1	16	（2）					
						创新创业类	1	16	（2）					
						思政类	1	16	（1）					
						劳动类	1	16	（1）					

续表

课程模块与学时学分						课程信息			学分分配					
课程模块		应修学分		应修学时		课程名称	学分	学时	第一学年		第二学年		第三学年	
		学分	学分比	学时	学时比				1	2	1	2	1	2
选修课程	公共基础选修课程	8	5.73%	128	5.07%	科技素养类	2	32						
						其他通识类	3	48						
	专业选修课程	12	8.59%	192	7.62%	专业类课程	2	32			（6）			
总计		139.5	100%	2 524	100%									

（五）机械产品检测检验技术专业课程结构与学时学分分配（表 5-31）

表 5-31　机械产品检测检验技术专业课程结构与学时学分分配

课程模块与学时学分							课程信息			学分分配					
课程模块			应修学分		应修学时		课程名称	学分	学时	第一学年		第二学年		第三学年	
			学分	学分比	学时	学时比				1	2	1	2	1	2
必修课程	公共基础课程	思政模块	9	6. 32%	144	5. 87%	思想道德修养与法律基础	3	48	3					
							毛泽东思想和中国特色社会主义理论体系概论	4	64		4				
							形势与政策	2	32	0. 5	0. 5	0. 5	0. 5		
		素质模块	16. 5	11. 58%	284	11. 58%	大学生职业生涯规划	1	16	1					
							军事技能训练	2	48	2					
							军事理论	2	36	2					
							大学生心理健康与发展	2	32	1	1				
							体育	7	112	2	2. 5	2. 5			
							劳动教育	1	16			0. 5	0. 5		
							就业指导与职业素养提升	1. 5	24					1. 5	
		创新创业	1	0. 70%	16	0. 65%	创业教育	1	16			1			
		文化基础	14	9. 82%	224	9. 14%	英语	4	64	4					
							职场交际英语	4	64		4				

续表

课程模块与学时学分							课程信息			学分分配					
课程模块			应修学分		应修学时		课程名称	学分	学时	第一学年		第二学年		第三学年	
			学分	学分比	学时	学时比				1	2	1	2	1	2
必修课程	公共基础课程	文化基础	14	9.82%	224	9.14%	计算机应用基础	3	48		3				
							高等数学	3	48	3					
	专业基础课程		35	24.56%	584	23.82%	机械制图	3	48	3					
							AutoCAD 集训	1	24		1				
							机械设计基础	3	48		3				
							公差配合与技术测量	2	32		2				
							电工电子技术基础	2	32		2				
							钳工实训	1	24			1			
							机加工实训	1	24			1			
							产品三维造型设计	4	64			4			
							汽车构造	1	16			1			
							工程材料与热加工	3	48			3			
							工程力学	2	32			2			
							人工智能概论	2	32				2		
							三维扫描检测	3	48				3		

续表

课程模块与学时学分						课程信息			学分分配					
课程模块		应修学分		应修学时		课程名称	学分	学时	第一学年		第二学年		第三学年	
		学分	学分比	学时	学时比				1	2	1	2	1	2
必修课程	专业基础课程	35	24.56%	584	23.82%	质量管理与质量控制	2	32				2		
						柔性关节臂测量机检测技术	2	32					2	
						模具制造技术	3	48			3			
	专业核心课程	31	21.75%	496	20.23%	机械零件加工质量检测	6	96			6			
						数控加工与零件测量	6	96					6	
						无损检测	4	64				4		
						现代检测技术应用	6	96				6		
						检具设计与加工	3	48					3	
						误差理论与数据处理	3	48					3	
						智能检测技术	3	48					3	
	专业综合课程	16	11.23%	384	15.66%	毕业设计（论文）	8	192						8
						顶岗实习	8	192						8

续表

课程模块与学时学分						课程信息			学分分配					
课程模块		应修学分		应修学时		课程名称	学分	学时	第一学年		第二学年		第三学年	
		学分	学分比	学时	学时比				1	2	1	2	1	2
选修课程	公共基础选修课程	8	5. 61%	128	5. 22%	艺术类	1	16	（2）					
						人文类	1	16	（2）					
						创新创业类	1	16	（2）					
						思政类	1	16	（1）					
						劳动类	1	16			（1）			
						科技素养类	2	32						
						其他通识类	3	48						
	专业选修课程	12	8. 43%	192	7. 83%	专业类课程	2	32				（6）		
总计		142. 5	100%	2 452	100%									

八、继续专业学习深造路径（表 5-32）

表 5-32　继续专业学习深造路径

专业深造方向	专业深造条件	专业深造途径
机械工程大类专业	本专业毕业生毕业后可以通过专转本或专接本的形式继续专业学习	专转本或专接本

九、毕业要求（表 5-33）

表 5-33　毕业要求

序号	课程类型		应修学分	备注
1	必修课程		128A	工业设计专业
2			125A	模具设计与制造专业
3			120A	机械制造与自动化专业
4			119.5A	数控技术专业
5			122.5A	机械产品检测检验技术专业
6	选修课程	公共基础选修课程	8A	
7		专业选修课程	12A	
8	证书学分		6A	

第二节　创新成果 2：形成专业群各专业能力素养集

一、依托培养规格对接职业能力谱系，开发能力素养集

以培养规格对接职业能力谱系为指引，解构典型工作任务的核心职业能力，将每项职业能力分解为知识、能力、素养等培养规格点。通过同类比较与象限分析，合并重复或相近的培养规格点，形成专业群总体培养规格。结合产品设计、工艺装备规划等典型岗位情境，将培养规格分解细化为实际岗位工作过程中可测量、可评价的能力素养观测点，形成能力素养集。能力素养集的开发路径如图 5-3 所示。

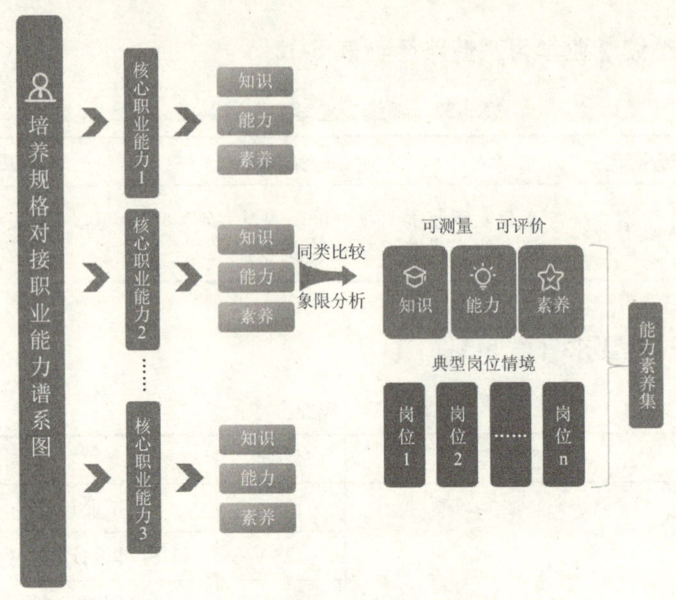

图 5-3　能力素养集开发路径图

下面以模具设计与制造专业和机械产品检测检验技术专业为例，具体说明专业能力素养集的开发，如表 5-34 至表 5-37 所示。

表 5-34　模具设计与制造专业职业能力转化为培养规格点分析

工作领域	工作任务	职业能力	培养规格点	
模具设计	成型方案设计	能进行产品结构与成型工艺分析，形成产品成型初步方案	知识	掌握产品结构设计原则
				掌握塑料成型原理
			能力	会分析产品结构的工艺性
				会分析产品成型的工艺性
				会选择塑料成型方法
			素养	具有科学严谨的工作态度
				具有质量意识与环保意识
		使用计算机辅助分析软件进行产品成型工艺分析，形成分析报告	知识	掌握模流分析的基本原理
				掌握模具设计方案的优化方法
			能力	会使用计算机辅助分析软件进行产品成型工艺分析
				会应用常用的模塑 CAE 技术实现成型工艺优化分析
				会应用常用的模塑 CAE 技术实现模具设计方案的优化

续表

工作领域	工作任务	职业能力	培养规格点	
模具设计	成型方案设计	使用计算机辅助分析软件进行产品成型工艺分析，形成分析报告	素养	具有缜密的思维能力
				具有精益求精的质量意识
		根据分析报告进行产品结构优化和成型工艺优化，形成产品成型优化方案	知识	掌握塑料模具设计的前导知识
				掌握塑料模具设计的基础知识
			能力	会对产品结构进行优化
				会设计中等复杂程度的塑料模具
				会对成型工艺进行优化
			素养	具有自主学习、求实创新和不断进取的创新精神
				具有与他人沟通、合作及团队协作的能力
	模具三维设计	使用计算机辅助设计软件进行模具分型，形成成型零件	知识	掌握模具分型相关知识
				掌握模具分型的流程知识
			能力	会导入模型及进行相关设置
				会进行模具的分型操作
			素养	具有科学严谨的工作态度
				具有自主学习、求实创新和不断进取的创新精神
		使用计算机辅助设计软件进行模架选用，形成模具框架	知识	掌握模架选用相关知识
				掌握模架选用的流程知识
			能力	会进行模架选用
				会形成模具框架
			素养	具有科学严谨的工作态度
				具有自主学习、求实创新和不断进取的创新精神
		使用计算机辅助设计软件进行浇注系统设计，形成浇注系统	知识	掌握浇注系统设计相关知识
				掌握浇注系统设计的流程知识
			能力	会进行浇注系统设计
				会形成浇注系统

续表

工作领域	工作任务	职业能力	培养规格点	
模具设计	模具三维设计	使用计算机辅助设计软件进行浇注系统设计，形成浇注系统	素养	具有科学严谨的工作态度
				具有自主学习、求实创新和不断进取的创新精神
		使用计算机辅助设计软件进行推出机构设计，形成推出机构	知识	掌握推出机构设计相关知识
				掌握推出机构设计的流程知识
			能力	会进行推出机构设计
				会形成推出机构
			素养	具有科学严谨的工作态度
				具有自主学习、求实创新和不断进取的创新精神
		使用计算机辅助设计软件进行温度控制系统设计，形成温度控制系统	知识	掌握温度控制系统设计相关知识
				掌握温度控制系统设计的流程知识
			能力	会进行温度控制系统设计
				会形成温度控制系统
			素养	具有科学严谨的工作态度
				具有自主学习、求实创新和不断进取的创新精神
		使用计算机辅助设计软件进行抽芯机构设计，形成抽芯机构	知识	掌握抽芯机构设计相关知识
				掌握抽芯机构设计的流程知识
			能力	会进行抽芯机构设计
				会形成抽芯机构
			素养	具有科学严谨的工作态度
				具有自主学习、求实创新和不断进取的创新精神
	模具二维设计	使用计算机辅助设计软件进行模具总装图绘制，形成模具总装图	知识	掌握使用机械制图相关知识
				掌握使用计算机辅助设计软件进行模具总装图绘制知识
			能力	会复杂二维总装图的识图
				会使用计算机辅助设计软件进行模具总装图绘制

续表

工作领域	工作任务	职业能力	培养规格点	
模具设计	模具二维设计	使用计算机辅助设计软件进行模具总装图绘制，形成模具总装图	素养	具有科学严谨的工作态度
				具有自主学习、求实创新和不断进取的创新精神
		使用计算机辅助设计软件进行模具零件图绘制，形成模具零件图	知识	掌握公差与配合相关知识
				掌握使用计算机辅助设计软件进行模具零件图绘制知识
			能力	会复杂二维零件图的识图
				会使用计算机辅助设计软件进行模具零件图绘制
			素养	具有科学严谨的工作态度
				具有自主学习、求实创新和不断进取的创新精神
数字化编程	模具制造工艺编制	根据模具零件要求制定零件加工工艺，形成加工工艺文件	知识	掌握模具制造工艺的基本知识
				掌握模具零件加工工艺的制定知识
			能力	会根据模具零件要求制定零件加工工艺
				会编写模具零件加工工艺卡片
			素养	具有科学严谨的工作态度
				具有自主学习、求实创新和不断进取的创新精神
		根据模具零件制造工艺要求，进行加工刀具的合理选用	知识	掌握加工刀具的基本知识
				掌握加工刀具的选用知识
			能力	会根据模具零件制造工艺要求选用合理的加工刀具
				会识别各种加工刀具
			素养	具有科学严谨的工作态度
				具有自主学习、求实创新和不断进取的创新精神

续表

工作领域	工作任务	职业能力	培养规格点	
数字化编程	模具制造工艺编制	根据模具零件制造工艺要求，进行加工工艺参数的合理选用	知识	掌握工艺参数的基本知识
				掌握工艺参数的选用知识
			能力	会根据模具零件制造工艺要求选用合理的工艺参数
				会输入工艺参数
			素养	具有科学严谨的工作态度
				具有自主学习、求实创新和不断进取的创新精神
	模具加工程序编制与模拟仿真	使用计算机辅助加工软件进行模具零件加工程序的编制及模拟仿真	知识	掌握模具零件加工程序的编制知识
				掌握模具零件加工程序的模拟仿真知识
			能力	会进行模具零件加工程序的编制
				会进行模具零件加工程序的模拟仿真
			素养	具有科学严谨的工作态度
				具有自主学习、求实创新和不断进取的创新精神
		使用计算机辅助加工软件进行模具零件加工程序的优化及后置处理	知识	掌握计算机辅助加工优化编程的知识
				掌握计算机辅助加工后置处理模块的知识
			能力	会使用计算机辅助加工软件对模具零件加工程序进行优化
				会使用计算机辅助加工软件进行程序的后置处理
			素养	具有科学严谨的工作态度
				具有自主学习、求实创新和不断进取的创新精神

续表

工作领域	工作任务	职业能力	培养规格点	
模具装配与调试	模具装配工艺编制	根据模具总装图，进行模具装配工艺分析	知识	掌握装配图装配关系的知识
				掌握模具零件装配原理的知识
			能力	会识别模具装配图的结构关系
				会识别模具装配图的装配关系
			素养	具有科学严谨的工作态度
				具有自主学习、求实创新和不断进取的创新精神
		根据模具总装图，进行模具装配工艺编制，形成模具装配工艺文件	知识	掌握各种模具零件加工工艺的知识
				掌握模具装配工艺的知识
			能力	会使用精密测量设备进行模具零件、装配部件的检测
				会根据图纸要求制定装配工艺
			素养	具有科学严谨的工作态度
				具有自主学习、求实创新和不断进取的创新精神
	模具装配与调试	使用装配工具，进行模具装配	知识	掌握各种装配工具使用的知识
				掌握模具装配的知识
			能力	会使用各种装配工具
				会根据图纸要求制定装配工艺
			素养	具有科学严谨的工作态度
				具有自主学习、求实创新和不断进取的创新精神
		使用成型设备，进行模具调试，形成调试报告	知识	掌握成型设备相关知识
				掌握模具试模检查、精度检测的知识
			能力	会对模具进行正确的调整
				会操作成型设备
			素养	具有科学严谨的工作态度
				具有自主学习、求实创新和不断进取的创新精神

续表

工作领域	工作任务	职业能力	培养规格点	
模具装配与调试	试模制件检测及缺陷分析	使用检测量具，进行试模制件尺寸精度检测，形成检测报告	知识	掌握量具、检具相关知识
				掌握模具试模检查、精度检测的知识
			能力	会合理选用量具、检具检测试模制件的尺寸精度
				会进行质量评估
			素养	具有科学严谨的工作态度
				具有自主学习、求实创新和不断进取的创新精神
		根据试模制件质量，进行制件缺陷分析，形成分析报告	知识	掌握模具设计与制造相关知识
				掌握塑料制件缺陷分析相关知识
			能力	会确认塑料制件的缺陷
				会分析塑料制件缺陷的成因
			素养	具有科学严谨的工作态度
				具有自主学习、求实创新和不断进取的创新精神
模具智能制造	模具智能制造产线任务排产	根据模具零件图，进行模具零件智能制造工艺分析，形成工艺文件	知识	掌握模具零件智能制造工艺知识
				掌握模具智能制造产线制造技术
			能力	会进行模具零件智能制造工艺分析
				会进行模具零件智能制造工艺编制
			素养	具有科学严谨的工作态度
				具有自主学习、求实创新和不断进取的创新精神
		使用智能生产管理软件，进行模具零件智能制造任务排产	知识	掌握模具智能制造产线排产管理的知识
				掌握模具智能制造产线加工任务排产的方法
			能力	会根据智能制造工艺进行模具零件加工任务的排产
				会根据生产要求进行加工任务调整管理
			素养	具有科学严谨的工作态度
				具有自主学习、求实创新和不断进取的创新精神

续表

工作领域	工作任务	职业能力	培养规格点	
模具智能制造	模具智能制造程序编制及实施	使用 CAM 辅助软件，进行模具零件的数字化加工程序编制	知识	掌握 CAM 辅助软件数字化编程技术
				掌握模具零件加工工艺及加工程序的优化技术
			能力	会使用 CAM 辅助软件编制模具零件加工程序
				会对模具零件加工工艺及加工程序进行优化
			素养	具有科学严谨的工作态度
				具有自主学习、求实创新和不断进取的创新精神
		使用示教器，进行模具智能制造产线机器人上、下料程序编制	知识	掌握示教器编程控制技术
				掌握智能制造产线机器人逻辑编程知识
			能力	会使用示教器进行机器人上料、转运程序编制
				会使用示教器进行机器人下料、进库转运程序编制
			素养	具有科学严谨的工作态度
				具有自主学习、求实创新和不断进取的创新精神
		使用自动检测软件，进行模具零件三坐标检测程序编制	知识	掌握检测软件自动化编程技术
				掌握模具零件检测程序的优化技术
			能力	会使用检测软件编制模具零件检测程序
				会对模具零件检测工艺及检测程序进行优化
			素养	具有科学严谨的工作态度
				具有自主学习、求实创新和不断进取的创新精神

表 5-35　模具设计与制造专业能力素养集

培养规格		能力素养集	课程模块
知识	掌握模具制图基本知识	掌握模具装配图的三视图画法	机械制图
		掌握模具装配图的尺寸标注方法	
		掌握模具装配图的技术要求标注方法	
		掌握模具装配图的标题栏填写方法	
		掌握模具零件图的三视图画法	
		掌握模具零件图的尺寸标注方法	
		掌握模具零件图的技术要求标注方法	
		掌握模具零件图的标题栏填写方法	
	掌握模具零件公差配合知识	掌握极限盈隙的计算，能够正确识读尺寸精度标注	公差配合与技术测量
		掌握游标卡尺、千分尺、内径百分表的结构和使用方法并开展测量	
		掌握光学计的结构和使用方法并开展测量，对精密测量有一定认识	
		掌握百分表等指示器检测几何误差的方法并开展测量	
		掌握表面粗糙度的标注方法	
		掌握普通螺纹的标记代号	
	了解零件的结构、工作原理、液压与气动知识	掌握常用机构的类型、组成、工作原理及特点，机构是否具有确定的相对运动的条件	机械设计基础、液压与气动技术
		掌握通用机械零件的结构、分类、标准、功用及维护	
		掌握通用机械零件几何尺寸的计算	
		掌握各种连接的特点及应用场合	
		掌握传动比的概念、齿轮系的分类、定轴轮系传动比的计算	
		掌握液压与气动技术的基础知识	
		掌握液压与气动元件的工作原理、结构	
		掌握液压与气动基本回路的组成、工作原理、应用等相关知识	

续表

<table>
<tr><th colspan="2">培养规格</th><th>能力素养集</th><th>课程模块</th></tr>
<tr><td rowspan="24">知识</td><td rowspan="6">掌握模具设计相关知识</td><td>掌握单分型面注射模设计的相关知识</td><td rowspan="6">塑料模设计、冷冲模设计</td></tr>
<tr><td>掌握双分型面注射模设计的相关知识</td></tr>
<tr><td>掌握斜导柱或斜顶侧向抽芯注射模结构设计的相关知识</td></tr>
<tr><td>掌握热流道注射模、简单压缩模的相关知识</td></tr>
<tr><td>掌握国家模具技术标准，模具设计师、模具制造工等职业资格标准</td></tr>
<tr><td>掌握冷冲模设计的相关知识</td></tr>
<tr><td rowspan="6">掌握电工电子相关知识</td><td>掌握直流电路的基本概念</td><td rowspan="6">电工电子技术基础</td></tr>
<tr><td>掌握正弦交流电路的基本概念和各种表示方法</td></tr>
<tr><td>掌握常用电子器件的检测方法</td></tr>
<tr><td>掌握二极管、三极管的性质及其模型</td></tr>
<tr><td>掌握基本逻辑门电路的逻辑关系及表示方法</td></tr>
<tr><td>掌握各种电工电子仪表的使用方法</td></tr>
<tr><td rowspan="6">掌握机械加工、特种加工工艺知识</td><td>掌握车床、铣床、磨床安全操作规程的相关知识</td><td rowspan="6">机械加工综合实训、电加工实训</td></tr>
<tr><td>掌握车削、铣削、磨削加工的特点与工艺范围</td></tr>
<tr><td>掌握 7S 管理的相关知识</td></tr>
<tr><td>掌握电火花加工的基本原理、工艺</td></tr>
<tr><td>掌握电火花机床的基本结构、类型</td></tr>
<tr><td>掌握电加工安全操作规程</td></tr>
<tr><td rowspan="6">掌握数控编程基本知识</td><td>掌握数控铣床的结构</td><td rowspan="6">模具数字化编程与加工</td></tr>
<tr><td>掌握数控铣基本编程规则（程序结构三要素、G/M/F/S/T 功能等）</td></tr>
<tr><td>掌握数控铣常用的 G 指令、平面及成型槽的程序编制及加工</td></tr>
<tr><td>掌握模具零件（凸模、凹模、孔系、综合零件等）的数控铣削程序编制及加工</td></tr>
<tr><td>掌握数控车床的结构</td></tr>
<tr><td>掌握数控车床基本编程知识</td></tr>
</table>

续表

培养规格		能力素养集	课程模块
知识	掌握工程材料的性能及加工知识	掌握金属学基础知识和金属热处理基本原理	工程材料与热加工
		掌握 $Fe\text{-}Fe_3C$ 相图中的有关知识	
		掌握常用工程材料的种类，合金钢的基本牌号、性能及用途	
		掌握典型的机械零件、刀具、模具等材料的选择原则和方法	
		掌握调质钢、滚动轴承钢、工具钢、高速钢、模具钢及铸铁的性能和热处理特点	
		掌握铸造的基本原理、操作技能及设备的结构、使用、维护与保养知识	
		掌握锻造的基本原理、操作技能及设备的结构、使用、维护与保养知识	
		掌握焊接的基本原理、操作技能及设备的结构、使用、维护与保养知识	
	掌握智能制造技术相关知识	掌握零点定位夹具的工作原理	塑料模智能制造技术综合应用
		掌握高速铣削加工技术	
		掌握精密电火花成型加工技术	
		掌握 MES 管控技术	
		掌握智能检测及信息反馈技术	
		掌握 Visual One 软件对智能制造的仿真技术	
	掌握塑料模具试模与产品缺陷分析基本知识	掌握塑料成型设备的工作原理、结构、性能、操作与维护	塑料成型工艺及设备应用
		掌握塑料成型的工艺流程、工艺条件、成型特点及应用	
		掌握塑料成型模具的安装、调试、拆卸及塑料制品的成型	
		掌握塑料成型制品的常见缺陷分析与问题解决方法	
	掌握模具企业生产与技术管理相关知识	掌握管理的基本原理	模具企业生产与技术管理
		掌握模具进度管理的相关知识	
		掌握模具成本控制的相关知识	

续表

培养规格		能力素养集	课程模块
知识	掌握模具企业生产与技术管理相关知识	掌握模具质量管理的相关知识	模具企业生产与技术管理
		掌握模具现场管理的相关知识	
		掌握模具设备管理的相关知识	
能力	能对制件结构进行分析并提出优化的合理建议	会分析产品结构的工艺性	塑料模设计
		会分析产品成型的工艺性	
		会选择成型方法	
		会对产品结构工艺进行优化	
		会对产品成型工艺进行优化	
		会对成型方法进行优化	
	能运用塑料模具结构和软件等知识，设计典型侧向抽芯注射模并绘制 2D、3D 图	会进行单分型面注射模的结构设计、模具设计说明书编写、工程图绘制	模具 CAD/CAM
		会进行双分型面注射模的结构设计、模具设计说明书编写、工程图绘制	
		会进行斜导柱或斜顶侧向抽芯注射模的结构设计、模具设计说明书编写、工程图绘制	
		会识读热流道注射模、压缩模	
		会熟练查阅资料，合理选用模具材料、确定热处理要求	
	能运用计算机辅助分析软件进行模具成型分析并进行模具结构优化设计	会进行浇口位置分析、充填分析、冷却分析、翘曲分析	模塑 CAE
		会进行注射成型工艺参数的优化	
		会综合应用 CAE 技术进行注射成型分析	
		会编写成型分析报告	
		会运用成型分析结果对模具结构进行优化设计	
	能应用模具智能制造技术，合理编制模具工艺、独立加工模具零件	掌握模具数字化设计技术	模具 CAD/CAM、塑料模智能制造技术综合应用、电加工实训、模具精密检测技术
		掌握模具零件数字化编程技术	
		掌握模具零件高速铣削加工技术	
		掌握模具零件精密电加工技术	
		掌握模具零件精密检测技术	
		掌握模具智能制造管控技术	

续表

<table>
<tr><th colspan="2">培养规格</th><th>能力素养集</th><th>课程模块</th></tr>
<tr><td rowspan="27">能力</td><td rowspan="6">能对编制的模具零件程序进行模拟分析并优化</td><td>掌握模具零件加工工艺知识</td><td rowspan="6">模具数字化编程与加工、模具制造技术</td></tr>
<tr><td>掌握模具零件加工刀具选用知识</td></tr>
<tr><td>掌握加工程序编制基本知识</td></tr>
<tr><td>掌握 CAM 软件编程技术</td></tr>
<tr><td>掌握加工程序模拟仿真技术</td></tr>
<tr><td>掌握模具零件加工程序优化技术</td></tr>
<tr><td rowspan="6">能进行模具的安装、修配及调试</td><td>会进行一般复杂塑料模装配工艺编制</td><td rowspan="6">塑料模智能制造技术综合应用</td></tr>
<tr><td>会使用各种装配工具</td></tr>
<tr><td>会模具钳工操作</td></tr>
<tr><td>会对模具进行正确的调整</td></tr>
<tr><td>会操作成型设备</td></tr>
<tr><td>会装配、调试一般复杂模具</td></tr>
<tr><td rowspan="4">能对试模制件的缺陷原因进行分析并采取措施解决</td><td>会合理选用量具、检具检测试件的尺寸精度</td><td rowspan="4">塑料模智能制造技术综合应用</td></tr>
<tr><td>会进行质量评估</td></tr>
<tr><td>会确认塑料制件的缺陷</td></tr>
<tr><td>会分析塑料制件缺陷的成因</td></tr>
<tr><td rowspan="5">能进行塑料模具零件及产品检测的基本操作</td><td>会针对不同类型的注塑产品，根据技术图纸要求，制订正确合理的测量方案</td><td rowspan="5">模具精密检测技术</td></tr>
<tr><td>会脱机编程，完成检测任务，保存结果数据并按要求打印检测报告</td></tr>
<tr><td>会独立完成对不同类型的精密塑料模的模仁分型面的质量检测与报告，提出质量控制建议</td></tr>
<tr><td>会正确使用三坐标测量机的操作、维护和保养方法</td></tr>
<tr><td>会熟练使用相关测量软件</td></tr>
<tr><td rowspan="5">能进行塑料产品逆向设计和快速成型</td><td>会调试和使用三维扫描仪</td><td rowspan="5">逆向工程与快速成型技术</td></tr>
<tr><td>会处理点云数据及坐标系对齐</td></tr>
<tr><td>会重构一般复杂模型</td></tr>
<tr><td>会检测一般复杂零件</td></tr>
<tr><td>会规范操作快速成型机</td></tr>
</table>

续表

培养规格		能力素养集	课程模块
素养	具有科学的世界观、人生观和价值观及社会主义荣辱观，具有法律意识	具有科学的世界观、人生观和价值观	所有课程
		具有社会主义荣辱观	
		具有法律意识	
		具有坚定正确的政治方向，热爱祖国，拥护中国共产党的领导	
	具有一定的文化品位、审美情趣和艺术修养	具有一定的文化品位、审美情趣和艺术修养	所有课程
		对文学、哲学、历史、艺术等人文社会科学有一定的了解	
	能正确面对困难、压力和挫折，具有积极进取、乐观向上的心理素质	能正确面对困难、压力和挫折，具有积极进取、乐观向上的心理素质	所有课程
	具有求真务实、精益求精的工匠精神	具有求真务实、精益求精的工匠精神	所有课程
	具有自主学习、求实创新和不断进取的创新精神	具有自主学习、求实创新和不断进取的创新精神	所有课程
	具有吃苦耐劳的作风和爱岗敬业的精神，具有自觉劳动的意识	具有吃苦耐劳的作风和爱岗敬业的精神	所有课程
		具有良好的职业道德和社会责任心	
		具有自觉劳动的意识	
	具有与他人沟通、合作及团队协作的能力	具有与他人沟通、合作及团队协作的能力	所有课程

表 5-36　机械产品检测检验技术专业职业能力转化为培养规格点分析

工作领域	工作任务	职业能力	培养规格点	
三坐标检验	测量计划和维护	根据产品规格、质量要求，制订三坐标测量计划	知识	掌握三坐标测量计划内容
			能力	会制订三坐标测量计划
			素养	具有良好的语言文字表达能力和沟通能力
				具有科学严谨的工作态度
		三坐标设备的日常点检及维护	知识	掌握三坐标设备的日常点检及维护内容
			能力	会对三坐标设备进行日常点检及维护
			素养	具有质量意识与环保意识
				具有自主学习、求实创新和不断进取的创新精神
	新零件测量程序编制	配合完成新零件测量程序编制	知识	能阐述三坐标的两个工作原理、分类与组成
			能力	能初步编制机械零件的检测规划
				能熟练完成三坐标测头定义、校验等检测前期准备工作
				能使用三种方法完成测量工件坐标系的建立
				能协助制定计量与三坐标测量管理程序、操作规程
			素养	具备计量基本素质，做到细致、严谨、诚实、实事求是
				具有工匠精神和自觉劳动的意识
	三坐标测量	确保测量结果准确，记录测量数据，出具检测报告	知识	掌握测量结果准确性分析原理
				掌握测量数据记录和检测报告出具
			能力	会进行测量结果准确性分析
				会记录测量数据，出具检测报告
			素养	具有求真务实、精益求精的工匠精神
				能运用基本的创新方法，有一定的创新或创业意识和能力

续表

工作领域	工作任务	职业能力	培养规格点	
三坐标检验	三坐标测量	计量分析及数据统计，相关计量仪器的使用及维护	知识	掌握计量分析及数据统计
				掌握相关计量仪器的使用及维护
			能力	会使用软件进行计量分析及数据统计
				会进行相关计量仪器的使用及维护
			素养	具有求真务实、精益求精的工匠精神
				具有环保意识与责任意识
三维扫描检测	三维扫描与检测	通过对产品（模型）扫描、获取三维数据，能规范严谨地完成逆向建模和3D扫描检测	知识	掌握三维扫描仪的分类与组成
				掌握如何选择三维扫描仪
			能力	能选择和运用三维扫描仪获取实物模型的三维数据
				能完成中等复杂实物模型的逆向设计和一般难度机械产品的三维扫描检测
				能分析定位夹紧方案的合理性
			素养	具有严谨的工作作风，能自觉执行标准操作程序和安全操作规程
				具有工匠精神，能爱岗敬业、遵章守纪、履行职责
				具备全局观念，能与团队其他成员进行良好的协调合作
	产品三维造型设计	通过对产品草图的绘制、三维建模、产品装配图和工程图的创建，能规范严谨地完成产品3D建模	知识	掌握三维造型软件相关命令和操作
				掌握三维造型设计思路
			能力	能用UG软件进行零件草图绘制
				能用UG软件进行三维造型
				能用UG软件创建装配图
				能用UG软件创建工程图
			素养	具有自主学习、求实创新和不断进取的创新精神
				具有吃苦耐劳的作风和爱岗敬业的精神

续表

工作领域	工作任务	职业能力	培养规格点	
质量检验	零件的精度检测	根据产品图纸、技术标准和检测方法，按规定要求进行产品检验	知识	掌握机械工程材料、机械制图、公差配合、机械设计等基本知识
				掌握典型零件的量具、工装夹具的基本知识
				掌握必备的企业管理相关知识
				了解机械制造方面的最新发展动态和前沿加工技术
			能力	能识读各类机械零件图和装配图，能用工程语言（图纸）与专业人员进行有效的沟通和交流
				能对机械零件加工质量进行检测、判断和统计分析
				能依据企业的生产情况，制定和实施合理的管理制度
			素养	具有科学严谨的工作态度
				具有自主学习、求实创新和不断进取的创新精神
				具有成本意识
		正确使用检测设备，维护和保养检测设备、仪器、量具等，保管好图纸和技术资料	知识	熟悉检测设备的使用说明书，了解其工作性能、附件的作用及用法
				熟悉检测设备的使用环境，如温度、湿度、防磁场、防震、防尘条件
				掌握必备的检测仪器管理相关知识
			能力	能严格按操作规程操作检测仪器
				会定期对检测设备进行保养，如工作导轨的工作面应定期上油、电气设备应定期通电等，防锈、防霉变措施正确
				能在检测设备使用完毕后，对有可能影响设备性能的部位如手接触非油漆部位等进行必要的保养，切断工作电源，做好交班记录
			素养	具有科学严谨的工作态度
				具有自主学习、求实创新和不断进取的创新精神
				具有环保意识

续表

<table>
<tr><th>工作领域</th><th>工作任务</th><th>职业能力</th><th colspan="2">培养规格点</th></tr>
<tr><td rowspan="20">质量检验</td><td rowspan="9">零件的精度检测</td><td rowspan="9">按照产品特点和产品质量要求，根据公司的质量标准，将检测发现的质量问题及时反馈给相关部门，对违反工艺操作、降低产品质量标准的行为提出改进建议</td><td rowspan="3">知识</td><td>掌握产品特点和产品质量要求</td></tr>
<tr><td>掌握典型零件的量具、工装夹具的基本知识</td></tr>
<tr><td>掌握必备的质量控制、检测标准等相关知识</td></tr>
<tr><td rowspan="3">能力</td><td>能对机械零件加工质量进行检测、判断和统计分析</td></tr>
<tr><td>能根据公司的质量标准，将检测发现的质量问题及时反馈给相关部门</td></tr>
<tr><td>能对违反工艺操作、降低产品质量标准的行为提出改进建议</td></tr>
<tr><td rowspan="3">素养</td><td>具有科学严谨的工作态度</td></tr>
<tr><td>具有自主学习、求实创新和不断进取的创新精神</td></tr>
<tr><td>具有品质意识</td></tr>
<tr><td rowspan="9">质量控制、处理、管理</td><td rowspan="9">依据图纸和工艺文件要求，设置工序质量控制点</td><td rowspan="3">知识</td><td>熟悉关键工序，进厂检验、过程检验、最终检验的关键点</td></tr>
<tr><td>掌握对产品的适用性（性能、精度、寿命、可靠性、安全性等）有严重影响的关键质量特性、关键部位或重要影响因素</td></tr>
<tr><td>掌握必备的质量管理相关知识</td></tr>
<tr><td rowspan="3">能力</td><td>能对产品的适用性（性能、精度、寿命、可靠性、安全性等）有严重影响的关键质量特性、关键部位或重要影响因素设置质量控制点</td></tr>
<tr><td>能对工艺提出严格要求、对下道工序的工作有严重影响的关键质量特性或部位设置质量控制点</td></tr>
<tr><td>能对质量不稳定、频繁出现不合格品的环节设置质量控制点</td></tr>
<tr><td rowspan="3">素养</td><td>具有科学严谨的工作态度</td></tr>
<tr><td>具有自主学习、求实创新和不断进取的创新精神</td></tr>
<tr><td>具有质量意识</td></tr>
</table>

续表

工作领域	工作任务	职业能力	培养规格点	
质量检验	质量控制、处理、管理	按照质量标准，判断生产过程或检验过程中存在的质量问题，并提出解决方案	知识	掌握质量策划、质量控制、质量保证、质量改进等概念和相互关系
				掌握企业的质量方针和质量目标
				熟悉产品检验工作的内容和基本任务
				了解质量检验的主要职能
			能力	能进行质量检验策划，如编制检验流程图、质量缺陷分级表、检验指导书等
				能掌握质量检验的方式和方法
				能有效地控制质量成本
			素养	具有科学严谨的工作态度
				具有自主学习、求实创新和不断进取的创新精神
				具有质量意识
检具设计与加工	机加工零件检具设计与加工	根据机加工零件检测要求，进行检具设计与加工	知识	掌握机械工程材料、机械制图、公差配合、机械设计等基本知识
				掌握机加工零件检具的分类与组成
				掌握常用的定位方式、夹紧方式
				掌握机加工零件检具设计合理性评价
			能力	能合理选择常用定位方式、夹紧方式进行检具设计
				能完成中等复杂机加工零件检具的设计
				能根据设计的检具，利用数控机床等设备进行检具零件加工自动编程
				能规范执行行业标准和国家标准
			素养	具有科学严谨的工作态度
				具有自主学习、求实创新和不断进取的创新精神
				具有成本意识

续表

工作领域	工作任务	职业能力	培养规格点	
检具设计与加工	汽车覆盖件检具设计与加工	根据汽车覆盖件检测要求，进行检具设计与加工	知识	掌握机械工程材料、机械制图、公差配合、机械设计等基本知识
				掌握汽车覆盖件检具的分类与组成
				掌握常用的定位方式、夹紧方式
				掌握汽车覆盖件检具设计合理性评价
				了解汽车覆盖件检具方面的最新发展动态和前沿设计加工技术
			能力	能合理选择常用定位方式、夹紧方式进行检具设计
				能完成中等复杂汽车覆盖件检具的设计
				能根据设计的检具，利用数控机床等设备进行检具零件加工自动编程
				能规范执行行业标准和国家标准
			素养	具有科学严谨的工作态度
				具有自主学习、求实创新和不断进取的创新精神
				具有成本意识
无损检测	应用无损检测技术检查结构或产品，如飞机、火车、汽车零部件等	能对零件进行超声波检测	知识	掌握超声波检测的基本原理
				掌握超声波在介质中的传播特性
				掌握各类超声波检测方法
				了解脉冲反射法超声检测通用技术
			能力	能进行超声波检测工艺文件的编制
				能进行典型机械零件的超声波检测
				能出具超声波检测报告
			素养	具有科学严谨的工作态度
				具有自主学习、求实创新和不断进取的创新精神
				具有成本意识

续表

工作领域	工作任务	职业能力	培养规格点	
无损检测	应用无损检测技术检查结构或产品，如飞机、火车、汽车零部件等	能对零件进行射线检测	知识	掌握射线检测的基本原理和方法
				掌握射线的防护方法
				掌握常见缺陷及其在底片上的影像特征
			能力	能进行射线检测工艺文件的编制
				能进行典型机械零件的射线检测
				能出具射线检测报告
			素养	具有科学严谨的工作态度
				具有自主学习、求实创新和不断进取的创新精神
				具有成本意识
		能对零件进行磁粉检测	知识	掌握磁粉检测的基本原理和方法
				掌握表面预处理与施加磁粉的方法
				了解常见磁粉检测技术的具体应用
			能力	能进行磁粉检测工艺文件的编制
				能进行典型机械零件的磁粉检测
				能出具磁粉检测报告
			素养	具有科学严谨的工作态度
				具有自主学习、求实创新和不断进取的创新精神
				具有成本意识
		能对零件进行渗透检测	知识	掌握渗透检测的基本原理和方法
				掌握渗透检测的基本步骤
				了解常见渗透检测技术的具体应用
			能力	能进行渗透检测工艺文件的编制
				能进行典型机械零件的渗透检测
				能出具渗透检测报告
			素养	具有科学严谨的工作态度
				具有自主学习、求实创新和不断进取的创新精神
				具有成本意识

续表

工作领域	工作任务	职业能力	培养规格点	
无损检测	应用无损检测技术检查结构或产品，如飞机、火车、汽车零部件等	能对零件进行涡流检测	知识	掌握涡流检测的基本原理和方法
				掌握涡流检测的基本步骤
				了解常见涡流检测技术的具体应用
			能力	能进行涡流检测工艺文件的编制
				能进行典型机械零件的涡流检测
				能出具涡流检测报告
			素养	具有科学严谨的工作态度
				具有自主学习、求实创新和不断进取的创新精神
				具有成本意识

表 5-37　机械产品检测检验技术专业能力素养集

培养规格		能力素养集	课程模块
知识	掌握机械制图和计算机操作基本知识	熟悉机械制图国家标准及其他有关规定	机械制图、AutoCAD 集训
		了解投影法的基本理论及其应用	
		掌握基本体和组合体的投影特性及投影作图	
		掌握机件的各种表达方法及其合理应用	
		掌握典型机械零件图的识读与绘制方法	
		掌握简单装配图的识读与绘制方法	
		掌握计算机绘图软件 AutoCAD 的基本知识和操作	
		掌握轴、盘类和其他典型零件图绘制及尺寸和技术要求标注的方法	
	掌握机械设计、工程材料与热加工、电工电子技术的基础理论和基本知识	掌握常用机构的类型、组成、工作原理及特点，机构是否具有确定的相对运动的条件	机械设计基础、公差配合与技术测量、电工电子技术基础、工程材料与热加工
		掌握常用标准机械零件选用的基本方法	
		熟知正弦交流电路的基本概念和各种表示方法	
		熟知直流电路的基本概念、二极管和三极管的性质及其模型	
		掌握 Fe-Fe_3C 相图中有关知识的实际应用	
		了解铸造、锻造、焊接的基本原理、操作技能及设备的结构、使用、维护与保养知识	

续表

培养规格		能力素养集	课程模块
知识	掌握公差配合与技术测量、误差分析与数据处理的基础理论和基本知识	正确理解互换性及其实现条件	机加工实训、钳工实训、误差理论与数据处理、公差配合与技术测量
		能正确识读几何精度和表面粗糙度的标注	
		能合理选择车床常用刀具，并会正确安装车刀	
		了解钳工常用量具	
		了解随机误差的概念，掌握随机误差的正态分布，理解非正态分布	
		了解系统误差的概念，理解系统误差对测量结果的影响	
	掌握产品零件形状数据采集、3D建模与增材制造相关知识	能阐述三维扫描仪的分类与组成	三维扫描检测、批量化精密零件检测创新实践产品、三维扫描检测创新实践、3D打印、产品三维造型设计
		能选择不同扫描设备进行数据采集	
		能分析和解剖工艺品外形	
		能完成一般复杂工艺品外形的创新设计	
	掌握三坐标检测技术应用相关知识，熟悉工业视觉检测、自动仪测量等现代检测技术及其应用相关知识	能阐述三坐标的两个工作原理、分类与组成	现代检测技术应用、工业产品视觉检测、批量化精密零件检测创新实践产品、智能检测技术、柔性关节臂测量机检测技术
		掌握机器人传感器的用途	
		掌握智能检测技术的特点及内涵	
		了解成像系统，掌握成像原理	
		掌握电器元件相关知识	
	了解汽车各组成系统的工作原理，熟悉无损检测等检测技术的基本原理与方法	熟知汽车的总体构造，区分不同类型的汽车及其布置形式	汽车构造、无损检测
		熟知汽车发动机两大机构、五大系统的结构组成，了解其工作原理	
		熟知汽车传动系统、行驶系统、转向系统、制动系统的结构组成，了解汽车传动原理	
		能理解超声波检测、射线检测、渗透检测、磁粉检测、涡流检测的原理及操作方法	
		能根据缺陷的性质及种类合理选择常用的探伤方法	

续表

<table>
<tr><th colspan="2">培养规格</th><th>能力素养集</th><th>课程模块</th></tr>
<tr><td rowspan="7">知识</td><td rowspan="7">掌握机械加工工艺分析的基本知识和检具设计与加工的相关知识</td><td>掌握六点定位原理</td><td rowspan="7">机械制图、公差配合与技术测量、检具设计与加工、模具制造技术、机械零件加工质量检测</td></tr>
<tr><td>掌握常用的定位元件</td></tr>
<tr><td>掌握常用的夹紧装置</td></tr>
<tr><td>掌握检具总装图绘制方法</td></tr>
<tr><td>掌握检具零件图绘制方法</td></tr>
<tr><td>掌握检具的三维数字化设计</td></tr>
<tr><td>掌握检具零件加工的自动编程方法</td></tr>
<tr><td rowspan="13">能力</td><td rowspan="7">能识读各类机械零件图和装配图，能熟练运用一种三维数字化设计软件进行零件设计及检具的设计与制造</td><td>能绘制符合国标的平面图形（图线、字体、尺寸标注等）</td><td rowspan="7">机械制图、AutoCAD 集训、产品三维造型设计</td></tr>
<tr><td>能进行空间想象和思维，绘制组合体三视图</td></tr>
<tr><td>能运用各种表达方法合理表达机件的内外结构形状</td></tr>
<tr><td>能识读典型机械零件图（图形、尺寸、技术要求等）</td></tr>
<tr><td>能绘制典型机械零件图（图形、尺寸、技术要求等）</td></tr>
<tr><td>能识读和绘制简单装配图</td></tr>
<tr><td>能运用 AutoCAD 软件熟练地绘制各种平面图形</td></tr>
<tr><td rowspan="6">能进行机械零件数据采集、3D 建模与增材制造</td><td>能用 UG 软件进行零件草图绘制、三维逆向造型、装配图创建、工程图创建</td><td rowspan="6">产品三维造型设计、三维扫描检测</td></tr>
<tr><td>能选择和运用三维扫描仪获取实物模型的三维数据</td></tr>
<tr><td>能完成中等复杂实物模型的逆向设计和一般难度机械产品的三维扫描检测</td></tr>
<tr><td>能完成回转类、板块类、模具类、检具类、箱体类、薄壁类等各类典型中等复杂机械零件三坐标脱机编程的数据采集</td></tr>
<tr><td>能完成柔性关节臂测量机的安装固定及测头的校准</td></tr>
<tr><td>能利用柔性关节臂测量机进行机械零件数据采集</td></tr>
</table>

续表

培养规格		能力素养集	课程模块
能力	能对机械零件的加工质量进行检测、分析和处理并撰写检测报告	会使用立式光学计、万能测长仪、大型工具显微镜等仪器	数控加工与零件测量、机械零件加工质量检测、检具设计与加工、误差理论与数据处理
		会使用间接测量法检测角度及进行数据处理	
		会使用正弦规检测锥度及进行数据处理	
		会使用多齿分度台检测多面棱体及进行数据处理	
		会检测箱体类零件位置误差及进行数据处理	
		会使用表面粗糙度仪及进行数据处理	
		会使用测长仪检测螺纹中径	
		会使用万能测齿仪检测单项参数	
	能熟练使用现代测量设备对常用机械零件进行检测	掌握三维扫描仪的安全操作规程	三维扫描检测、现代检测技术应用、柔性关节臂测量机检测技术、无损检测
		掌握三维扫描数据和模型对齐方式	
		掌握 2D 分析、3D 分析和检测报告的创建	
		掌握三坐标测量机测头的校准	
		掌握模具关键零件的检测与出具报告	
		掌握滚动轴承、阶梯轴、一级变速箱等零件的检测与出具个性化报告	
		掌握异形冲压钣金件的检测与出具个性化报告	
		掌握柔性关节臂测量机硬测头和激光测头的校准	
		掌握无损检测工艺文件的编制	
	能结合智能制造领域，应用工业视觉检测、自动化测量等新技术进行检测	掌握工业机器人离线编程	人工智能概论、智能检测技术、工业产品视觉检测
		能结合智能装备和智能检测技术检测应用实例	
		掌握智能检测中传感器的信号转换	
		掌握康耐视软件的架构和常规操作	
		掌握工业视觉软件定位工具、脚本设计、通信及流程图编写	
		会进行人工智能的知识表示	
		熟悉机器学习技术及其应用	
		熟悉人工神经网络及深度学习的思想	

续表

培养规格		能力素养集	课程模块
素养	具有科学严谨的工作态度	能客观评价自己的工作	所有课程
		能对事物进行客观分析和评价	
		敢于质疑权威，并恰当提出自己的见解	
		能对信息进行评估和鉴别	
	具有质量意识与成本意识	具备生产规范和现场 7S 管理意识	所有课程
		能妥善地保管文献、资料和工作器材	
		能规范地使用及维护工量具	
		能明确和牢记安全操作规程	
	具有自主学习、求实创新和不断进取的创新精神	具有改进和创新工作方式、提高工作效率的意识	所有课程
		能在工作过程中不断总结经验	
		能设计不同的解决方案并进行对比	
		能有创造力地找到解决问题的方案	
	具有求真务实、精益求精的工匠精神	具有不断改进、追求卓越的意识	所有课程
		具有严谨的求知和工作态度	
		能优化工作计划	
		能经常将自己的工作进展与目标和标准做对照，并修正和改进	
		能对已完成的工作进行反思，并提出更好的方案设想	

二、能力素养集贯穿，序化专业群人才培养规格结构体系

通过同类比较与象限分析，将各专业共同的能力素养合并为专业群通用能力，以岗位群谱系中对应不同专业岗位的能力素养为群内专业方向能力，以面向产业链前后端关联岗位的能力素养为群内专业拓展能力，形成“通用+方向+拓展”的专业群人才培养规格结构体系。同时，以专业为序列，将专业能力素养覆盖专业项目课程体系，并作为课堂任务评价观测点，构建能力素养矩阵，实现能力素养集在专业群、专业、课程、课堂四个层面的统一与贯穿。

三、以人才培养规格结构体系为依据，优化专业群课程体系

以人才培养规格结构体系为依据，本着积聚专业资源，系统优化“底层共享、中层分立、高层互选、顶层融合”的专业群课程体系，如图 5-4 所示。依托“纵横贯通、内外联动”的专业群实训平台和 2 个国家级教学资源库，资源集聚贯通，为产业链全流程岗位群所对应的专业群不同专业领域课程项目搭建提供支撑，开发并实践“设计—制造—检测”全流程项目，培养学生的跨界复合能力。

图 5-4 专业群课程体系

第三节 创新成果 3：形成专业群项目全流程

一、以典型岗位工作任务为导向，开发专业群项目全流程

模具设计与制造专业群各专业对应岗位工作任务，实施全流程项目，每学期培养学生本专业领域内的通用、单项和综合职业能力；面向产业链生产全流程岗位群任务，将专业群全流程项目作为专业群综合项目设计、毕业设计的教学载体，培养学生的跨专业复合能力。对标典型岗位工作任

务，贯通能力素养集，重构不同层级的流程化项目，形成“课程项目小流程+课程模块中流程+专业项目大流程+专业群项目全流程”的四层递进流程化项目课程体系。引入生产技术规范，基于工作过程，以产业链主要岗位所需的知识、能力、素养的不同组合为模块，重构课程结构，开发汽车尾翼设计等20个流程化学习模块。面向产业链主要流程，创设生产情境。群内各专业学生组建团队，分工协作，实现复合型人才的培养。

（一）专业群项目全流程

以汽车仪表盘设计与成型为例，具体流程如表5-38所示。

表5-38　专业群项目全流程

专业名称	流程	学习任务
工业设计	设计策略	市场调研
		竞品分析
		设计定位
	创意设计	设计意向板
		头脑风暴
		创意设计
		二维表达
		3D概念数模搭建
	模型制作	数据处理
		骨架设计制作
		初上油泥
		加工编程
		油泥加工
		油泥手工调整
		模型涂装
	数字化设计	整理设计边界数据
		造型设计方案导入
		基础型面制作
		造型特征细化
		格栅网格制作
		零件分件
		数据倒角
		数据检查报告
		数字渲染

续表

专业名称	流程	学习任务
工业设计	结构设计	产品定义（设计构想）
		零件明细定义
		工程可行性分析
		DTS 定义编制
		主断面和工程断面制作
		3D 设计
		结构验证模型构建
		2D 图纸设计
模具设计与制造	成型方案设计	产品结构与成型工艺分析
		计算机辅助分析
		产品结构优化和成型工艺优化，形成产品成型优化方案
	模具三维设计	模具分型
		模架选用
		浇注系统设计
		推出机构设计
		温度控制系统设计
	模具二维设计	模具总装图绘制
		模具零件工程图绘制
机械制造与自动化	工艺设计	机械加工工艺文件编写与实施
		材料和工时定额测定
		工艺设备设计和装调
	工装设计	工装夹具设计
		工装夹具调整与优化
		自动化生产线设计和装调
数控技术	工艺设计	编制回转类零件数控车削工艺
		编制数控铣削工艺
		编制孔系零件数控加工工艺
		编制复杂零件数控加工工艺
	数控加工	数控车加工编程
		数控多轴加工编程
		数控镗铣加工编程
		数控车床操作
		数控铣床操作
		多轴（精密）数控机床操作

续表

专业名称	流程	学习任务
数控技术	智能制造产线管控	智能制造产线仿真
		智能制造产线管控
机械产品检测检验技术	测量方案	测量方案
	产品检测	产品检测
	形成检测报告	形成检测报告

（二）专业项目大流程

以汽车仪表盘塑料模开发为例，具体流程如表 5-39 所示。

表 5-39　专业项目大流程

流程	学习模块	学习任务
模具设计	成型方案设计	进行产品结构与成型工艺分析，形成产品成型初步方案
		使用计算机辅助分析软件进行产品成型工艺分析，形成分析报告
		根据分析报告进行产品结构优化和成型工艺优化，形成产品成型优化方案
	模具三维设计	使用计算机辅助设计软件进行模具分型，形成成型零件
		使用计算机辅助设计软件进行模架选用，形成模具框架
		使用计算机辅助设计软件进行浇注系统设计，形成浇注系统
		使用计算机辅助设计软件进行推出机构设计，形成推出机构
		使用计算机辅助设计软件进行温度控制系统设计，形成温度控制系统
		使用计算机辅助设计软件进行抽芯机构设计，形成抽芯机构
	模具二维设计	使用计算机辅助设计软件进行模具总装图绘制，形成模具总装图
		使用计算机辅助设计软件进行模具零件工程图绘制，形成模具零件工程图

续表

流程	学习模块	学习任务
数字化编程	模具制造工艺编制	根据模具零件要求制定零件加工工艺，形成加工工艺文件
		根据模具零件制造工艺要求，进行加工刀具的合理选用
		根据模具零件制造工艺要求，进行加工工艺参数的合理选用
	模具加工程序编制与模拟仿真	使用计算机辅助加工软件进行模具零件加工程序的编制及模拟仿真
		使用计算机辅助加工软件进行模具零件加工程序的优化及后置处理
模具装配与调试	模具装配工艺编制	根据模具总装图，进行模具装配工艺分析
		根据模具总装图，进行模具装配工艺编制，形成模具装配工艺文件
	模具装配与调试	使用装配工具，进行模具装配
		使用成型设备，进行模具调试，形成调试报告
	试模制件检测及缺陷分析	使用检测量具，进行试模制件尺寸精度检测，形成检测报告
		根据试模制件质量，进行制件缺陷分析，形成分析报告
模具智能制造	模具智能制造产线任务排产	根据模具零件工程图，进行模具零件智能制造工艺分析，形成工艺文件
		使用智能生产管理软件，进行模具零件智能制造任务排产
	模具智能制造程序编制及实施	使用 CAM 辅助软件，进行模具零件数字化加工程序编制
		使用示教器，进行模具智能制造产线机器人上、下料程序编制
		使用自动检测软件，进行模具零件三坐标检测程序编制

（三）课程模块中流程

以“塑料模智能制造技术综合应用”课程为例，具体流程如表 4-8 所示。

（四）课程项目小流程

以“塑料模智能制造技术综合应用”课程中的项目六“模具装配与调

试”为例，具体流程如表 5-40 所示。

表 5-40　课程项目小流程

序号	流程
1	模具零件的研磨与抛光加工
2	注射模装配工艺规程的编制
3	型芯的装配
4	型腔的装配与修整
5	浇口套的装配
6	顶出机构的装配
7	注射模的试模
8	塑料模试模常见问题及调整

二、资源积聚，平台共建，提高人才培养实施保障水平

围绕能力递进流程化项目，推进专业群“三教改革”。组建“课程模块、专业项目、专业群项目”三级结构化教学团队，根据流程化项目不同能力模块要求，教师分工协作进行模块化教学，形成协作教学共同体。开发流程化项目课程资源，依托 2 个国家级教学资源库，建设专业群资源库；建设“冷冲模设计”等国家精品在线开放课程，以“基础知识+模块化知识+新技术、新工艺”为结构开发流程化项目课程资源；校企合作编写了《Moldflow 模流分析入门与实战》等 12 部流程化活页式教材。打造毗邻式学习空间，通过理论教室与实训车间的毗邻设计，为学生理论知识学习与操作技能训练即时交替提供方便。打造专业群“纵横贯通、内外联动”的实训平台，4 次迭代建设普通机械加工、经济型数控加工、多轴精密数控加工、智能制造柔性产线等机械制造实训基地，实现纵向“通用—专项—综合”能力递进，横向“设计—制造—检测”流程衔接，为专业群复合型人才培养提供保障。

第四节　创新成果 4：形成学习项目考核评价机制

一、评价内容精准对接职业标准

2011 年，教育部印发《关于推进中等和高等职业教育协调发展的指导

意见》，提出“促进专业与产业对接、课程内容与职业标准对接、教学过程与生产过程对接、学历证书与职业资格证书对接、职业教育与终身学习对接”。“塑料成型工艺及模具设计”课程依据职业院校模具设计与制造专业人才培养规格中“掌握模具数字化设计知识，具有模具数字化设计能力”设置，该课程对接的关键岗位是塑料模设计，要求设计师能进行成型工艺分析、注射模结构设计、设计图绘制等。工艺分析的工作内容为读图及图形转换、成型设备选择；模具设计的工作内容为模具结构设计、模具外形尺寸的确定等；制图的工作内容为模具总装图与零件工程图绘制。以模具结构设计任务为例，其技能要求包括：能正确设置收缩率、能正确选择制品成型位置及分型面、能最后确定型腔数目及型腔的排列等 10 项。经统计，塑料模设计岗位的技术要求共有 33 项，将其全部设置为知识技能部分的学习评价内容，从而实现评价内容与职业标准精准对接。

二、成果导向，细化评价指标

成果导向教育理念由威廉·G. 斯派蒂（William G. Spady）于 1981 年最先提出，倡导“教为不教、学为不学”的教育思想，致力打破传统“以教师为中心”的教学模式，注重“以学生为主体”，将课堂“归还”学生，让教师由原来的“演员”变为“导演”，让学生由原来的“观众”变为“演员”。坚持学习评价以学习成果为导向，将评价内容逐条细化成若干可测可评的指标点，每条评价内容均包括知识技能评价与素养评价。以“塑料成型工艺及模具设计”课程“成型工艺分析”部分的第一项评价内容为例，说明评价指标点的设置。该项评价将“形成产品成型初步方案”作为学习成果，设有三个评价指标点：一是能对产品尺寸及精度、形状、壁厚、脱模斜度、圆角等进行分析；二是会分析产品塑料的收缩性、流动性、相容性等成型工艺性能；三是会选择注塑、吹塑、压缩等塑料成型方法。为每个指标点设置独立的评价标准，并赋予每项评价标准不同的权重。

三、融入“思政”元素，评价贯穿学习全过程

坚持将思想政治教育贯穿学习评价全过程，将评价分为学习行为评价和学习成效评价两部分。学习行为是指学生遵守纪律情况、平台讨论与互动情况、团队合作情况、执行操作规程情况等；学习成效是指学生完成各项学习任务的质量情况，即学生知识技能达标情况。评价贯穿课前、课中和课后。课前，由移动学习平台根据学生平台学习时长、学习自测、互动情况进行自动评价；课中，主要由教师和团队负责人根据学生学习行为和学习效果进行评价；课后，由移动学习平台对学生的拓展性学习情况进行

自动评价。通过“全过程、全方位”的学习评价，让学生及时了解并不断修正学习行为，提高学习成效。

四、可量化客观评价题型全覆盖

在课程线上学习平台架构方面，需要进一步完善主观题评价模块的功能，融入每项学习任务的评价指标，实现即学即评即改。例如，学生提交的学习成果是仪表盒模具浇注系统设计，在评价标准中设有优秀、良好、合格、不合格四个等级，学生对浇注系统的主流道、浇口等四部分的结构与尺寸进行设计，如果均合理，则为优秀；如果有1—2处不合理，则为良好；如果有3—4处不合理，则为合格；如果有5处及以上不合理，则为不合格。通过这种方式，实现自动量化式评价，更加体现公平公正，从而更加客观地评价学生的学习成果。同时，这种评价科学、精准、高效，有利于学生及时掌握知识技能达标等情况并进行修正。

五、评价体系的重构与应用

课程评价以学习项目为评价对象，以工作任务为主线，以学习成果为导向，将知识技能及素养的评价指标融入各项工作任务之中，将学习评价贯穿每项子任务的课前、课中和课后，实现全过程、全方位评价。评价结果设为四个等级，即优秀、良好、合格、不合格，可以在平台中进行选择。评价人设为学生自评、学生互评、兼职教师参评、任课教师评价四种。学习评价体系模型如表5-41所示。

表5-41　学习评价体系模型

<table>
<tr><th rowspan="2">评价项目</th><th rowspan="2">评价内容</th><th rowspan="2">学习成果</th><th rowspan="2" colspan="3">评价指标</th><th colspan="2">优秀</th><th rowspan="2">……</th><th rowspan="2">评价结果</th><th rowspan="2">评价人</th></tr>
<tr><th>要求</th><th>权重</th></tr>
<tr><td rowspan="10">项目名称</td><td rowspan="9">任务1</td><td rowspan="8">成果1</td><td rowspan="4">知识技能</td><td>课前</td><td>指标点</td><td>具体要求</td><td>%</td><td>……</td><td></td><td></td></tr>
<tr><td rowspan="2">课中</td><td>指标点</td><td>具体要求</td><td>%</td><td>……</td><td></td><td></td></tr>
<tr><td>……</td><td>具体要求</td><td>%</td><td>……</td><td></td><td></td></tr>
<tr><td>课后</td><td>指标点</td><td>具体要求</td><td>%</td><td>……</td><td></td><td></td></tr>
<tr><td rowspan="4">素养</td><td>课前</td><td>指标点</td><td>具体要求</td><td>%</td><td>……</td><td></td><td></td></tr>
<tr><td rowspan="2">课中</td><td>指标点</td><td>具体要求</td><td>%</td><td>……</td><td></td><td></td></tr>
<tr><td>……</td><td>具体要求</td><td>%</td><td>……</td><td></td><td></td></tr>
<tr><td>课后</td><td>指标点</td><td>具体要求</td><td>%</td><td>……</td><td></td><td></td></tr>
<tr><td>……</td><td>……</td><td>……</td><td>……</td><td>……</td><td>……</td><td>……</td><td></td><td></td></tr>
<tr><td>……</td><td>……</td><td>……</td><td>……</td><td>……</td><td>……</td><td>……</td><td>……</td><td></td><td></td></tr>
</table>

下面以“塑料成型工艺及模具设计”课程中的“汽车仪表盒模具设计”项目为例，构建学习评价指标。该项目共有三项子任务：任务一为成型方案设计、任务二为模具三维设计、任务三为模具二维设计。任务一的学习成果有三项，分别是：进行产品结构与成型工艺分析，形成产品成型初步方案；使用计算机辅助分析软件进行产品成型工艺分析，形成分析报告；根据分析报告进行产品结构优化和成型工艺优化，形成产品成型优化方案。任务二的学习成果有六项，分别是：使用计算机辅助设计软件进行模具分型，形成成型零件；使用计算机辅助设计软件进行模架选用，形成模具框架；使用计算机辅助设计软件进行浇注系统设计，形成浇注系统；使用计算机辅助设计软件进行推出机构设计，形成推出机构；使用计算机辅助设计软件进行温度控制系统设计，形成温度控制系统；使用计算机辅助设计软件进行抽芯机构设计，形成抽芯机构。任务三的学习成果有两项，分别是：使用计算机辅助设计软件进行模具总装图绘制，形成模具总装图；使用计算机辅助设计软件进行模具零件工程图绘制，形成模具零件工程图。针对每一项学习成果设置评价指标，以任务一的第一项学习成果为例，总分为100分，其中知识技能60分、素养40分，其考核评价如表5-42所示。

表 5-42　任务一第一项学习成果考核评价表

目标成果	评价指标			优秀		良好		合格		不合格		评价结果	评价人
				要求	权重	要求	权重	要求	权重	要求	权重		
进行产品结构与成型工艺分析，形成产品成型初步方案	知识技能（60 分）	课前	会分析产品结构对成型产品的质量、加工、成本造成的影响	任意 3 点分析合理	10%	任意 2 点分析合理	8%	任意 1 点分析合理	6%	所有分析均不合理	0		教师
		课中	能对产品尺寸及精度、形状、壁厚、脱模斜度、圆角等进行分析	任意 5 处结构分析合理	15%	任意 3—4 处结构分析合理	12%	任意 1—2 处结构分析合理	9%	所有结构分析均不合理	0		教师
			会分析产品塑料的收缩性、流动性、相容性等成型工艺性能	任意 4 个成型性能分析合理	15%	任意 2—3 个成型性能分析合理	12%	任意 1 个成型性能分析合理	9%	所有成型性能分析均不合理	0		教师
			会选择注塑、吹塑、压缩等塑料成型方法	选择注塑成型方法	10%	—	—	—	—	选择注塑外的其他成型方法	0		教师
		课后	会分析智能电表箱结构与成型工艺，并形成产品成型初步方案	任意 4 处结构分析合理 + 任意 4 个成型性能分析合理 + 成型方法选择正确	10%	任意 2—3 处结构分析合理 + 任意 2—3 个成型性能分析合理 + 成型方法选择正确	8%	任意 1 处结构分析合理 + 任意 1 个成型性能分析合理 + 成型方法选择正确	6%	所有结构分析均不合理 + 所有成型性能分析均不合理 + 成型方法选择不正确	0		教师

续表

目标成果	评价指标			优秀		良好		合格		不合格		评价结果	评价人
				要求	权重	要求	权重	要求	权重	要求	权重		
进行产品结构与成型工艺分析，形成产品成型初步方案	素养（40分）	课前	具有自主学习能力与分析问题的能力	能自主完成课前任务，且评价为优秀	10%	能自主完成课前任务，且评价为良好	8%	能自主完成课前任务，且评价为合格	6%	不能自主完成课前任务，且评价为不合格	0		学生本人
		课中	具有科学严谨的态度	能完成课中任务，3项评价均为优秀	10%	能完成课中任务，2项评价为优秀	8%	能完成课中任务，1项评价为优秀	6%	不能完成课中任务，3项评价均不合格	0		学生本人
			具有团队合作精神	参与研讨，为团队项目贡献3条方案	10%	参与研讨，为团队项目贡献2条方案	8%	参与研讨，为团队项目贡献1条方案	6%	未能参与研讨	0		团队成员
		课后	具有创新精神	优化产品结构3处	10%	优化产品结构2处	8%	优化产品结构1处	6%	无优化产品结构	0		教师

参考文献

[1] 丁红玲，王晶. 职业教育产教深度融合的路径选择 [J]. 教育理论与实践，2015，35 (15)：23-25.

[2] 马树超，郭文富. 高职教育深化产教融合的经验、问题与对策 [J]. 中国高教研究，2018 (4)：58-61.

[3] 王丹中. 基点 · 形态 · 本质：产教融合的内涵分析 [J]. 职教论坛，2014 (35)：79-82.

[4] 王俊杰. 高职扩容与人工智能迭代：冲突还是耦合?：兼论高等职业教育变革逻辑及创新路径 [J]. 浙江社会科学，2022 (3)：99-106，159.

[5] 王锋，孙丽，姚静怡. 职业教育"校企产教"深度融合对策：以徐州市为例 [J]. 中国高校科技，2019 (9)：68-70.

[6] 孙云志. 我国高职院校产教融合发展的历程：以融合—分离—融合为观照点 [J]. 中国高校科技，2021 (7)：68-72.

[7] 石伟平，郝天聪. 从校企合作到产教融合：我国职业教育办学模式改革的思维转向 [J]. 教育发展研究，2019，39 (1)：1-9.

[8] 孙传钊. 人文精神、博雅教育的困境：从《大学之理念》的中译本缺了最后一章谈起 [J]. 复旦教育论坛，2008 (1)：38-42.

[9] 尼采. 论道德的谱系：一本论战著作 [M]. 赵千帆，译. 北京：商务印书馆，2018.

[10] 卢卓. 国内产教融合研究的特征与趋势探究：基于 CNKI 文献知识图谱量化分析 [J]. 职业技术，2021，20 (2)：22-27，102.

[11] 孙虎. 福柯《知识考古学》的起源与话语分析研究 [J]. 南京师大学报 (社会科学版)，2018 (4)：37-45.

[12] 申国昌. 博雅教育的文化内涵与实践路径 [J]. 国家教育行政学院学报，2016 (11)：10-16.

[13] 孙善学. 产教融合的理论内涵与实践要点 [J]. 中国职业技术教育，2017 (34)：90-94.

[14] 李化树. 教育生态学探讨 [J]. 教学与管理，1995 (1)：14-16.

[15] 许占权. 西方博雅教育思想的演变与发展 [J]. 现代教育科学，

2012（2）：47-51.

［16］刘永谋，夏学杰．谱系学的方法论创新［J］．广西民族大学学报（哲学社会科学版），2006（5）：82-85.

［17］刘安．什么是受过教育的人：彼得斯教育思想研究［D］．上海：华东师范大学，2019.

［18］庄西真．产教融合的内在矛盾与解决策略［J］．中国高教研究，2018（9）：81-86.

［19］李克．企业对产教融合的认知、需求、满意度及政策建议研究：基于吉林省538份企业调查问卷的分析［J］．现代教育管理，2019（3）：96-100.

［20］刘斌，邹吉权，刘晓梅．职业教育产教融合的逻辑起点与应然之态［J］．中国高教研究，2017（11）：106-110.

［21］李放春．韦伯、谱系学与现代资本主义精神史［J］．史学理论研究，2021（3）：119-132，160.

［22］吕建强，许艳丽．工作4.0：表征、挑战与职业教育因应［J］．高等工程教育研究，2021（4）：165-169，187.

［23］刘勇，王敏军．校企合作专业建设模式研究：以江西交通职业技术学院为例［J］．高教发展与评估，2015，31（4）：27-31，106.

［24］李政．职业教育的产教融合：障碍及其消解［J］．中国高教研究，2018（9）：87-92.

［25］李俊，李东书．职业教育产教融合的国际比较分析：以中国、德国和英国为例［J］．高等工程教育研究，2019（4）：159-164.

［26］刘晓，徐珍珍．职业教育产学研一体化办学的内涵、特征与模式［J］．中国高校科技，2016（8）：66-69.

［27］吕晓平．后进生的谱系：影响我国教育改革的重要因素［D］．长春：东北师范大学，2011.

［28］李海东，黄文伟．我国职业教育产教融合制度体系构建的若干思考［J］．高教探索，2021（2）：103-108.

［29］李晓林．论福柯的考古学与谱系学［J］．齐鲁学刊，2001（2）：56-60.

［30］李海萍，上官剑．自由教育、职业教育与通识教育：西方高等教育思潮谱系溯源［J］．教育研究，2017，38（9）：132-139.

［31］许婉璞，张波．福柯：解构传统历史观与知识论的哲学谱系学［J］．河北师范大学学报（哲学社会科学版），2006，29（5）：53-57.

［32］刘新蕊．国产动车组造型谱系构建研究与应用［D］．成都：西南

交通大学，2020.
[33] 张一兵. 哲学考古学与谱系学：找出尚未发生之物之途：阿甘本的哲学隐性话语思考 [J]. 社会科学辑刊，2018 (3)：32-39.
[34] 陆小成. 产业集群协同演化的生态位整合模式研究 [D]. 长沙：中南大学，2008.
[35] 陈年友，周常青，吴祝平. 产教融合的内涵与实现途径 [J]. 中国高校科技，2014 (8)：40-42.
[36] 陆国栋，章雪富. 大学教育的课程谱系 [J]. 中国高等教育，2014 (22)：41-43.
[37] 吴奇. 福柯 尼采 谱系学 [J]. 华中科技大学学报（社会科学版），2007 (6)：21-24，30.
[38] 杨明全. 当代西方谱系学视野下的课程概念：话语分析与比较 [J]. 比较教育研究，2012，34 (3)：62-66.
[39] 吴思，吴芳芳，兰振光. 地方应用型本科院校产教融合人才培养模式：以金融学专业为例 [J]. 教育观察，2018，7 (13)：77-80.
[40] 吴彦艳. 产业链的构建整合及升级研究 [D]. 天津：天津大学，2009.
[41] 邱胜海，董莺，杨铭，等. 产教融合项目知识图谱构建及图数据库实现 [J]. 电脑知识与技术，2021，17 (1)：38-40.
[42] 张荣. 基于产教对接背景下的高职物联网专业开发与实践 [J]. 中国职业技术教育，2013 (10)：53-55.
[43] 邱晖，樊千. 推进产教深度融合的动力机制及策略 [J]. 黑龙江高教研究，2016 (12)：102-105.
[44] 邹益民. 谱系学：尼采与福柯对主体哲学的批判 [J]. 上海交通大学学报（哲学社会科学版），2019，27 (2)：97-107.
[45] 陈晓涛. 产业演进论 [D]. 成都：四川大学，2007.
[46] 张焕庭. 西方资产阶级教育论著选 [M]. 2 版. 北京：人民教育出版社，1979.
[47] 肖靖. 从产教结合到产教融合：40 年职业教育的政策变迁 [J]. 中国高校科技，2019 (8)：66-71.
[48] 杨慷慨，邹有奇. 职业教育产教对接制度建设研究 [J]. 现代教育管理，2018 (7)：89-94.
[49] 吴增定. 从现象学到谱系学：尼采哲学的两重面向 [J]. 哲学研究，2017 (9)：90-97，128.
[50] 周年. 素质教育的历史谱系及其新时代启示 [J]. 社会科学家，

2017（11）：134-138.

［51］周谷平，杨凯良. 学术谱系解读：基于美国印第安纳大学高等教育研究学者的访谈分析［J］. 教育学报，2017，13（2）：100-113.

［52］金星霖，周娜. “百年未有之大变局”下职业教育的挑战与应对［J］. 中国教育学刊，2022（3）：53-58.

［53］周晶，王斯迪. 职业教育产教融合效能评价：概念基础、价值遵循与指标选择［J］. 现代教育管理，2021（10）：106-112.

［54］罗琦，陈桃珍. 内涵式发展语境下职业教育评价的新思考［J］. 江苏高教，2019（5）：49-53.

［55］姜子昂，辜穗，王径，等. 我国油气勘探开发技术产品谱系构建［J］. 天然气工业，2020，40（6）：149-156.

［56］祝士明. 高职教育专业质量保障体系的研究［D］. 天津：天津大学，2006.

［57］郭文富. 现代治理视角的高等职业教育质量保障研究［D］. 上海：上海师范大学，2018.

［58］郝天聪，石伟平. 从松散联结到实体嵌入：职业教育产教融合的困境及其突破［J］. 教育研究，2019，40（7）：102-110.

［59］赵志群. 建设现代学徒制的必要性与实现路径［J］. 人民论坛，2020（9）：59-61.

［60］胡金星. 产业融合的内在机制研究：基于自组织理论的视角［D］. 上海：复旦大学，2007.

［61］贺星岳. 基于现代职教体系的产教融合、校企一体化研究与实践：以浙江工贸职业技术学院为例［J］. 职业技术教育，2015，36（21）：61-64.

［62］胡新岗，黄银云. 基于工作任务导向的动物防疫技术课程产教对接教学研究［J］. 黑龙江畜牧兽医，2016（24）：215-218.

［63］袁玉芝，杨振军，杜育红. 我国技术技能人才供给现状、问题及对策研究［J］. 教育科学研究，2021（7）：24-29.

［64］翁伟斌. 产教深度融合背景下企业大学建设：诉求·要素·策略［J］. 吉首大学学报（社会科学版），2019，40（4）：87-94.

［65］徐志强. 哈佛大学通识教育理念研究［J］. 河北大学学报（哲学社会科学版），2021，46（3）：94-100.

［66］徐国庆. 课程衔接体系：现代职业教育体系构建的基石［J］. 中国职业技术教育，2014（21）：187-191.

［67］席晓圆. 从二元对立走向融合的学校教育［J］. 现代教学，2016

（8）：26-29.

［68］徐晔. 职业教育“类型教育”生态系统的结构及功能探究［J］. 中国人民大学教育学刊，2021（1）：127-134.

［69］高倩. 谱系学方法论解读：理解历史的新视角［J］. 理论观察，2010（5）：47-48.

［70］曹永国，吴丽红. 教育概念的演进、纷争及其逻辑辩证［J］. 高等教育研究，2021，42（7）：18-34.

［71］章建新. 基于职业分析的高职产教对接模式研究［J］. 教育与职业，2016（10）：15-19.

［72］黄秋明. 高职课程质量保证体系研究［D］. 上海：华东师范大学，2008.

［73］曹照洁. 政校企“三位一体”协同育人模式现状与建构研究［J］. 四川理工学院学报（社会科学版），2019，34（2）：73-84.

［74］黄瀚玉，刘邵鑫，曾绍伦. 产教融合人才培养模式研究的知识图谱可视化分析［J］. 教育与职业，2018（11）：18-25.

［75］董奇，黄芳，国卉男. 现代职业教育体系视角下的高职课程改革：兼论高职课程观的发展趋势［J］. 职业技术教育，2014，35（1）：27-31.

［76］蔡春，卓进. 谱系学视域中的教育史研究［J］. 教育学报，2015，11（3）：108-120.

［77］虞震. 我国产业生态化路径研究［D］. 上海：上海社会科学院，2007.

［78］潘海生，宋亚峰，王世斌. 职业教育产教融合政策框架建构与困境消解［J］. 吉首大学学报（社会科学版），2019，40（4）：69-76.

附　录

附录一
新基建背景下智能制造专业群人才培养路径探索

许朝山　顾卫杰　孙华林

摘　要：随着新基建背景下智能制造技术的转型升级，培养智能制造高技能人才成为我国高职教育的战略性任务。高职院校应深刻理解新基建的内涵，围绕新基建背景下智能制造人才培养的新需求、新规格和新路径，科学构建以“全人格”育人模式、“全流程”教学体系和“育训结合”实践体系为主要内容的专业群人才培养路径，为构筑我国智能制造发展的先发优势提供人才支撑。

关键词：职业教育；新基建；智能制造；专业群；人才培养

一、引言

制造业是一个国家的工业基石。美国在2008年金融危机后提出“再工业化”战略，德国在2011年汉诺威工业博览会上提出“工业4.0”概念，我国于2015年全面部署实施制造强国战略。2020年，我国《政府工作报告》提出重点支持“两新一重”建设，以及《关于深化新一代信息技术与制造业融合发展的指导意见》《关于支持新业态新模式健康发展 激活消费市场带动扩大就业的意见》等文件连续出台，加快了以5G基站为代表的新基建步伐。新一代信息技术正向实体经济全面融合渗透，推动制造业迈向智能制造，在生产的各个环节融入信息技术，以智能工厂为载体，以制造环节的智能化为核心，以生产数据为纽带，以信息安全为保障，通过柔性制造系统，实现精准、高效的生产目标。在新基建驱动制造业全面转型升级背景下，技术技能人才需求与标准也发生了变化。近年来，面向新基建，如何培养智能制造领域的人才成为专家、学者和相关院校研究与探索的焦点。

二、新基建新内涵

（一）新基建的由来

2018年12月，中央经济工作会议首次提出新基建的概念，把人工智能（AI）、工业互联网、物联网等定义为“新型基础设施”。2019年《政府工作报告》明确列入“加强新一代信息基础设施建设”内容。2020年3月，中共中央政治局常务委员会召开会议，提出要加快5G网络、数据中心等新型基础设施建设进度。同月，工信部召开加快5G发展专题会，推进新型基础设施建设。新型基础设施主要由信息基础设施、融合基础设施和创新基础设施三方面构成。新基建作为新型基础设施建设的简称，主要包括5G基站、大数据中心、AI、工业互联网等七大领域，涉及诸多产业链。智联招聘发布的《2020年新基建产业人才发展报告》显示，我国新基建核心技术人才缺口预计2020年年底将达417万人。综上，新基建可以归纳为是以新发展理念为引领，以技术创新为驱动，以信息网络为基础，面向高质量发展需要，提供数字转型、智能升级、融合创新等服务的基础设施体系。

（二）新基建的内涵

与铁路、公路、机场、桥梁、港口等传统基建相比，两类基建都具备公共性、通用性、基础性等特性，但新基建更加重视数据要素、网络互联、科技创新和智能制造相关基础设施建设，更加突显数字化、网络化、技术性、专业性和创新性，促进信息技术的产业化应用，推动传统行业数字化和智能化转型。新基建的内涵主要体现在新思想、新技术、新应用和新动力四个方面。

1. 新思想

与传统基建相比，以数字基础设施为核心的新基建体现出独特的经济学特性，需要用新思想、新理念来指导。在经济高质量发展背景下，习近平总书记高瞻远瞩地指出，世界经济数字化转型是大势所趋，新的工业革命将深刻重塑人类社会，要鼓励创新，促进数字经济和实体经济深度融合。“以新发展理念为引领，以技术创新为驱动”是中国经济由高速增长阶段迈入高质量发展阶段的指导思想。数字经济催生了对数据采集、标注、存储、运算、安全、交换等支撑数据产业体系的数字经济公共设施的需求。面向新基建，以新思想为指导，一方面把握数字化发展时机，提升产业竞争力；另一方面充分认识到新基建服务国家长远发展和“制造强国、网络强国”建设的战略需求，通过新基建加快新技术落地应用，激发创新创业活力，使经济高质量发展的步伐更加稳健。

2. **新技术**

新基建所依赖的核心技术都是全新的。5G、大数据、AI、工业互联网等新一代信息技术将会是新基建未来布局的关键。随着全球制造业竞争日趋激烈，大数据、云计算、物联网等新一代信息技术正加速向工业领域融合渗透。工业5G、新型传感、信息物理融合、网络安全、云计算、区块链、AI和AI芯片设计制造技术等不断成熟，正深刻影响着经济社会的发展历程。尤其广泛应用的5G网络具有大带宽、大规模连接和高速度低时延的特性，已成为数字经济的重要引擎。

3. **新应用**

新基建催生的新应用在产业发展、通信交通、医疗卫生等领域将发挥重要作用。在产业发展领域，以装备制造、汽车、家电等制造行业为重点，5G、工业互联网、AI等技术在数字工厂、数字生产线、数字车间的应用场景得到深度挖掘。在通信交通领域，传统高速公路+5G通信，支持无人驾驶；传统物流+互联网+5G无人配送车，实现智慧仓储、分拣、运输和配送，变传统人找货为货找人。在医疗卫生领域，智能影像算法催生CT机器代替医生读片。未来，通过大量建设云服务器，开发各种通用AI平台、细分行业AI平台，提供云存储、云计算、云制造服务，将大大拓展新基建的应用广度和深度。

4. **新动力**

新基建催生了经济新形态、产业新业态、企业新模式、生产新方式和消费新形式。新基建加速了我国经济线上线下相结合时代的到来，在驱动数字产业发展的同时，提高了制造业和服务业的生产效率，推动了智能制造、智能交通、新零售、新媒体等产业的发展。新基建提供的泛在、高效和低成本的新型基础设施将会极大降低新技术、新模式创新创业门槛、技术难度，促进协作分工和灵活就业。新基建已经成为经济社会发展的“助推器”“催化剂”，必将在稳增长、调结构、惠民生等方面发挥重要作用，为行业产业发展提供新动力，成为支撑我国未来工业化、城市化、数字化和全球化的重要力量。

三、新基建背景下智能制造的新发展

（一）智能制造技术转型升级

每一次技术革命都会引发工业革命。机械化时代出现的大规模机器制造活动取代了手工劳动，人可以通过手工操作和控制机器进行生产；PLC编程逻辑控制器的发明将机械化时代向前推进了一大步，机器可以在“少人”乃至“无人”的状态下根据预先设定的固定程序完成流程性较强的自动化生产活动；进入21世纪，云计算、大数据、AI和工业互联网又为制造业带来了一场深刻的工业革命，工业制造已转变为今天的“数字制造”“智能制造”。随着新基建的深入，利用5G构建统一的互联网络，推动制造企业迈入“万物互联、万物可控”的智能制造阶段成为必然趋势。

（二）制造业生产模式不断变革

以新基建为支撑，制造企业在加速生产技术从机械化到自动化到信息化再到智能化的升级和更替的同时，也催生了生产模式由大规模标准化生产向个性化定制智能化生产的变革和“按单聚散”管理模式的变革。主要表现为：在产品创意阶段，企业通过AI视觉识别、语音识别、数据挖掘等技术，快速归集用户的个性化需求，形成用户大数据画像，精准定位市场；在产品设计阶段，通过5G、增强现实（AR）等技术，用户交互定制，多方设计人员在虚拟环境下协同设计，缩短开发周期；在产品制造阶段，以工业互联网制造平台快速匹配集成最佳生产资源，通过实时监测、数据采集、工业app等支持主要工序的生产状态透明可视，关键生产测试数据与用户实时并联，企业实现网络协作、柔性生产、产能监控、智能排产、质量全程管控；在产品验货交付阶段，通过射频识别（RFID）、标识解析、时序数据库等实现异地远程验货、智能仓储、智能配送，配送轨迹可视；在产品服务阶段，通过预测算法、远程运维、视觉诊断、云计算、知识图谱等实现智能服务、远程运维。智能制造在新基建支持下，采取数字化和集成化手段将产品制造的流程模块及生命周期进行重构，生产模式高度灵活，既能够满足不同用户的个性化需求，又可以有效调配产品全生命周期中的需求资源，从而实现生产资源的合理配置，促进生产效率的提高。

（三）智能制造岗位需求迭代更新

融合新基建的智能制造企业，其组织形态、人员结构和岗位任务发生了很大变化，主要表现为：一是人才结构扁平化。“金字塔形”人才结构将逐步演变为“橄榄形”人才结构，借助于机器换人和智能决策，简单重复的一线操作和高端管理类人才需求将有所减少，设计、维护和项目管理中坚人才需求将有所增加。二是岗位工作复杂化。岗位工作的变化总体表现为技能操作高端化和生产服务一体化。三是人才规格复合化。以智能设备、单元或生产线为工作对象，以开源开放的AI平台、基于AI深度学习框架的操作系统开发的app为工作平台，需要原有制造类专业能力拓展迁移。人才由单一操作技能型向集操作技能、生产工艺、维修保养、质量管控等技术技能于一体的复合型转变，迫切需要面向个性化市场需求，以智能制造为工作场景，培养具备数字化、创新思维能力及信息技术迁移能力、智能制造综合实践问题解决能力的高素质技术技能人才。

四、新基建背景下智能制造专业群人才培养路径

（一）智能制造类人才新需求

流水线生产模式是传统制造业的重要特征，需要大量一线生产工人，随着生产向自动化、智能化发展，机器换人现象越来越普遍，简单重复操作逐渐被机器取代，从而催生出智能装备编程、操作、维护，机器人安装、调试、维护等一系列新岗位，这些岗位的需求在2022年将达到304.01万人，其中需高职学历人数为120.02万人。生产过程管理、产品检测等工作也不再需要专人负责，各类高精传感器完全替代了人类的感官与各种测量设备，从而催生出工业数据采集、边缘设备接入、智能系统开发与维护等新岗位，这些岗位的需求在2022年将达到29.9万人，其中需高职学历人数为10.21万人。传统的产量统计、仓库管理岗位也将被智慧仓储、智慧物流等新技术取代，从而催生出数字化设计师、生产数据分析员、智慧仓储管理员等一批新岗位，这些岗位的需求在2022年将达到71.76万人，其中需高职学历人数为23.66万人。因此，技术型、复合型、创新型成为未来智能制造领域人才的重要特征。

（二）智能制造类人才培养新规格

新基建、新技术赋能新经济、新产业、新业态，职业教育人才培养规格也应该被赋予新的要求与内涵。机械化制造时代需要熟练掌握操作技能的精益化操作型员工；自动化制造时代需要掌握复杂度高的高级技能的高技能员工；数字化制造时代需要具备将数字化产品图纸、设计等转化为物质形态，综合解决实际问题能力的技术技能型员工；智能制造时代则需要具备应用先进制造技术和新一代信息技术的复合能力，能够进行创意智造、运维智能线体并改善效率的创新型员工。只有从培养一般的技术技能人才转向培养熟悉5G、AI、物联网、大数据、云计算等新一代信息技术，并能将创新思维与创新能力应用到岗位工作中的人才，才能适应这种变化。

1. 智能制造类人才素质要求

随着新知识、新技术的融入，技术人才需要具备更高的职业素养。网络空间素养要求具备良好的网络行为，合法利用和传播网络信息；信息化素养要求掌握信息搜索、分析、处理、鉴别的方法；网络安全素养要求具备信息安全意识，维护企业生产数据不泄露，不侵占和攻击其他企业数据；互联网思维素养要求具备发现问题、分析问题和解决问题的新思维。

2. 智能制造类人才知识要求

智能制造是一个复杂而完整的流程，涉及多专业交叉领域，包括品牌与创意、设计与制造、控制与维护、智联与通信、经营与管理等各个流程。

随着生产的智能化发展，智能工厂中的设备、流程也越来越智能化，这势必要求新一代技术工人除了掌握本专业相关知识外，还要系统地了解智能制造全过程，熟悉数据的采集与传输、分析与处理、应用与决策。因此，5G 技术、AI 技术是智能制造类人才必学的新知识，构建新一代信息技术对制造业赋能的知识体系是当前制造类专业改革的一个方向。

3. 智能制造类人才能力要求

随着制造业从“中低端”向“中高端”转型升级，高端智能制造将成为产业新业态，技术技能人才除了要具备过硬的实践操作能力外，还要具备技术迁移、技术攻关和技术创新能力，单一的岗位能力难以适应技术发展，必须培养复合型人才，以解决复杂交叉岗位的技术难题。这些能力的培养离不开新一代信息技术。“5G+”“互联网+”“AI+”为智能制造类人才的能力培养提供了重要载体。

（三）智能制造专业群人才培养困境分析

智能制造专业群覆盖面较广，建设面临巨大挑战，存在“难、贵、宽”三个难题。第一，高职院校相关技术技能积累少，培养能满足企业需求的智能制造类人才难。智能制造产业结构升级和岗位能力迁移对人才培养带来一定冲击。第二，智能制造专业群建设需要投入的智能制造设备、新基建平台及工控软件贵。面向传感器、生产装备、控制系统的嵌入式系统和中间软件技术实训平台投入大，数字经济形势下培养学生数据集成和计算分析能力成本高。对接智能制造岗位培养高素质技能型人才，需要依托政行校企在人才培养全过程开展全方位合作，通过共建硬件实训基地和软件环境，实现高职院校人才供给和企业人才需求全方位的融合。但目前共育人才停留在表面、高职院校服务能力不足、企业设施投入不多、成果共享机制不成熟等问题严重影响了校企之间的深入合作。第三，智能制造涉及的技术新、知识面宽、领域广。在制造业转型升级过程中，多学科、多专业交叉融合趋势越来越显著，对复合型人才培养要求越来越高，可是专业群内各专业的交叉培养机制还难以有效形成，跨专业教学难以开展，培养出的人才难以满足智能制造业对复合型人才的要求。

（四）智能制造类人才培养新路径

新基建背景下的智能制造业生产模式呈现出数字化、网络化、智能化、定制化等特征，制造业迫切需要具备专业性、创新性的复合型技术技能人才。而高职院校作为制造业人才培养的主要基地，必须加大力度进行教育教学改革，多方位探索人才培养的新路径。

1. 适应产业需求，形成“全人格”的育人模式

根据智能制造业人才标准，以立德树人为根本，构建“素质能力集”、重构项目化学习内容、变革课堂学习方式、开展立体化评价，以“学习过程突显体验、过程评价突显自省、师生关系突显信任、人格塑造突显自信”为策略，以建设合作陪伴式教学团队为保障，将人格教育有效融入专业课程教学全过程，构建落实高职阶段人格教育的方法体系，形成“创新思路、明确目标、突出主线、落实关键、开拓路径”的高职“全人格”育人模式。

2. 以学生为中心，构建“全流程”的教学体系

以培养目标和培养规格为起点，打破学科课程体系，遵循智能制造典型工作任务开发生产流程和学生认知规律，按“成果导向+项目课程”理念反向构建能力素养指标全覆盖的全流程项目教学体系。通过解析智能制造核心岗位任务并加以重构，将全流程项目分解为以基础知识、专业知识体系为单位的教学模块，打造融通识能力、专业能力、跨界创新能力等素养指标为一体的颗粒化教学资源，形成“目标导向明确、学生行为可控、质量螺旋提升”的立体化评价体系。

3. 重视能力培养，重构“育训结合”的实践体系

以智能制造专业“能力素养标准”为依据，以X证书为引领，及时将新技术、新工艺、新规范纳入教学标准和教学内容，重构“能力递进、育训结合”的实践体系。同时，重视名校名企深度合作，推动校企共建实训基地，充分利用企业生产岗位，校企共同按生产模式进行系统化实践教学条件建设，创建学徒环境，构筑形成更大范围、更为紧密的校企合作命运共同体，为实践体系的有效运行提供共享合作平台和战略支撑。面向新基建，聚焦智能制造领域，迫切需要政行校企合作打造数字化工程、网络工程、物联网、大数据应用、智能制造和AI创新中心等先进技术平台，校企开发虚拟工厂搭建、MES系统管理、边缘计算层设计等实训项目，拓展学生智能制造关键能力。

五、新基建背景下智能制造专业群人才培养路径实践

（一）对接区域智能制造产业链，提高专业群结构契合度

针对新基建背景下的区域资源要素禀赋和产业发展基础，学校应根植于地方服务产业集群，秉持“装备制造业类专业为主体、制造业服务类专业为支撑”的专业格局，按照相同的工作范畴、相关的岗位群、相同的专业基础、相近的技术领域组建专业集群。专业群内专业结构应对接新基建进行调优，与区域产业园区联结、与当地产业名企合作、与全国行业联盟，实现专业群设置与产业链对接、专业升级调整与产业技术发展对接、专业人才培养目标与产业岗位需求对接，全方位提高专业群建设与产业链需求的契合度。通过优化专业群设置，强化新一代信息技术与先进制造技术深

度融合，推动学校适应区域产业链相关企业人才需求结构的变化，实现专业资源配置优化、专业跨界复合发展，促进智能制造技术技能积累，满足服务数字经济、智能制造新要求，最终形成城教融合、产教融合的良好生态环境。

（二）践行“全人格”育人理念，提高专业群人才培养吻合度

围绕新基建对智能制造类人才的新需求，学校可从国家及社会需求、产业及行业发展、家长及校友期望、学校特色及定位、学生能力及发展五个维度出发，构建思想政治教育、劳动教育、创新创业教育及人工智能素养贯穿的“能力素养集”，通过将专业能力与职业精神融合，构建以学习项目为载体的教学内容新体系，将“能力素养集”的所有要素全方位嵌入教学各环节，形成环环相扣的课堂教学链。专业群应遵循“以学生为中心”的原则，基于“能力素养集”构建“项目群→学习项目→学习子项目→学习单元”的课程标准体系，并以此贯穿教学设计、实施、评价全过程，使素质能力显性可测、素质培养可操作。课堂教学活动可按照“任务驱动、行动导向、成果展示”的教学路线开展，变“师教生学”为“生学师导”，使学生将学习活动嵌入任务实施过程之中，让学生充分认识和肯定自己的价值，在实践中掌握知识、练就技能、健全人格。同时，可针对素质、知识、能力三维目标，以学生、教师、企业为主体，贯穿课堂活动、学习阶段、毕业考核全过程，构建三维度、三主体、全过程的立体化评价体系，提高人才培养目标与产业职业标准的吻合度。

（三）深化校企“双主体”育人，推进专业群现代学徒制人才培养改革和校企协同育人创新

学校可围绕自身优势与特色专业在智能制造产业链上的分工和生态位，面向区域智能制造产业发展和高技术人才需求，对接智能制造关键环节、关键技术，与政行企开展产教深度合作，共建“行业领军型”产业学院，加强智能制造核心技术技能积累和师资培养、全流程项目资源开发。产业学院可基于理事会，采用“顶层统筹、分管共治”的管理体制，深化双主体“资金共投、方案共制、教学共施、师资共融、资源共建、文化共融、成果共享、风险共担”的建设机制，并以自身为产教融合共生平台，深化“标准、资源、队伍、技术、项目、文化”融合，保障“人才共育、基地共建、人员互聘、信息共享、协作服务、文化交融”运行。同时，学校应立足基于智能制造产业空间布局的分布式校企合作格局，在区域内多点布局智能制造高水平“立体化”校企合作基地，围绕校企对接服务中心、企业博士工作站，开展产教合作项目、顶岗实习、现代学徒制人才培养、实习基地建设等标准建设，创新校企合作基地空间运营与保障，把单一校企合作升级提档为政行企校多方协同，提升对接服务产业链水平，推进智能制造专业群现代学徒制人才培养改革和校企协同育人创新。

（四）开设专业群新基建通用能力课程和专业课程，融入新职业新标准内容

围绕新基建背景下智能制造技术的转型升级，学校可通过“平台共设、专岗专项”重构专业群课程体系，将“智能制造概论”“人工智能导论”作为专业群的平台课程，向学生概述智能制造、智能装备、智能装备自动化系统、智能系统运维，以及基于AI、工业互联网、5G技术的智能制造典型案例，帮助学生夯实技术技能认知基础。在平台课程的基础上，按照物联网、工业互联网、大数据、智能制造、AI等方向，依据群内专业组群逻辑开设“智能传感器及应用”“现场总线与工业以太网技术”“工业数据采集”“数控设备故障诊断与维修”“智能控制系统装调与维护”“云平台与大数据技术”等技术技能方向的模块课程，帮助学生掌握AI、5G技术在智能制造环节中的应用，服务智能制造新型岗位需求。通过面向全产业链新型岗位群的“营销—设计—制造—运维”跨界融合能力实践，帮助学生提高知识和技能的可迁移性，成为适配专业群岗位的复合型技术技能人才。

针对设备上线、企业上网、园区上云，制造企业实时高效数据采集互联体系设计，工业大数据存储、分析、管理系统构建，工业技术模型化软件开发等新型岗位需求，学校可将物联网工程技术人员、大数据工程技术人员、工业机器人系统运维员等一批国家新职业，以及《数字化工厂产线装调与运维》《智能制造单元集成应用》等一批职业技能等级标准中的工作领域、典型任务等融入专业群课程的实践教学项目，围绕智能制造中的人机信息交流、现场操作编程、设备安装调试、控制系统运行维护等工作任务，优化课程体系或补充课程内容，使专岗专项的全流程项目贯穿设计、生产、运维等各个环节，使学生具备智能制造活动所需的设备操作、数字编程、维护保养、现场管理、团队协作等职业能力。同时，学校可对照生产流程分解典型工作任务，每个任务的职业技能严格包含“行为、条件、标准、结果”四大要素，据此设计教学流程并组织实施，贴近岗位实践培养学生综合职业能力。

六、结束语

新基建背景下的智能制造数字化转型升级，将打破占有数字生产资料的惯性思维，推动数据资源流通与共享，是我国由制造大国向制造强国转变的必由之路。在制造业转型升级中，高端智能制造设备应用和维护等岗位越来越多，岗位需求能力升级也越来越快，智能制造技术人才标准呈现出“专业技能+信息技能+创新能力”的多元化特征。智能制造业对人才提出的新要求与新标准，使高职院校必须重新定位人才培养规格，精确对接产业对人才的新需求，探索智能制造类人才培养的新路径，只有这样才能培养出满足智能制造转型升级需要的高素质技术技能人才。

（本文发表于《中国职业技术教育》，2020年第28期，有改动）

附录二
提升产教融合质量“精度”和“力度”
——以常州机电职业技术学院模具技术专业为例

许朝山　郑云娟

摘　要：“职教二十条”提出促进产教融合校企“双元”育人，提升产教融合质量是落实职业教育改革的重要内容。常州机电职业技术学院模具技术专业（群）以学校、行业、企业、院所四方协同，人力、财力、物力三力交互作用，以产教融合的“对接精度、合模力度”为核心指标，构建校企合作典范和具有职教类型特征的人才培养体系，实施“一群一行业、一专一名企、一师一方案、一生一专项”的运行机制。这些经验做法能够为其他院校提供借鉴。

关键词：产教融合质量；四方协同；三力交互；模具技术

2019年1月，《国家职业教育改革实施方案》（以下简称“职教二十条”）出台，明确提出：“职业教育与普通教育是两种不同教育类型，具有同等重要地位。”这在强调职业教育重要地位的同时，也指出了当前职业教育普遍存在类型特征不明显的突出问题。当前，职业教育在以下几方面有待持续深化：专业设置伴随产业发展的动态调整、培养目标规格与行业企业的精准对接、课程体系与产业转型升级对复合型人才需求的有效支撑、企业参与人才培养的重要作用、多元主体参与的人才质量评价机制等。职业教育类型化的重要特征是产教融合、校企合作，存在于目标定位、培养路径和结果形态之中，其内涵包括产教互动、校企合作、工学结合、知行合一、多元办学、“双元”育人、“双师”双向流动、育训结合等。产教融合是教育和产业两种不同类型的主体在接触、交流之后，认知、情感或态度倾向融为一体。产教融合既是目标，行业企业的器物产品、教育行业的人才服务都要满足人类生活生产需要，两界相互检验产品与服务的质量；产教融合也是路径，是提升社会交换能力、跨界配置资源、完善发展生态的必由之路。

继“职教二十条”颁布之后，《国家产教融合建设试点实施方案》等多项“产教融合”重磅政策措施密集出台，体现了党和国家对产教融合的高度重视和统筹规划。在具体贯彻落实文件精神过程中，当前迫切需要对诸如生成机制、评价指标等“产教融合质量”的内涵等做深入研究，把产教融合真正“落细落小落实”。常州机电职业技术学院（以下简称“常州机电”）以模具技术专业合作共建为例，在产教融合的内容、机制和动力上进行了大胆探索实践，取得了明显成效。

一、以“对接精度”为关键，促进四方协同

模具工业最重要的质量指标就是产品成型“精度”，这种思维直接影响了常州机电模具技术人才培养体系的创新实践。为顺应“中国制造 2025”，迫切需要加快模具等传统制造类专业升级改造，解决普遍存在的“目标规格偏离，条件保障不足，培养主体单一，学习载体失真，质量监控与评估偏差”等难题。为此，常州机电自 2007 年起先后开展了江苏省高等教育教学改革研究重点课题“重构高职模具设计与制造专业教学体系的研究与实践”等 12 个项目的研究，探索实践“引行融教”“引企入教”“系所合一”“研学互融”，回归职教本质属性。产教深度融合，校企紧密合作，推动教育链、专业链与产业链、人才链的有机衔接，提升专业人才培养质量和社会服务能力。这一人才培养模式改革创新的关键在于产教融合的对接精度。常州机电在校企合作理事会作用下，充分发挥江苏省模具行业协会、模具技术研究所、技术转移中心等的协同作用，促进学校的教育要素、研究所的技术要素、行业的服务要素和企业的生产要素在四方彼此交互，人才、信息、技术、资金等在产教两界持续流动。由此，常州机电精准对接了政府、行业和企业各方需求，提高了服务能力和合作水平，形成了“四方协同、两界互融”的生态系统。要想将“四方协同”做好，可以从以下三个关键“精度”做起。

（一）要实现标准引领的精度

职业教育人才培养需要与产业需求高度匹配、与企业岗位任务高度对接、与生产生活实际高度适应。能够有效确保产、教、学、研、用各方面一致性的就是“标准”，没有精确的标准，就没有精确的对接。为此，常州机电模具技术专业（群）依托江苏省模具行业协会，开展模具产业人才需求标准调研；承接教育部委托全国机械职业教育教学指导委员会（以下简称“机械行指委”）项目，开展全国机械行业智能制造人才需求情况调研和专业设置指导报告研制。以此为依据，联合全国机械职业教育模具类专业教学指导委员会制定模具专业标准，指导开发模具专业课程教学标准。如图 1 所示，探索形成了“教学标准+行业规划+生产标准+前沿技术”的架构，确保了四方对接的“精度”。四方合作，共建模具技术服务育人平台，依托江苏省模具行业技术委员会和专业群建设合作委员会，以《专业群建设合作委员会章程》等制度为保障，共同开发技术标准、教学标准。在此过程中，模具专业团队也形成了新标准的研发能力，先后牵头制定了江苏省模具行业发展规划、全国《职业院校“模具技术师”评定标准》《电机铁

芯级进模技术标准》等一批规划和标准。以标准引领产教融合，以规划推进校企合作，切实促进了人才培养质量的持续提升、社会服务能力的显著增强。

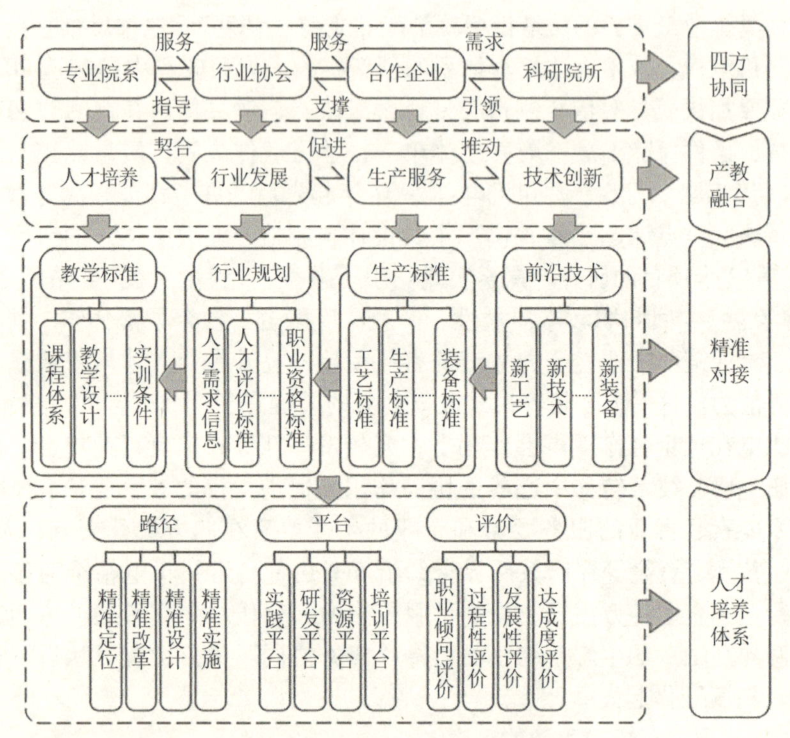

图1　以标准引领四方协同的精度

（二）要实现教学设计的精度

外部标准需要通过专业内在的教学环节，才能落实为人才培养行动，并取得相应的结果。在此过程中，外部标准与专业建设融入越精确，教学与实践融入越精确，人才培养质量就越能得到保证。这就要求教学设计要精细化，入口—过程—出口各个环节都要精密配合，教—学—用各类群体都要精心配合。

在标准落地方面，在常州机电模具技术专业（群）建设合作委员会的指导下，将引入的AHK模具机械工国际职业资格标准与国家模具工职业资格标准融入专业教学标准，促进专业培养目标契合行业企业岗位需求，实现了学历证书与岗位职业资格证书的有机融合；在课程开发方面，按照不同工作任务领域设置课程，按照完成任务所需的模具设计能力、零件加工能力、装配调试能力、企业管理能力等不同职业能力标准开发课程内容；在教学组织方面，以工作任务为中心，以“校中厂”“研究所”等的典型产品或典型技术为载体，实施项目教学，强调在“做”中“学”，以“做”促“学”；在教科研与社会服务方面，与科研院所共建“研究所”，校行企所共建“四方互融、专兼结合”混编式教科研团队，开展模具技术服务与研究，引导师生参与真实项目，并将科研成果转化为典型教学案例，科研反哺教学，实施项目驱动式教学；在师资队伍建设方面，以专业社团为载体，实行双导师制，师导生创，学生参与产品开发、模具设计等项目，研学互融；在实践教学基地方面，整合四方优质资源构建省“现代模具技术产教融合实训平台”，引入江苏省模具行业协会常务理事单位常州博赢模具有限公司（现为江苏博赢新能源装备科技集团股份有限公司）共建“校中厂”，保证教学设备与生产设备同步更新，并打造“学习岛”调节器，使企业生产计划与学校教学进程相适应；在1+X证书融通方面，通过教学运行与教学监控双线管理模式，保障“书证融通、学做合一”人才培养模式顺利实施。通过上述种种措施，将教学过程设计得环环相扣、面面俱备，真正做到落细、落小、落实。

（三）要实现经验推广的精度

“四方协同”效应就是各方力量协同作用，以社会大环境的营造来推动人才培养工作。因此，将一个具体专业的成功实践模式定向推广、精确匹配到校内外资源之中，促进整个教育生态环境的改善，也是关键一招。常州机电在模具技术专业（群）成功实践的基础上，将《关于推进学校“精准教学改革”工作的实施办法》等12项制度，以及模具技术专业（群）产教融合经验做法在校内的机械制造等6个专业群进行推广实施，并推动18个专业与省市级以上行业协会紧密合作，校企合作共建常州创胜特尔数控机床设备有限公司等“校中厂”“厂中校”21家，共同打造江苏省数控机床工程技术研究开发中心等省市级以上科技服务平台8个，提升了全校专业群内涵建设水平。

二、以“合模力度”为保障，强化三力交互

就产教融合的本质来看，产教间的关联性、交互性，社会与经济的和谐发展，以及对效益最大化的追求应是产教融合发展的内在动力。这一内在动力源于社会大生产系统。借用模具专业的术语，就是要确保这一内在动力的“合模力度”。三力交互，让产教两界牢牢地黏合在一起，保证造物和育人质量。

依据马克思的人类生产理论，物质资料生产与人类智力生产是辩证统一体，两者不可独立，而是相互促进推动历史发展。以智力生产为主要任务的职业教育，需要与以物质生产为主要任务的产业系统相结合，协同开

展社会生产。若加以仔细鉴别，其中所包含的人力、财力、物力（主要是技术的实物与信息两种形态）的“三力交互”，在产教两界协同发力。

（一）要以智力生产推动教学

在高职院校的智力生产活动中，存在以人为本、立德树人的人本性教育价值论，以及服务需求、就业导向的工具性教育价值论。在这两种力量的共同作用下，产业界与教育界，共同开发行业标准与专业标准；运用行动导向的教学方法论，精准实施人才培养模式改革，项目驱动、研学互融。因此，遵循人本性和工具性两个取向相统一的原则，常州机电模具技术专业（群）形成了“四阶递进、能力递升”的项目化课程体系。通过广泛的企业调研和职业标准研究，按照“职业岗位—工作任务—职业能力—典型产品”等流程开发专业项目课程体系。在此体系之中，学生学习项目化课程，横向按照模具专业的教育价值导向，提升“模具使用、制造、设计及企业管理”等不断递进的职业能力；纵向按照社会岗位的需求价值导向，对上述职业领域进行分析概括，归纳确定“成型机床操作工、模具钳工与切削工、模具设计师与成型分析员、企业技术主管与生产调度”等典型模具岗位，再分析落实到具体课程领域的培养目标与课程目标、课程设置与课程内容、教学组织与内容结构，对应开发了冲塑成型设备应用，模具钳工、机械加工、数控加工与智能制造，模具数字化设计等专业课程体系，从而实现了专业能力的横向提升、岗位能力需求的纵向落地，形成专业课程体系。在这一模式中，智力生产的推动力模型清晰可见。

常州机电模具技术专业（群）通过整合四方优质资源，共享“校中厂”“厂中校”五轴加工中心、双主轴电火花机等价值过亿元的大型先进设备，开发了先进的奥迪、大众等高端汽车模具实践项目，基于实际产品生产流程组织教学，学习任务接轨未来实际职业岗位任务；与科研院所共享先进的金属3D打印机等研究设备和技术资源，发挥技术开发和社会服务功能，开展学生工业训练和创新创业训练，打造人才培养开放平台。将生产案例、科研成果转化为教学项目152个，更新教学内容，跟进前沿技术，实现教学资源与技术研发成果同步，共同开发课程8门，开发教材12部；联合淮海工学院（江苏海洋大学），校行企所共组江苏省模具技术课程中心，共同开发模具3D打印技术、现代检测技术、模塑CAE等优质课程8门，服务高端模具数字化、网络化和智能化转型升级，支持模具技术杰出人才培养，促成“4+0”高职与本科联合培养试点项目落地，为构建现代职业教育体系奠定基础。这一系列教学改革发展项目的有力推进、深入发展，所依凭的动力就是智力生产的教育价值和社会价值动力。

（二）要以物质生产拉动需求

在物质生产中，基于产业界对人才与技术的感性认识，发挥教育界的理性分析优势，多元主体共同组织各类信息、标准等知识生产，提高教育界交换吸引力，激发产业界交换动力，以维持产教生态系统相对稳定有序的耗散结构。通过产教融合，物质生产活动能为智力生产提供实践资源、现实需求、发展趋势等信息资源，客观上推动了对职业教育的“供给侧变革”。具体而言，常州机电模具技术专业（群）在建设之中，注重行业协会的统筹作用，共建江苏省模具产业创新人才培养联盟；注重行业信息的指导作用，在专业建设中依据行业每年发布的信息，指导专业动态调整；注重院所的技术引领作用，开展共性和关键技术研究，积极服务产业转型升级、科研成果转化为教学资源；注重企业的育人作用，校内外共建生产性实训基地，实现教育与生产要素相互流动，形成教育与产业互融的人才培养生态系统，完善人才共育、基地共建、人员互聘、服务协作、文化互融和信息共享六大机制，使得两界融合纽带更加牢固，协同育人系统更加有效。

在产业需求的强力拉动下，模具技术专业（群）已经建设成为国家级师资培训基地、机械行指委师资培训基地、江苏省模具技术培训中心、国家制造业信息化培训中心“面向中国制造 2025 应用型技术技能人才产教融合培养试点示范工程”。2010 年以来，面向企业技术应用和推广 132 项，为 125 家企业提供服务，开展企业员工等培训近 2 万人次。联合国家制造业信息化培训中心三维数字化技术认证培训管理办公室举办产教融合培养试点示范工程 65 期，为宜春学院等全国应用型本科、职业院校培训 6 258 人次。为企业提供数字化建模、热流道模具设计、模流分析、三坐标检测等共性关键技术服务，帮助常州博赢模具有限公司等成功上市，或助力企业扩大产能，提升社会声誉。

（三）要以人力开发促进融合

产业与教育的一个重要融合点就是人才培养。加大人才培养的力度，拓展人才培养的深度和广度，有利于产教融合形式的不断创新、深度的持续挖掘。也就是说，为了更好地培养人才，要求物质生产与智力生产相互推动，政行企校共同加大财力投入，产业融入教育，教育促进产业，构建产业界和教育界互融的产教融合生态系统。

通过人才需求调研与分析，明确专业培养目标，确定职业岗位群，开展岗位群工作任务分析；结合模具制造工职业资格标准的要求，以工作岗位进阶的展开顺序为主要依据，以岗位能力递进为主线，确定专业能力和职业素质；通过课程分析，以模具企业四个不同阶段工作岗位的能力递升为主线，把岗位工作能力要求融入课程，展开课程设计与开发，构建了基于工作过程的“四阶递进、能力递升”的项目化课程体系。

在人力开发过程中，模具技术专业（群）围绕质量形成机制构建了一整套评价体系，总称为“横向联动、纵向贯穿”的评价方法，这是确保产教融合质量落地的重要保障机制。该机制从评价目标、评价主体和评价内容三个维度构建了模具技术人才培养质量评价模型。评价目标多层：成绩评定、发展引导和持续改进三个层面；评价主体多元：学校内部评价、“校+企”“校+行+所+企”等多元社会评价；评价内容多向：单一知识评价、“知识+能力”“知识+能力+素质”等多向度综合评价。质量评价依据模具产业人才需求标准，引入 AHK 模具机械工国际职业资格标准与国家模具工职业资格标准，将职业资格标准融入教学标准，以学生个性发展与社会发展相结合开展职业倾向测试；以专业能力和职业素养为评价内容，成果导向，过程监控，通过学习过程记录卡、项目积分考核卡，加强过程考核，以“成果汇报”展示学生专业能力和综合素养，增强学生成就感，提高教学质量。学习过程中，对每个阶段的学生学习状况和学习行为进行评估，自评与他评相结合，增强学生学习主体意识和主动学习行为，帮助学生提升自我，形成“评价—反馈—修正—提升”的发展性评价机制。

三、结语

在全国高职院校认真贯彻落实“职教二十条”精神、深入推动产教融合的当下，从政策文件的顶层设计出发，将各项任务和措施落到实处，需要的是一种抓铁留痕的精神，其要旨就是狠抓质量、做出水平。因此，提高“产教融合质量”就成为更加深刻的、需要审思的命题。常州机电通过四方协同、三力交互，形成了具有职业教育类型特征、模具技术专业（群）特色的高职产教融合质量的实践模式。其鲜明的特色，在于依托国家骨干高职院校重点专业建设项目的创新实践，通过与企业共建“校中厂”“厂中校”，与大院大所共建研究所，实施教师特色发展工程，师导生创，研学互融等，在全校推广形成了“一（专业）群一行业、一专一名企、一师一方案、一生一专项”的实践模式。通过校行企所协同、人员互聘、基地共建、信息共享、文化融合等形成了人才共育与服务协作机制，深化了产教融合的特有实践模式。

（本文发表于《中国高校科技》，2020 年第 5 期，有改动）

附录三
全人教育理念视域下高职人才培养方案的研究与实践

许朝山　汤雪彬　刘　平

摘　要：全人教育理念的核心思想是将人作为完整的人加以教育，强调对人的整体性培养，契合习近平总书记提出的培养德智体美劳全面发展的社会主义建设者和接班人。如何科学制订新时期高职人才培养方案成为当前高职人才培养改革的核心任务。常州机电职业技术学院历经十多年的改革与实践，探索了旨在促成学生全面发展的新型高职人才培养方案。学校采取重构全人教育人才培养目标体系、开发“全流程项目”专业课程体系、开发“三循环”立体化评价体系三条路径，并在毗邻式学习空间设计、结构化创新教学团队打造、课堂教学新生态实现等方面为该人才培养方案的实施提供保障。

关键词：高等职业教育；全人教育；人才培养方案；课程体系；全流程项目

习近平总书记在2018年全国教育大会上明确指出“以凝聚人心、完善人格、开发人力、培育人才、造福人民为工作目标”，要坚持把立德树人作为根本任务，将立德树人融入各类教育内容、教育领域和教育工作体系中。反观职业技术教育现状，一方面，制造业转型升级对高职人才的专业技术能力提出了更高的要求，同时人格素养已经成为衡量技术技能人才质量的首要指标；另一方面，当前高职人才培养方案中教育路径对于目标达成遵循的是从知识学习和能力培养到素养提升之先后关系，导致学生职业素养培养与知识能力培养处于分割状态，使得人才培养质量的社会匹配度较低。如何合理定位知识学习、能力提升与职业素养培养的关系，科学制订新时期高职人才培养方案，成为当前高职人才培养改革的核心任务。

常州机电职业技术学院从实施项目式教学改革开始，历经十年多的改革与实践，在明确企业技术技能人才规格的基础上，以全人教育理念为依据，重新定位人才培养目标，重构课程体系，重建学习评价体系，探索旨在促成学生全面发展的新型高职人才培养方案。

一、全人教育理念的内涵

（一）思想溯源

全人教育理念以对传统的人才培养目标构成要素之间关系的厘清与重

新定位为基础，其核心思想是将人作为完整的人加以教育，强调对人的整体性培养。全人教育理论强调的是演绎的教育路径，其基本假设是，要理解一个事物，必须从了解这个事物背景的各个部分之间的联系开始，这样才能理解部分之间及部分与整体之间的关系。全人教育理论的课程教学观依循的是一种“转变”的课程观，该课程观将课程教学内容视为生成的、建构的、动态的，而非预设的、指定的。根据转变观，学习者和课程之间不是二元对立的关系，而是共同创造、共同演化的关系。在这种课程观下，课程指向两大目标：一是促进个人发展，又可以进一步分解为促进人的心理发展和精神发展两项；二是促进社会变革。随着全人教育理论的建构，其实践也得到了发展。我国台湾中原大学、香港浸会大学、上海复旦大学、北京大学与北京师范大学的通识教育改革，以及北京大学的“元培计划”等，都是对全人教育理论的具体实践。

（二）学理溯源

在技术教育研究与实践中，一个极为核心的问题往往容易被忽视，即如何科学理解技术教育中的“技术知识”这一概念，这决定了在专业教学中如何定位人才培养目标。在人才培养方案中，人才培养目标被表述为“培养具有职业岗位（群）所需的基础知识及专业技能，并具有较强综合职业能力的高素质技能型专门人才”。于是，人才培养及其目标从“知识”“能力”“素质”三个方面分别开展和达成。这样的表述其实折射出技术教育目标中对个体技术知识实体的内涵及其构成要素的认识含混不清。技术知识生成观认为，即使是客观的明述性技术知识，也内含了个体的技术素养和技术能力。技术教育的主要任务则是将内隐于客观的明述性技术知识中的个体技术素养和技术能力显性化，进而转化为人才培养的基础目标和首要目标。基于此，全人教育理念以技术知识生成观为指导，以个体技术知识的本体构成要素及要素间的关系、个体技术知识的生成路径为学理依据，提出职业技术教育的人才培养目标为基于全人教育的学生职业行动能力培养，培养路径依循个体技术知识生成的路径。

（三）全人教育理念在高等职业技术教育中的内涵

全人教育理念与传统教育观相比，具有以下四个方面的转变：一是从教育价值观看，从教育的政治性、工具性价值观转为人本性、政治性、工具性价值观并存。二是从教育目标看，将个体的人格素养养成置于专业技术能力培养之首，人格素养的养成之于专业技术能力具有先置的基础性意义。三是从教育的思维路径看，人格素养的培养同样依循的是基于个体人格素养逐渐养成的演绎路径而非灌输式的归纳路径，这就决定了师生的教与学要从传统的被动样态转为主动样态。四是从教育内容看，与传统的人格素养教育游离于专业技术教育之外不同，基于全人教育理念的人才培养模式将人格素养的培养全面渗透到专业技术教育过程中，不仅使得人格素养的培养可观可测，而且使得人格素养之于专业技术能力提升的意义得到实现。

二、全人教育理念视域下高职人才培养方案开发路径

（一）思政贯通、双线融合，重构全人教育人才培养目标体系

学校践行全人教育理念，遵循“以学生为中心”原则，聚焦智能制造技术，从国家及社会需求、行业及企业发展、家长及校友期望、学校特色及定位、学生能力及发展五个维度出发，以促进学生德智体美劳全面发展为宗旨，科学制定学校培养目标。

各专业依据学校培养目标形成具有专业领域特点的专业培养目标和规格（培养目标、核心能力及其指标），引导学生把劳动素质、工匠精神、职业素养自觉融入专业学习中，准确解决“培养什么人”的问题。以专业培养目标和规格为起点，从学生人格培养和企业岗位工作任务要求出发，以“素质+能力”双线融合为原则，将各专业形成的 14 项核心能力指标分解成 125 项观测点，结合职业技能和可持续发展能力，构建思想政治教育贯穿其中的“能力素养集”。

通过学校培养目标、专业培养目标和规格、能力素养集的构建，形成三个层面相统一且指标可测量的学生能力成果蓝图，以此作为课程体系构建的目标基础与课程体系量化检视匹配矩阵的逻辑机理。学校培养目标、专业培养目标、能力素养集的构建机理如表 1 所示。

表 1　学校培养目标、专业培养目标、能力素养集的构建机理

<table>
<tr><th>学校培养目标</th><th colspan="2">专业培养目标、核心能力指标（14 项）</th><th>能力素养集观测点（125 项）</th></tr>
<tr><td rowspan="4">1. 培养身康心健、关爱社会和崇尚技术的匠人匠心型人才</td><td rowspan="2">A. 身康心健</td><td>A1. 有家国情怀和健全的人格，能对自我身心需求进行分析评价、适应调节和情绪管理</td><td>能够在公众场合自然大方地表达自己的观点
能够认识和肯定自己的价值
能够发掘自身潜力
能够从容地应对复杂多变的环境
能够坦然、恰当地提出自己的诉求
能够结合实际，不断给自己设定新的工作挑战
能够勇于面对和克服困难、挫折
……</td></tr>
<tr><td>A2. ……</td><td>……</td></tr>
<tr><td rowspan="2">B. 人文素养</td><td>B1. ……</td><td>……</td></tr>
<tr><td>B2. ……</td><td>……</td></tr>
</table>

续表

学校培养目标	专业培养目标、核心能力指标（14项）		能力素养集观测点（125项）
……	……	……	……
7. 培养学习创新、沟通协作和知行并进的持续发展型人才	G. 学习创新	G1. 能运用自主学习的方法，有持续学习的习惯，树立终身学习理念	愿意学习新知识、新技术、新方法 能够快速浏览文章，找出重要信息 能够在阅读文章时对要点进行标记 能够对文章进行条理化分析和概括 能够主动地做好笔记 能够积极参与课堂教学活动 能够独立思考和回答问题 能够理解和接受新的概念和原理 能够建立已有知识和经验与新知识的联系 ……
		G2. ……	……

（二）覆盖人才培养目标和规格，开发“全流程项目”专业课程体系

学校遵循智能制造典型工作任务、生产流程和学生认知规律，打破传统学科课程体系，以学生培养目标和规格为起点，按“成果导向+项目课程”理念反向构建能力素养指标全覆盖的全流程项目课程体系。根据企业实际工作任务流程，将企业的整体性工作任务转化为若干个能力递进学习项目，按实际需要，项目由一门或多门课程构成，通过课程支撑项目、项目支撑专业，对接职业岗位典型工作任务，构建系统性的以“全流程项目”为主体的课程体系。以机械制造与自动化专业为例，全流程项目课程体系开发流程如图1所示。

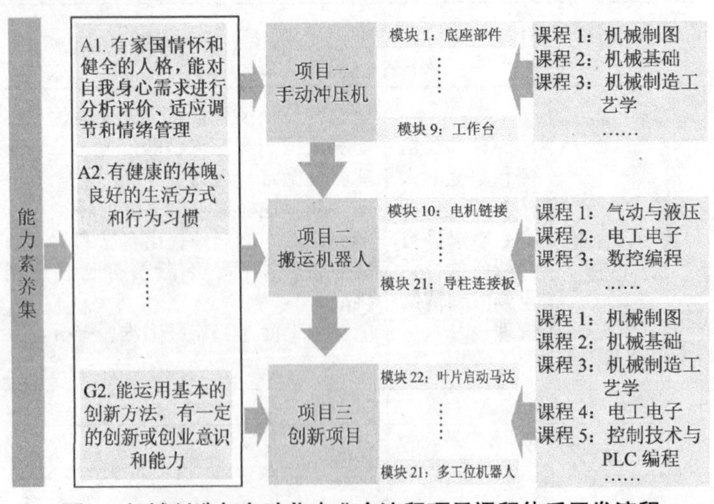

图1 机械制造与自动化专业全流程项目课程体系开发流程

课程体系建立完成后，以培养目标、能力指标、素养观测点为纬度，以专业、课程（项目）、课堂为经度构建纵向递进、横向贯通的“目标链”“成果链”“标准链”，贯穿培养目标、能力素养、素养指标、课程（项目）、课堂的逻辑关系，搭建课程体系量化检视匹配矩阵，实现对课程体系的量化检视及课程结构和课程的调整。课程体系量化检视匹配矩阵如表 2 所示。

表 2　课程体系量化检视匹配矩阵

支撑强度	A1	A2	B1	B2	C1	C2	D1	D2	E1	E2	F1	F2	G1	G2
课程 1	H			H						H				
课程 2		M			M						M			
课程 3			L			L	H					L		
课程 4								M						
……														

说明：① A1，A2，…，G2 代表专业 14 项核心能力指标；② 分别用 L、M 和 H 代表某一课程对核心能力指标的支撑强度：L 为弱、M 为中、H 为强。

（三）围绕培养目标达成度，开发“三循环”立体化评价体系

针对专业、课程、单元三层目标，以学生、教师、企业为主体，贯穿学生培养的全过程，通过对教育过程和学习蓝图设计与学生学习成果（产出）进行对比，开发“三循环”立体化评价体系，提高培养目标达成度。“三循环”立体化评价体系如图 2 所示。

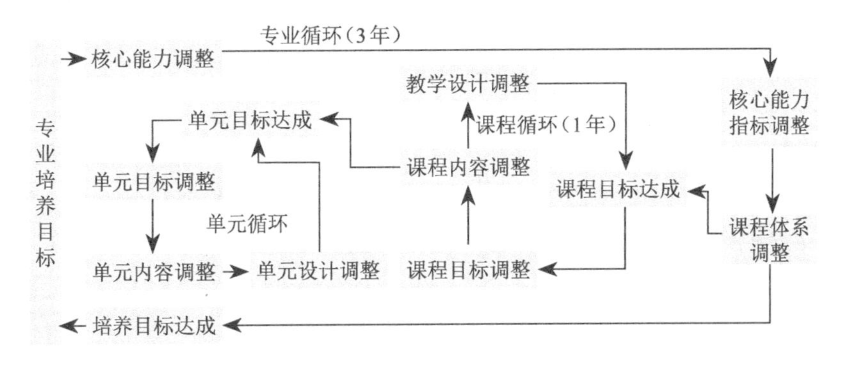

图 2　“三循环”立体化评价体系

1. 专业培养目标达成度评价

专业培养目标是人才培养方案制订的起点，也是始终连贯课程体系的主线，核心能力指标作为专业培养目标的“标准链”，也是专业培养目标达

成度的衡量尺规。基于全人教育理念的教育模式要求人才培养过程中的每一个环节都围绕专业培养目标进行设计，每个学生在毕业时都能够达到所设定的素质、知识和能力目标。因此，可以通过学习成果与培养目标的对比，调整课程体系、课程目标，以提高专业培养目标的达成度。

2. 课程目标达成度评价

课程目标是专业培养目标的细分目标，课程目标的集合应能立体地支撑专业培养目标。因此，对课程目标达成度的评价应覆盖课程所对应的全部核心能力指标和观测点，科学设置课程评价项目、评价方式与权重。同时，课程评价不但要覆盖专业能力评价，还要覆盖非专业能力评价，通过完善课程内容，提高学生课程学习成果与课程目标的契合度。

3. 单元目标达成度评价

单元目标是人才培养方案目标体系的终端，因此，对单元目标达成度的评价要更加具体，更加具有可操作性。依据核心能力指标和相应观测点，通过日常关注、记录和考核等形式，开展教师评价、学生自我评价及随机式、指定式、小组式随堂相互评价，分阶段形成能力评价雷达图，清晰测评不同学习阶段核心能力指标的达成度。将每次测评结果应用于教学诊断与改进，教师根据结果与目标的偏差，动态调整教学设计和实施；学生通过结果比对，充分认识自我，进而不断修正提升，形成周期性“评价→反馈→改进→提高”机制，促进能力螺旋提升。

三、全人教育理念视域下高职人才培养方案的实施与保障

（一）匹配“全流程项目”专业课程体系，打造毗邻式学习空间

1. 理论教室与实训车间毗邻

在学习空间构建上，理论教室与实训车间的毗邻设计为学生实现理论知识学习与实训技能训练之间即时性的交替提供了便捷，更为重要的是将学生对抽象的理论知识的理解建立在“看得见、摸得着”的具体器械和物件之上。同时，学生学到的理论知识能及时在车间实践中得到验证，帮助学生更好地实现理论知识的内化，加深学生对企业生产情境下理论知识运用的掌握。

2. 学生学习区域与教师办公室毗邻

学生学习区域与教师办公室毗邻，为教师团队陪伴学生学习和成长提供了空间上的保障。首先，这种模式便于学生随时向教师请教、与教师探讨学习中遇到的问题，做到教师与学生零距离交流与沟通，达到教学相长的效果。其次，这种模式便于教师观察和引导学生，教师可以透过办公室玻璃，或者直接走到学生身边，观察他们的行为表现。当发现问题时，教

师可以及时予以引导。最后，这种模式增加了师生见面的机会，通过日常接触，能够更好地增进师生之间的了解，有助于建立良好的师生关系和情感，实现“陪伴式”教育。

3. 关联工序设备毗邻

以机械制造与自动化专业为例，本专业的教学打破了原有学科课程体系，以“三大项目”为主轴贯穿学生三年专业学习，重构了专业教学体系。其中，一年级为手动冲压机制作（真实的机械产品），二年级为搬运机器人制作（真实的机电产品），三年级为创新与设计制造（提升学生的综合实践能力）。依照一到三年级项目化教学实施的先后顺序，按照关联工序设备毗邻的原则，在该专业教学基地布置了钳工操作台、台钻、立钻、车床、铣床、平面磨床、外圆磨床、数控车床和加工中心等设备。一方面，这种毗邻式设备布置贴近企业实际，为项目化教学的开展提供了设施设备保障；另一方面，便于让学生对传统的机械加工设备到现代的加工设备有整体性认识，按照技术的沿革路线开展技能培养。

（二）匹配项目课程中的教学模块，打造结构化创新教学团队

1. 以全流程项目为主线，跨学科、跨部门组建教学团队

打破企业、学校、学院、专业、课程之间的壁垒，组建由行业企业专家和跨专业、跨课程教师及辅导员组成的跨界创新教学团队，以全流程项目为主线，将项目分解成以相对独立的工作任务为单位的教学模块，以模块匹配师资，由来自不同专业、不同部门的教师组成项目团队，推进“一项目、一团队”的模块化教学创新团队改革。

2. 统一愿景，形成开放共享型教学团队组建机制

教学团队在育人理念上达成一致，即：培养学生独立、负责任地（在团队条件下）有效完成工作任务的能力；把需要工作的人培养成工作需要的人；在专业能力培养的同时，更加注重非专业能力，特别是人格素养的提升，培养阳光自信、技能过硬的高素质技术技能人才。教学团队统一育人理念，形成合力，共同陪伴学生学习与成长，帮助学生成人、成才与成功。

教学团队组建具有开放性。其中，有一部分教师在该团队中承担教学任务和教改项目，但在身份上归属不同二级学院不同教学团队。学校教学管理部门出台相关政策和考核指标，激励教师跨二级学院、跨教学团队参与教改项目的设计与实施，打破条块藩篱，形成全校一盘棋，以教学项目为纽带，组建跨学科、跨部门、开放式、基于项目实施的教学团队，提高教学力量的协同整合度。

（三）聚焦学生学习效果，实现课堂教学新生态

1. 转变角色：由师教生学转变为生学师导

教师由知识和技能的传授者转变为学生学习的组织者、成长的陪伴者。以英语“工作安全”项目为例，在项目学习阶段，采用行动导向教学方法，遵循个体学习、小组合作学习、集体学习的“三明治”课堂原则，充分调动学生的积极性，培养学生良好的学习和行为习惯。

在项目作品制作阶段，充分发挥学生的主体作用，教师充当指导者。学生分小组进行项目作品制作，项目负责人带领小组成员讨论，进行项目策划、资料收集、脚本写作，并进行作品制作，课余时间小组成员自主进行排练和准备。在这个过程中，学生的团队协作、组织管理能力得到了锻炼和提高。教师在整个过程中，为学生提供指导，鼓励学生发挥创造力，督促学生按时制作完成项目作品。

在项目汇报阶段，邀请学生做主持人，鼓励汇报者礼貌问候、自信大方地展示项目作品，并在结束时致谢，同时培养观众认真倾听的习惯。每个小组汇报结束后，组织全班讨论，除了打分外，还要开展口头评价，真诚赞美，诚恳而礼貌地提出意见和改进建议。被评价者则应积极礼貌地回应。

2. 转变学习方式：做中学、学中做

课堂教学按照“任务驱动、行动导向、成果展示”的教学路线开展，学习活动嵌入各项任务实施过程之中，做中学、学中做。理论教学与实践教学在课堂上交叉进行，理论服务实践，实践验证理论。教师依据能力素养集组织学习内容，配以任务、问题、系列活动形成工作页学材。工作页与系列工具书取代了传统教材。通过开展合作式、探究性学习，增强生生间、生师间的互动，改造课堂机制，推动学生自主、负责、有效地完成学习任务，将专业课堂育人功能落实到每一项学习任务中，在专业能力提升的同时，全面提升学生综合素质。

3. 转变评价方式：多元立体化评价

评价过程实现课堂、学期、项目期、培养期的全覆盖，将素质评价嵌入专业教育全过程。其中，对知识和能力的考核，不采用单一考试模式。专业知识评价采用个人、小组答辩和综合考核相结合的方式，重视学生交流表达、团队协作能力。以此引导学生在加强专业学习的同时，多发言、多交流，从而增强学生自信与学习动力。

同时，教学团队的教师开展合作，共同对学生进行素质评价。教师基于课堂记录及日常观察打分，生成学生个体素质评价结果。每个教师负责几个学生的素质结果反馈，并帮助其持续改进与提高。教师与学生个体单

独谈心，并一起分析评价结果，肯定和鼓励学生的优点，针对学生的短板共同制订改进计划，以帮助学生持续改进。

全人教育理念下的人才培养改革是一项系统性、持续性的工作，这不仅仅是文本范式的改变，更是授课形态的变化，“定义培养目标、重构课程体系、重建评价体系、改变课堂生态”，每个环节都要围绕专业培养目标的达成展开。同时，改革需要制度保障，建立以教师教学效果、课程设计实施、课程评价体系为改进点，以学生学习成效为关注点的人才培养改进机制是下一步工作的重点和目标。

（本文发表于《职业技术教育》，2020 年第 14 期，有改动）

附录四
现代国家治理视域下
高职专业设置与动态调整机制研究

许朝山

摘　要：我国高职专业设置与动态调整应该基于现代国家治理体系，提升高职教育治理服务水平；基于大数据治理，构建专业与产业公共数据开放和共享机制；基于相关法律法规的完善，构建四方协同的规范和保障机制；基于多元主体，完善高职绩效导向的专业评价和调整机制；基于共同治理，完善高职院校内部治理体系，更加重视治理方式转变、功能性改革和向中高端转型发展。

关键词：国家治理；教育治理；高职专业设置

一、当前高职专业设置与调整中存在的主要问题

当前，我国经济“三期叠加”导致劳动力供需结构性矛盾突出。高职专业是学校人才培养与社会人才需求相联系的纽带，专业供给侧与需求侧的契合度直接影响专业质量。然而，我国高职院校在专业设置与调整上却存在很多问题，这些问题主要表现在以下三个方面：一是就业市场专业紧缺与专业过剩现象并存。以机械行业人才结构分析为例，激光加工技术、金属材料与热处理、风电系统运行维护与检修技术等专业严重紧缺，难以满足企业需求。同时，八成以上的高职院校开设有计算机应用技术、财经管理类等热门专业，这些专业“产能”过剩，影响了毕业生就业。二是学生填报专业志愿时信息不足，与专业相关的就业市场信息和高职院校专业竞争力等公共信息或公共咨询平台严重缺失，政府或社会第三方提供的服务资源有限。三是高职院校专业设置难以适应经济新常态的要求。在经济新常态下，中国经济运行与发展表现为产业结构调整上“进退并举”：进的是战略性新兴产业、先进制造业、生产性服务业；退的是产能过剩行业。但在人才市场上，由高校主导的供给驱动向行业企业主导的需求驱动的转型尚未完成，唯招生、唯就业导致专业无序扩张。在产业升级速度加快、高职专业寿命趋短的形势下，高职内部专业动态调整机制尚不健全，高职院校专业设置与地方产业、行业、企业的适应性、协同性机制尚未建立。

二、现代国家治理视角与理论

（一）国家治理体系的构成与环节

我国国家治理要延续中国特色的党与国家、国家与社会、政府与市场之间持续调节和互动，为社会提供安全、有序、高效、民生等公共产品。从范围看，国家治理体系包括政府治理体系、社会治理体系、市场治理体系等；从内容看，国家治理体系包括常态治理体系、特殊治理体系、危机治理体系等；从过程看，国家治理体系包括国家治理的规划和决策体系、支持体系、评估体系及监督体系。国家治理评估体系是通过开展社会调查、收集信息、统计分析等路径获得评估要素，对国家治理状况形成总体评判的。国家治理监督体系包括体制内部监督、政党监督、媒体监督、社会组织监督等，是国家内部各部门、各层级、国家与政党、各政党及社会各组成部分之间的互动。完善国家治理的监督体系，需要保障公共事务利益相关方的知情权、评判权、表达权与建议权。

（二）现代国家治理的发展趋势

首先，国家治理正由传统一元化国家管理向二元化现代国家治理和社会治理转变。传统的国家统治与管理体系是以国家和集体利益为核心、以垂直线性组织结构为依托、以公权力为主要手段调配资源的，它较多运用强制性的行政指令，较少运用市场经济、法律、道德自律、社会协商等手段，因此，基本是一元统治管理。现代国家治理体系包括国家组织直接治理国家公共事务和间接治理社会公共事务，前者是国家以政治管理为主要手段直接管理国家公共事务；后者是国家以立法、行政、司法等为主要手段间接管理社会公共事务。现代社会治理体系是指由社会组织和公民个人对私人事务、半公半私等社会公共事务的自我管理。国家治理体系和社会治理体系平等协作、相互补充，是传统一元国家管理向二元现代国家治理和社会治理转变的根本标志。

其次，国家治理不断向社会治理放权。随着现代社会发展，国家和社会二元结构日趋分离。与此同时，市场经济更加成熟，社会组织快速成长，自治能力明显提升，国家治理必然逐步向社会组织和公民“放权”。当前，在我国由国家管理和社会管理向国家治理和社会治理转型过程中，如何调整公共领域、私人领域和半公半私领域三大领域的范围，调节国家、市场和社会三大力量的关系，是亟待回答的问题。《中共中央关于全面深化改革若干重大问题的决定》描绘了这样的改革路线图，即私人领域从公共领域分离，半公半私（第三部门）领域从私人领域分离；压缩国家行为空间，增加市场、社会和私人行为空间。改革路线图也为教育治理指明了方向。

（三）我国高职教育治理现状

教育是政府提供的公共服务，高职教育更关系到社会公平。当前教育体制改革的方向就是要把国家存量和增量权力有序、高效、逐步地下放给社会组织和公民，让市场在教育资源配置中发挥决定性作用，引导高职院校自治自律，推进教育治理体系现代化。高职专业是准公共产品的具体形式。政府创造条件，支持、引导并监督各高职院校提供优质专业，及时发布专业质量信息，让老百姓明明白白地消费教育服务，是提高教育治理能力的重要任务。虽然当前在高职教育治理领域，我国国家治理体系的规划和决策体系、支持体系相当成熟，但在高职专业办学评估体系、监督体系及市场调控机制等方面还不够完善。

三、国家治理视域下高职专业设置与动态调整机制创新

（一）基于现代国家治理体系，提升高职教育治理服务水平

运用现代国家治理理论，按照“政府依法行政、高校依法办学、社会广泛参与”的教育治理原则，可以从以下五个方面推进我国高职教育治理体系与治理能力建设：一是坚持政府管理与多元主体共同治理相统一，重点发挥社会组织、广大师生在专业设置与调整中的评估、管理、决策和监督作用。二是坚持法治与德治相统一，在重视政府依法统筹协调与宏观管控高职专业总体结构与办学质量的同时，重点引导学校主动构建专业办学评估诊断机制，加强专业建设的自治自律。三是坚持管理与服务相统一，加强高职专业设置与调整的事前、事中、事后各个环节的管理，充分考虑学校和广大群众的关切与期盼，重点加强行业岗位需求分析与预测、专业目录引导、生源市场信息发布等服务，实现由管理向服务转变。四是坚持常态管理、特殊管理与危机管理相统一，重点完善新专业准入机制、老专业危机干预机制，以公共财政拨款、计划审批为主要手段，化解过剩专业存量，淘汰质量低劣专业。五是坚持政府、市场与社会综合治理相统一，政府主导宏观调控，重点完善市场调节机制。政府培育和规范第三方评估等社会组织，定期发布高职院校专业办学质量、行业供需信息等，调控就业和生源市场，以市场引导学校专业设置与动态调整，发挥市场在专业办学资源配置中的决定性作用。

（二）基于大数据治理，构建专业与产业公共数据开放和共享机制

首先，打造大数据治理平台，以信息化提升高职教育治理水平。《国务院关于积极推进“互联网+”行动的指导意见》提出：“加快互联网与政府公共服务体系的深度融合，推动公共数据资源开放，促进公共服务创新供给和服务资源整合。”国务院《促进大数据发展行动纲要》倡导用数据说

话、决策、管理与创新，推动国家治理理念与社会治理模式的进步。开放的大数据平台将成为国家治理和社会治理的重要基础。政府教育主管部门可以在整合“高职院校人才培养工作状态数据采集平台”和“高职专业建设与职业发展管理平台”的基础上打造“高职院校专业评估工作平台”，积极与其他职能部门建立沟通和协调常态机制。政府通过向社会购买服务的方式，与互联网企业及教学咨询服务类企业合作，融合产业与行业发展信息、人力资源供给与需求信息、高职院校专业设置与建设信息，打造大数据治理平台，更好地服务政府部门的决策与监控、高职院校专业的建设与发展、学生的专业选择与报考、行业企业的人才招聘与培养。大数据重点分析行业职业的变化、岗位劳动技能的迁移、不同学校专业的特色。跨界融合的大数据有助于提高专业设置决策的科学性、市场预测的准确性和动态调控的可靠性，有助于提升教育治理整体水平。

其次，促进公共数据开放和共享，引导社会力量介入专业设置与动态调整。数据的开放共享有助于提升教育社会治理水平。伴随国家治理现代化进程，国家与公民、社会及政府机构与民间组织的交流、协商和合作将进一步加强，多方参与的治理模式及运行机制将成为新趋势。在高职专业设置与动态调整及招生计划编制过程中，应通过论证会、公共咨询、社会调查、招生议事委员会等方式，保证社会、行业、企业、公民的介入，以使高职专业设置与调整这一公共决策获得更多的合法性和合理性。搭建高职院校、用人单位、考生家长等相关主体利益诉求表达平台，有助于兼顾各方诉求；公共服务的采购或委托，有助于地方人才培养规划与地方产业发展规划的同步研究；加强制度化设计和数据公开，有助于保证专业设置决策用数据说话，并主动接受政府、行业和师生监督。

数据应用有助于提高政府治理服务能力。大数据综合治理部门可以通过统一数据检索平台、委托社会组织开发手机应用软件（app）等路径，拓宽社会获取数据服务的渠道；通过筛选、加工海量数据，形成专业分层排序，并采取图表等直观的形式，有助于社会分析、识别专业供需的不平衡。让社会看得到数据即数据的充分开放，为专业各利益相关方的知情权、评判权、表达权与建议权的落实提供了保障。让社会看得懂数据，是对让社会看得到数据的进一步落实，其目标指向依然是依据市场动态调控专业，实现专业教育资源的再分配。

（三）基于相关法律法规的完善，构建四方协同的规范和保障机制

完善的法律法规及配套政策，有助于构建“政府调控、行业指导、企业参与、学校主导”四方协同的专业设置与动态调整机制。在管办评分离的背景下，对政府统筹协调、优化督导评估、发布市场信息等责任，通过立法进行规制，并作为政府公共服务质量的重要监测指标。在治理专业设置方面，推进依法治教，特别要注重市场导向，突出学校专业建设的主体责任。在保证学校专业办学自主权的同时，围绕专业设置基本程序，对照专业设置基本条件，责成学校网站公开专业设置与动态调整论证材料，接受在校师生和社会监督，完善学校自治自律机制；构建职业教育行业指导体系，发挥行业主管部门与行业组织在发布行业人才需求、指导专业设置与教育教学、开展专业评估、推进校企合作共建等方面的重要作用。此外，从新制度经济学视角看，构建并完善第三方专业评估制度环境也显得尤为迫切。用法律制度明确第三方专业评估机构的权利与义务，明确评估主体与学校、政府的关系，明确专业评估的内容、程序和资金来源，确保第三方有足够的权限获取所需的专业办学信息，从而以客观公正的专业评估信息回应社会公众的教育关切。通过构建第三方组织的专业评估机制，有效地吸引政府、学校、企业等利益相关者参与高职专业评估。

（四）基于多元主体，完善高职绩效导向的专业评价和调整机制

首先，确立学校评估的主体地位。学校把评估作为治理独立性的内在追求，要求建立健全学校内部专业与课程评估体系，改变过去“自上而下”的单向度的专业设置和调整的决策机制，从“院—系—教学团队”三级层面分别设置评价指标，构建“导向明确、相互贯通、运行通畅”的工作机制。学校要制定章程，明确专业设置与调整的程序、标准和规范，形成专业建设的内部自我约束机制，要以专业培养目标设定与达成、学生课程学习成果为重点开展经常性的专业评估，引导院系组织开展课程目标达成验收、专业技能与毕业设计抽查、综合素质展示等活动。学校应引入麦可思等第三方组织，开展覆盖所有专业的在校生成长跟踪调研和年度评价，校内公开发布《专业人才培养质量年度报告》，把专业毕业生就业质量和招生情况等作为专业设置与调整的重要依据。学校要以市场为主要参考，自我调整专业规模与资源配置。以专业转型调整适应产业升级发展，应成为教育治理的内生动力，推动学校自治自律能力的提高。

其次，营造人人保障教学质量的责任文化。高职院校要真正成为专业评估的主体，其基础是专业团队教师人人关注质量，即改革教师教学质量考核办法，构建“以学生为主体，以课程为单元，以成果为导向”的教师教学质量评价体系。专业建设要落实到课程改革和有效课堂建设上，通过强化学生课程学习目标达成的考核评价，实现专业人才培养目标的总体达成。只有把学生培养质量作为专业办学评估的核心，定期组织开展课程质量评价，才能引导教师重视学生学习成效，才能实现以学定教、以学评教、以学促教，营造质量文化。

最后，在社会参与的基础上，科学制定专业评估标准。专业建设要以专业建设标准（入口）和行业企业人才评价标准（出口）为两大主要依据，尤其要注重专业办学产出和企业满意度。科学的专业评估诊断指标应包括“四大方面、六大维度及若干诊断点”，四大方面即“培养过程质量、在校生质量、毕业生质量和专业社会贡献”；六大维度即“专业目标定位、专业资源保障、学生综合职业能力、毕业生发展水平、专业影响力和专业社会贡献度”；若干诊断点即“人才培养目标与行业人才标准对接程度、课程体系与培养目标的契合度、专业师资结构与素质水平、技术装备与专业实验实训条件、专业教学经费支持能力、学生综合职业能力水平、学生创新创业能力、应届毕业生证书获取率、毕业生职业发展水平、毕业生社会贡献度、专业技术服务能力、社会培训能力、专业的同行认可度、对现代职业教育体系建设的贡献、国际认可度、专业的标志性成果、学生和家长认可度、企业认可度”等。学校专业办学质量应由第三方依据科学设计的专业评估诊断指标进行客观公正的评估。对于评估红牌、黄牌警告专业，学校应通过“关停并转”等方式实施调整，优化专业办学资源配置。

（五）基于共同治理，完善高职院校内部治理体系

向内外分权，完善内部治理。在“政府依法管理、学校依法办学、社会依法参与”的教育治理大背景下，当前高职教育治理的重要方向是高职院校向内外分权，即校内外利益相关者共同参与学校重大事务决策和资源配置。向内部分权，要求学校设立扁平化动态型的内部组织体系，不断完善学校内部行政、学术与民主管理等权力的组织架构。将专业建设决策过程与专业办学事务向校内公开，行政接受监督，实现内部师生多主体共同治理，激发内生动力。向外部分权，要求学校把专业设置、质量评价等部分权力让渡给外部，向外部利益相关者开放，实现多元治理，增强办学活力。开放的质量监控和多元治理符合高职教育的跨界属性，有利于学校通过专业调整更好地应对区域经济变化，有利于发挥市场的主体作用，推进产教融合、校企协同育人。

推进高职专业动态调整由管理向治理转变应从四个方面展开：一是成立由“政行企校”四方代表组成的学校办学理事会，由该会确定学校办学特色定位，整合社会各方资源支持学校专业（群）办学，提高学校专业群与区域产业群对接度。二是完善学校及系部学术委员会，由该会审议论证包括新专业的招生方案、就业方案、培养方案、资源建设方案以及专业评估方案等在内的专业建设方案。三是完善学院、二级学院两级教代会制度，由其审议《专业人才培养质量年度报告》，保障教职工知情权、决策权和监督权。四是专门组建由教师代表、行业企业技术专家、学生和家长代表组成的专业（群）建设委员会，形成“学校统筹、二级学院主导、团队主体、行业指导、企业参与、学生建议”的专业（群）建设机制，完善专业建设与企业岗位的互动对接机制。

四、对高职专业建设治理的思考

（一）专业内涵发展需要更加重视治理方式转变

1949年以来，我国职业教育历经初步建设、恢复重建、规模扩张、层次提升和内涵发展五大发展阶段。2000年到2005年，是我国高职教育大扩招、大建设、大发展阶段，在此期间高职教育的宏观管理主要是政策调整与行政干预。2006年至今，在国家示范建设项目推动下，我国高职教育内涵建设发展迅速，由此进入“大提高”阶段。在以政府为主导的管理向以大学为主体的治理转变、以行政权力为主导的规模发展向以学术权力为主体的内涵质量发展转变的背景下，高职院校要加快自身的改革发展，完善现代大学制度，提升自治与自律能力。围绕专业设置与调整，政府引导高职院校关注就业市场和招生市场之间的平衡。高职院校依规自主设置和调整专业，行业主管部门与行业组织指导专业设置，政府部门只需宏观调控专业设置与招生计划，按照“底线把控”治理思维，列出负面清单，出现问题调减专业招生计划或停止招生。

（二）专业优化调整需要更加重视功能性改革

高职专业设置必须与市场经济紧密互动，主动化解过剩专业存量，提高优质高端专业增量。国务院近期提出，通过功能性的产业政策引导产业结构调整，以市场选择促效益。在高职专业设置与调整中，政府也要以功能性的政策引导学校紧随产业调整优化专业设置。教育行政部门要减少指向学校的专项设置，更多利用功能性政策，通过加强地方教育基础设施建设（包括物质性、社会性和制度性基础设施），引导地方高职院校专业结构的优化调整；减少政府公共资金投向具体高校，更多构建政府主导、社会参与、市场运作、区域共享的产教融合的公共实训中心、面向“中国制造2025”的共性关键技术研发平台、新技术教师培训基地等，以此助力高职院校开发新专业、改造老专业、促进专业技术进步；逐步减少以专业申报审批、招生计划核减等行政手段调减过剩专业，以免造成学校不公平竞争。

（三）专业结构调整需要更加重视向中高端转型发展

高职院校迫切需要认识经济新常态、适应经济新常态、引领经济新常态，并具体落实到专业向中高端转型发展，服务、引领地方产业转向中高端。第一，第一产业、第二产业、第三产业结构总体比例向中高端转移，这一转移既包括加大第三产业比重，也包括加大第一产业中的服务业、制造加工业的比重。第二，产业水准转向中高端。纺织、服装、化工、钢材等传统劳动密集型、资源消耗型行业要向飞机、航空、材料、医疗设备、生物医药技术等高科技制造业发展。第三，进入全球价值链分工的中高端。大力实施品牌与核心战略，对关键零件、关键工艺等拥有核心关键技术，普通生产环节可以走出去。第四，面广量大的传统产业借助于“互联网+”进入中高端。因此，未来高职专业调整既要根据地方三类产业比例调整专业大类结构比例，也要调高原专业大类的专业点定位。例如，面向农业大类的专业，增加农业信息化、质量保障与认证、粮食深加工、流通等粮食工业类与储检服务类专业点；面向装备制造等工业大类的专业，向工业设计、检测、维修、供应链管理等工业产业链、价值链高端环节专业点升级。以高端技术技能人才为专业培养目标，加大专业技术含量。以模具技术专业为例，可以通过提升自动化模具设计、模具制造精度先进检测技术、模具成型工艺质量分析等核心技术水平，提升传统模具专业目标定位，培养创新创业高端人才，助推产业升级。传统的市场营销、数控技术等产能过剩专业应以“互联网+专业”“专业+互联网”等形式，实现专业统整与跨界，打通专业壁垒，培养复合型人才，引领产业和技术的快速发展。

（本文发表于《教育探索》，2017 年第 2 期，有改动）

附录五
社会交换视域下高职数控专业双主体人才培养探索与实践

许朝山

摘　要：针对教育部提出“职业教育双主体办学，产教深度融合”的要求，运用社会交换学理论，分析原因，提出重视校企合作对等性理念；打造校企协同利益共同体，提高互惠合作依存度；完善双主体育人机制，实现校企合作运行公正高效。通过校企深度融合、互惠交换，实现双主体共育人才、共同发展，破解校企合作育人过程中“有校无企、有工无学、有岗无习”问题，探索“双元制”本土化实践新路径。

关键词：高职；双主体；人才培养；校企合作；社会交换

高职教育的特点与使命决定了校企合作的重要地位。当前各级政府积极创造条件并倡导实施校企合作、工学结合人才培养模式，全面提高人才培养质量，提升专业服务产业发展能力。《国务院关于大力发展职业教育的决定》等文件都对校企合提出了具体要求。《中共中央关于全面深化改革若干重大问题的决定》也明确指出“加快现代职业教育体系建设，深化产教融合、校企合作，培养高素质劳动者和技能型人才”。2013 年 12 月，教育部职业教育与成人教育司司长在高等职业学校提升专业服务产业发展能力经验交流会上指出：“职业教育办学双主体的新时期，产教如何融合，校企如何合作，才能够既尊重教育规律，又尊重产业规律，是我们所有的职业学校都必须要研究的课题。”2014 年 2 月，国务院常务会议进一步提出“吸引更多资源向职业教育汇聚，加快发展与技术进步和生产方式变革以及社会公共服务相适应、产教深度融合的现代职业教育”要求。文章试图就此分析现状，研究对策，探索实践校企合作双主体育人机制。

一、校企合作育人存在问题与原因分析

（一）校企合作育人存在的主要问题

教育部大力倡导校企合作、工学结合等人才培养模式，但目前职业教育校企合作人才培养主要面临三大难题：一是企业在人才培养中的主体作用不突出，需激发积极性。企业在校企合作交换过程中缺乏外在法律责任和内在利益驱动，校企合作、工学结合、顶岗实习人才培养的具体环节中出现“有校无企，有工（作）无（教）学，有岗（位）无（实）习”等现

象，影响了人才培养质量。二是校企合作人才培养运行机制不健全，需提高有效性。企业生产车间与学校教学工厂功能难以统一，教学进度与生产计划难以调适，难以形成校企合作育人的长效机制，制约了课程教学的有效实施。三是校企合作缺乏深层次合作与持续发展的纽带，需实现发展性。校企双方缺乏承载从人员、技术、资本、设备到功能有机融合的有效载体，校企难以深度、长期合作，弱化了双主体合作育人的“造血”功能。

（二）校企合作育人失灵的原因分析

校企合作的本质是一种社会交换行为。美国社会学家、社会交换理论的代表人物彼得·布劳对社会交换的定义、条件、特征、原则、过程及社会交换与权力、社会交换与宏观结构、社会交换中出现的不平等与异质性进行了系统的分析。研究提出，人与人之间的社会交换始于社会吸引，社会吸引过程才会引起社会交换过程，互相提供报酬和服务才能维持人与人之间的相互吸引与继续交往。在校企合作过程中，学校需要企业提供资金、设备、兼职教师等人才培养和科研方面的社会服务资源，也期待获得更高的社会声望；企业则需要学校的基础资源、员工供给、技术研究等支持和帮助，也期望提升社会影响、开拓市场等。在布劳的社会交换框架中，他还提出了包括共同利益与冲突利益的两难等在内的一系列困境。

据此理论，需要采取一定的手段、方法、措施促进校企合作双主体的互动，实现校企合作的不同主体目标。只有校企合作中目标相向、合作交换机制健全、过程交换结果对等，校企合作才能高效运作。在合作目标方面，职业教育区别于其他教育，同时融合了产业属性和教育属性。学校强调育人质量，遵循教育规律；企业追求产品质量与生产进度，严守产业规律。在中国的传统文化里，教育是学校的事，生产是企业的事。市场经济环境更是给校企合作育人增加了难度，合作育人中需要高度智慧来调适教学计划和生产进度。在合作交换机制方面，校企合作条款笼统模糊，责权利不够具体明晰，操作性不强；校企双方在人员、资本、技术、设备等方面相互融合渗透不够，难以形成有效的契约治理或股权治理。校企合作组织不健全，运行制度不完善，彼此交换投入不清晰，建立在“兄弟感情”基础上的校企合作交换流程难免不畅，存在较大的随意性和不确定性。在过程交换结果方面，企业对校企合作的需求不足或其需求难以得到满足，企业合作意愿不强；相反，校企合作是高职院校办学的主要形式，高职院校对企业的依存度高。正是高职院校服务能力弱，企业在校企合作中得到的报酬与反应不平等、层次低，难以从校企合作交换中满足自身的需求，校企合作呈现“校热企冷”现象。究其根本原因，是校企双方互相提供报酬与服务的能力不对称。企业有能力在较大程度上满足高职院校的需求，但多数高职院校的科研力量不足，教师对企业一线工作流程和技术要求不够精通，为企业解决技术难题、开展员工培训的能力还比较弱，服务企业的能力亟待提升。提升专业服务产业发展能力，是集聚企业资源、校企共育人才的必然路径。

二、打造校企协同利益共同体，提高互惠合作依存度

（一）贯彻“四合作”理念，打造校企协同利益共同体

“双主体”办学源于德国的“双元制”模式，是国内学者对我国职业教育中校企合作方式提出的一种新说法。校企合作双主体育人是在政府主导、行业指导下，学校和企业通过建立共赢机制，实现资源共享，共同参与人才培养过程。双主体是在市场经济环境下，学校和企业两大组织以利益为纽带结成的联盟，两者相互依存、互惠互利、共同发展。实施双主体育人，是实现“合作办学、合作育人、合作就业、合作发展”的重要形式。

1. 打造校企协同利益共同体

高职教育的社会性和经济性决定了校企合作的社会交换性质。校企合作交换的前提是双方具有共同利益，具备公平交换报酬的资源。校企相互吸引，彼此需要，激发合作交换动机；校企互惠合作，交换报酬，维系合作育人行为。基于“学校育人、企业用人，学校研发技术、企业应用技术”这一基本需求，兼顾经济效益与社会效益，拓展利益交集，提高校企合作吸引力。常州机电职业技术学院作为一所优秀国家骨干院校，以常州打造智能装备名城、实施“一核（常州科教城）八园”战略为契机，依托学院完善的基础资源、优良的社会声誉和国家大学科技园的优惠政策，将常州创胜特尔数控机床设备有限公司引入校园。借鉴“双元制”模式，校企共建“校中厂”，开展双主体育人探索实践，形成校企协同利益共同体。

2. 推动“引企入校”向“引企入教”转变与升华

校企合作过程中，以“社会交换学”理论为指导，重视合作交换的对等性，以相互吸引、平等交换为基础，强化合作交换动机。通过打造并发挥学院“常州机器人及智能装备应用技术研究中心”资源积聚优势，拓展学院服务企业功能，增强专业服务产业能力，提升校企合作层次。企业向学校提供合作育人资源，参与专业建设和人才培养、社会服务等；享受学校提供的公共资源、人才支撑、技术支持及政府、行业提供的优惠政策等。通过校企深度融合、互惠交换、合作共赢，夯实了双主体育人利益机制，形成了“教学和生产场所合一、人员合一、任务合一”的校企双主体育人氛围。由此推动“引企入校”向“引企入教”转变与升华，探索了德国“双元制”本土化实践新路径。

（二）共建公共技术服务平台，提高校企合作依存度

在地方政府支持下，校企进一步统筹资源，共建“江苏省数控机床工程技术研究开发中心、常州市数控机床精度检测与维修公共服务平台、常州市智能制造重点实验室和国家级师资培训基地”。在平台建设中，校企共同组建经营管理与技术研发团队，通过人员、资本、设备、技术到功能的相互渗透和高度融合，以技术研究、项目开发、社会服务等为纽带，丰富和完善了技术协作机制。平台承担了企业产品售后服务职能，提升了企业技术更新和产品研发能力，增强了企业核心竞争力。同时，学校师生参与平台项目，科研服务又反哺了学校教学。平台更加密切了校企联系，学校、企业两大主体融合形成“双主体”，就像太极图中的阴阳两极，每一方都在对方里面，这是双主体关系的本质所在。由此，“平台+团队”有效促进了技术协同创新，提升了校企合作层次，增强了学校回馈报酬的价值，提高了企业对校企合作的依存度。

三、完善双主体育人机制，实现校企合作运行公正高效

校企合作交换的根本原则是公正性。当前校企合作育人出现三大难题，主要原因是校企合作交换的不对等性，制约了企业积极性和持续投入；校企合作交换机制不健全，影响到人才培养质量的提高，又进一步阻碍了企业合作育人行动。为此，需要强化政府主导作用，合作双方需要转变理念以调整交换收益预期，提高双方交换报酬能力与合作投入。此外，构建校企合作交换信任机制、畅通的运行机制，也有助于实现校企合作育人的公正平等与高效运行。

（一）构建三级协同对接管理运行机制，提高合作育人运行实效

1. 签订协议约定合作交换双方职责

校企以签订协议和相互参股等形式明确双方职责，企业将人才培养工作列入年度工作目标，将教学任务纳入员工考核，与学校共育企业“准员工”和潜在客户，确立企业在人才培养中的主体作用，规范课程教学进车间等业务流程。

2. 成立协作组织畅通合作交换流程

基于“校中厂”的运行环境，在政行校企合作理事会的领导下，建立“专业建设合作委员会—合作办—项目组”三级协同对接管理机构，完善制度，推进双主体育人。一是合理界定三级机构职责，明确决策、管理和执行的分工协作，立体协同推进“校中厂”的育人工作。决策层即二级学院领导和企业负责人组成的“专委会”，履行校企合作规划制订、方案审定、资源整合、合作评估、统筹协调等职能；管理层即二级学院综合办公室成

员和企业车间主任组成的“合作办”，负责组织计划编制、教学安排、资源配置、生产调度等事务；执行层即课程教学团队和企业项目团队组成的“项目组”，具体承担课程教学实施、考核评价、产品生产、技术研发等工作。三级协同对接管理机构稳定了校企沟通渠道，及时了解彼此合作投入，消除彼此工作误解，增进校企相互信任与真诚合作。良好的校企互信有助于降低交换成本，触发双方持续提供更多、事先没有约定的服务，推动校企合作高效运行。二是具体出台《“校中厂”教学实施细则》《工程中心经营管理办法》等系列文件，形成了“人才共育、基地共建、人员互聘、信息共享、协作服务”五大机制，保障兼职教师进课堂、课程教学进车间、科研生产协同推进，为校企合作高效运行与公平公正奠定了基础。

（二）细化合作育人要素，提高校企合作交换预期收益

1. 增加企业教育话语权

当前我国校企合作总体上是不平等的社会交换，学校提供的“报酬”质量不高，导致“校热企冷”现象的出现。校企合作中不平衡的交换，将导致双方地位与权力的分化。学校要确立以“他方为中心”的合作理念，充分考虑企业诉求，通过人才培养、技术开发等提升服务企业发展能力。同时，主动增加企业教育话语权，调节校企合作报酬的不对等性。充分调研企业在转型升级中对高素质技术技能型人才的迫切需求，针对数控设备专业人才要求高、机电集成技术复杂，人才培养难度大、系统更新快、设备投入大、实训成本高等问题，调整专业设置，在数控技术专业基础上开设数控设备应用与维护专业；优化专业目标定位与人才培养规格，增加多轴数控机床、智能制造等相关课程；更新课程内容，针对企业发展特点，“专门定制”企业技术模块，强化学生机电联调、伺服优化、精度检测等高新技术应用能力培养，培育校企合作资源竞争优势，提高企业的人才与技术预期收益，强化学校在合作中的不可替代性。

2. 构建“三层递进、分段实施”双主体育人实践模式，提高合作交换预期收益

为了提高校企合作交换的目标相向性，遵循教育和生产规律，校企合作构建“三层递进、分段实施”双主体育人实践模式，开发“三层递进”的项目课程体系，通过“岗位认知”“工学交替”“顶岗实习”分段实施人才培养，提高了专业课程进车间的操作灵活性。在车间建立“教学岛”，调和教学计划与生产进度之间的矛盾，完成三级专业岗位能力的学习、运用和提升，降低了校企合作交换成本，增强了双主体育人的普适性。

（1）校企联合开发“三层递进”的项目课程体系。选择源于企业岗位（群）的数控机床装配、调试、维修、试切加工等典型工作任务作为载体，遵循专业基本能力、专项能力、综合能力的能力渐进培养规律，开发“三层递进”的项目课程体系，夯实专业理论基础，突出学生实践能力培养，确保学生培养目标有效达成。

（2）形成“分段实施”教学模式。按照教学过程对接生产过程要求，组织学生进行“岗位认知”“工学交替”“顶岗实习”，校企合作分段实施人才培养。“校中厂”提供数控机床装调、维修和试切加工实训条件，学生在企业导师指导下，通过企业真设备、真项目、真环境，完成实训任务，实现企业资源教育化。任务引领、项目教学方法，适应高职学生爱动手的特点，强化了学生岗位技能和职业素养。

“体验式”岗位认知。数控类专业开设岗位认知课程，学生入学第一学期，在“校中厂”体验典型岗位和“教学岛”的运行，明晰专业定位，激发学习兴趣，明确学习目标。课程统一要求，灵活实施，5—6 名学生一组，由“合作办”统筹安排到不同班组，通过班组轮换，体验不同岗位工作任务。实施过程中，建立“企业导师制”，聘请“校中厂”中具有丰富实践经验的技术骨干担任导师，形成“1+N”支持模式，即 1 个校内指导教师“全陪”，N 个企业导师“地陪”。校企双方定期对企业导师进行考核，规范岗位认知教学实施过程。

“项目式”工学交替。此阶段实施“项目实践进车间、企业师傅进讲堂”。按照专业课程内容与职业标准对接要求，以企业典型任务为项目载体，联合开发项目课程。专业项目课程以工学交替形式实施，学——应知部分，主要以集中讲授形式；工——应会部分，主要以分组实践形式。通过项目教学，实现了“教室与车间一体、教师与师傅一体、学生与员工一体、作业与产品一体”的产教结合、工学交替，促进学生全面掌握专业专项技能。

“轮岗式”顶岗实习。学生在完成项目课程学习任务后，进入“校中厂”等实习基地进行顶岗实习。顶岗实习采取“平行交替、岗群轮训”形式，完成专业综合能力训练。当岗位群轮换存在冲突时，借助于“教学岛”的调节作用，实现全过程工学结合的双主体人才培养。

（三）打造“教学岛”，降低校企合作交换成本

企业作为生产营利组织，追求降本增效。合作育人导致产能降低，成本增加。学校作为非营利组织，追求培养质量，兼顾教学成本。独立开展实训，既增加教学消耗，也不利于实践能力培养和质量、成本与规范等职业素养的全面养成。借鉴德国“双元制”企业培训中心模式，由学校出资，“校中厂”打造独立、完整的产品生产单元——“教学岛”。“教学岛”作为企业真实生产环境中的教学场所，根据教学计划调整生产性实训进度，满足教学需要。按照教学过程对接生产过程要求，由企业导师和学校教师共同指导，并严格执行企业生产标准，校企共同实施生产性实践教学任务。学生完成专业岗位能力的学习、运用和提升，有效提升了学生成就感。在“教学岛”完成的产品由企业代销，所有收入补充教学消耗。以“教学岛”化解教育规律与产业规律矛盾，实现企业培训中心功能，同时有效降低校企合作交换成本。

（四）丰富教学生产资源，挖掘校企合作交换内在性报酬

全面拓展校企合作教学资源，通过“双聘双岗”，打造“校企互通、专兼结合、教研相长”的“混编”教学团队与科研团队。二级学院院长兼任企业副总经理，专业负责人兼任企业技术部副部长，团队教师加盟企业技术部，共同参与技术研发和生产。企业总经理兼任二级学院“专委会”副主任，企业技术部部长兼任专业校外负责人，企业兼职教师编入教学团队。教学团队与科研团队共同开发项目教材、生产案例等教学资源，研究新技术，实现双向服务。选择源于企业的生产性工作任务作为项目载体，全面推广课程教学进车间。实施师徒结对、任务引领、项目教学。通过“产品过程检验卡、项目考核卡”等加强校企联合过程考核，评价学习成果，既激发了学生的学习兴趣，又增强了企业员工合作育人的成就感。“双聘双岗”制度，促进企业员工参与育人工作，共同推进专业建设，发挥员工社会价值；激发校企共建平台，联合进行科技攻关，提升教师社会声誉。对于“双聘双岗”成效突出的同志，由校企双方及常州市科教城管理委员会给予表彰，优先职级晋升、职称评定。此举强化了员工对校企互惠交换的心理认同，实现了个人社会价值，增强了校企合作内生动力，赋予了校企契约合作之外更多美好情感。

（本文发表于《中国职业技术教育》，2016 年第 24 期，有改动）

后　记

我国职业教育在快速发展的同时，人才供给与产业需求的结构性矛盾仍然突出。“产教融合、校企合作、工学结合、知行合一”是我国职业教育的重要主线。从某种意义上说，产教融合在宏观层面给了学校办学指导，校企合作在中观层面给了二级学院专业建设指导，工学结合、知行合一则在微观层面给了团队课程设计与教学实施指导。其实质就是内部提升人才培养质量，外部增强职业教育的社会适应性。通过产教两界关键要素的流通交融，促进专业契合产业，实现优质供给；企业反哺教学，发挥主体作用，从而提高产教相互依存度，打造利益共享的发展共同体。

教育部等九部委联合印发的《职业教育提质培优行动计划（2020—2023年）》明确指出，深化职业教育供给侧结构性改革，建立产业人才数据平台，发布产业人才需求报告，促进职业教育和产业人才需求精准对接。研制职业教育产教对接谱系图，指导优化职业学校和专业布局，重点服务现代制造业、现代服务业和现代农业。研制职业教育产教对接谱系图，实际上给我们指出了一条探索路径。产业转型有其多种要素，人才培养则有其系列流程。宏观的产教融合如何与微观的知行合一培养目标贯通？这迫切需要我们在产教对接谱系理论指引、结构要素、方法路径、技术工具、实践案例等方面进行深入探索。

早在2015年博士毕业论文选题时，我就确定了产教融合优化专业设置的研究方向。其后与团队成员有幸承担了教育部委托的行业课题、机械行指委重点课题、省级教改课题等系列研究，其中包括“职业院校机械行业智能制造专业群设置与人才培养现状研究”“高等职业教育专业评估试点方案项目”“机械工业人才队伍现状和‘十四五’发展需求研究”“机械工业高质量发展背景下产教融合型企业培育路径研究”“产教融合背景下高职模具专业协同育人路径与运行机制研究”“地方产业转型升级背景下的专业设置研究”等。这些课题的开展为产教对接理论与实践研究奠定了基础。

本书的撰写与出版正值职业教育发展的重大机遇期，习近平总书记从“实体经济是我国经济的重要支撑，做强实体经济需要大量技能型人才，需要大力弘扬工匠精神”的战略高度，做出了“职业教育前途广阔、大有可为”的重要论断。当前职业教育新时代的发展特征正日益显露，职业教育与经济社会发展联系最紧密、最直接。一方面，职业教育要紧扣时代脉搏，着眼于顺应新的发展阶段、完善新的发展理念、形成新的发展格局，坚持把高质量人才和服务供给作为发展重心；另一方面，职业教育要内部赋能，深化产教融合，进一步激发行业企业参与职业教育的内生动力，推动职业院校和行业企业形成命运共同体。

如何推动职业教育从“大有可为”到“大有作为”的生动实践？职教人需要胸怀“国之大者”，从政治上看教育、从规律上办教育、从服务发展上评价教育。职业教育要始终坚持产教融合办学方向，拓展校企合作要素，创设工学结合环境，培养知行合一人才。那么，产教两个不同领域如何融合？这需要以职业岗位及其活动为媒介。如何对接？对接点有哪些？对接流程与对接机制是什么？产业是如何变革的？职业教育如何随动产业？产教系统互动进程中各要素间如何保持生态平衡？本书以研制产教对接谱系为指引，通过输入行业企业职业需求信息，为职业教育专业组群提供依据；通过输入职业胜任力要素，为制定职业教育专业培养规格提供参考；通过输入典型工作任务或实际职业活动，开发职业教育课程项目；通过输入职业环境、职业文化和企业资源，校企合作实施工学结合、协同育人；通过输入职业标准，多元主体共同评价培养目标达成度。

当前，产教融合处于不断深化和拓展的阶段，正由传统的企业提供设备、学校提供人才的二元融合，转向产教两界的设备、人员、技术、项目、标准、文化、机制等全方位、全流程、全要素的交融。职业院校更需要积极开放，敢于突破传统，改变长期以来封闭办学、自我循环的局面，精准对接行业需求和社会需求，融入企业的生产和研发环节，融入产业的技术进步链条，融入行业的发展趋势和未来，在与行业企业和产业的协同点之间形成链条。产教融合的力量在于，使学校具有技术能力、企业资源、行业经验、就业优势与发展动能，让人才供给侧与需求侧、教育链与产业链之间的有机衔接更为有效。

“产教融合”是职业教育内涵提升的必由之路，同时也是全世界的职业教育面临的共同课题。特别是我国的职业教育，谁抢得“产教融合”的先机，就等于在职业教育改革发展的浪潮中站在了潮头。因此，需要转变观念，打开围墙，主动融入经济社会发展。只有深度融入社会与技术发展前沿，职业教育才能成为技术发展、产业升级的领跑者。

育人之道，任重道远；融合越深，对接越准，产教互动、产城融合生态才会越好。职业教育只有积极应对，勇于创新，才能在现代化建设和人的全面发展中发挥不可替代的作用。在破解当前和未来供需矛盾、技术瓶颈、资源不足等困境中，产教融合、校企合作模式将是学校和企业协同发展的解决之道。

本书的写作一方面是为了呼吁更多的人关注职业教育的创新发展，关注产教融合对职业教育的重要意义；另一方面也是抛砖引玉，希望能激发更多的同行参与产教融合问题的理论研究，探索产教融合的实践路径。以谱系理论研究为指引，以大数据分析为工具，以专业群建设要素为要点，以具体行业实践案例为参考，政行企校多方协同，持续研究，动态更新，久久为功，必将建立起覆盖所有行业和专业的产教对接谱系，全面促进现代职业教育高质量发展，为我国产业转型升级提供坚实的技术技能人才支撑！

本书在编写过程中，汇集了专业研究人员、学校管理者和一线教师先进的理论、丰富的实践、深入的思考及思维碰撞的火花，吸收了国内外众多学者的思想和理论，得到了多方的大力支持与帮助。在此一并表达感谢之情。

尽管我们竭尽全力、追求完美，但由于水平有限，书中难免存在不妥和不足之处，恳请读者谅解，并给予宝贵的批评、指正！

许朝山